中华现代学术名著丛书

寄簃文存

沈家本 著

2015年·北京

图书在版编目(CIP)数据

寄簃文存/沈家本著.—北京:商务印书馆,2015
(中华现代学术名著丛书)
ISBN 978-7-100-09111-4

Ⅰ.①寄⋯　Ⅱ.①沈⋯　Ⅲ.①法制史—中国—清代　Ⅳ.①D929.49

中国版本图书馆 CIP 数据核字(2012)第 083121 号

所有权利保留。
未经许可,不得以任何方式使用。

中华现代学术名著丛书
寄 簃 文 存
沈家本　著
商务印书馆编辑部　整理

商 务 印 书 馆 出 版
(北京王府井大街36号　邮政编码 100710)
商 务 印 书 馆 发 行
北 京 冠 中 印 刷 厂 印 刷
ISBN 978-7-100-09111-4

2015年2月第1版　　开本 880×1240　1/32
2015年2月北京第1次印刷　印张 9¼　插页 1
定价:26.00元

沈 家 本

(1840—1913)

出版说明

百年前,张之洞尝劝学曰:"世运之明晦,人才之盛衰,其表在政,其里在学。"是时,国势颓危,列强环伺,传统频遭质疑,西学新知亟亟而入。一时间,中西学并立,文史哲分家,经济、政治、社会等新学科勃兴,令国人乱花迷眼。然而,淆乱之中,自有元气淋漓之象。中华现代学术之转型正是完成于这一混沌时期,于切磋琢磨、交锋碰撞中不断前行,涌现了一大批学术名家与经典之作。而学术与思想之新变,亦带动了社会各领域的全面转型,为中华复兴奠定了坚实基础。

时至今日,中华现代学术已走过百余年,其间百家林立、论辩蜂起,沉浮消长瞬息万变,情势之复杂自不待言。温故而知新,述往事而思来者。"中华现代学术名著丛书"之编纂,其意正在于此,冀辨章学术,考镜源流,收纳各学科学派名家名作,以展现中华传统文化之新变,探求中华现代学术之根基。

"中华现代学术名著丛书"收录上自晚清下至20世纪80年代末中国大陆及港澳台地区、海外华人学者的原创学术名著(包括外文著作),以人文社会科学为主体兼及其他,涵盖文学、历史、哲学、政治、经济、法律和社会学等众多学科。

出版说明

　　出版"中华现代学术名著丛书",为本馆一大夙愿。自1897年始创起,本馆以"昌明教育,开启民智"为己任,有幸首刊了中华现代学术史上诸多开山之著、扛鼎之作;于中华现代学术之建立与变迁而言,既为参与者,也是见证者。作为对前人出版成绩与文化理念的承续,本馆倾力谋划,经学界通人擘画,并得国家出版基金支持,终以此丛书呈现于读者面前。唯望无论多少年,皆能傲立于书架,并希冀其能与"汉译世界学术名著丛书"共相辉映。如此宏愿,难免汲深绠短之忧,诚盼专家学者和广大读者共襄助之。

商务印书馆编辑部

2010年12月

凡　　例

一、"中华现代学术名著丛书"收录晚清以迄20世纪80年代末,为中华学人所著,成就斐然、泽被学林之学术著作。入选著作以名著为主,酌量选录名篇合集。

二、入选著作内容、编次一仍其旧,唯各书卷首冠以作者照片、手迹等。卷末附作者学术年表和题解文章,诚邀专家学者撰写而成,意在介绍作者学术成就,著作成书背景、学术价值及版本流变等情况。

三、入选著作率以原刊或作者修订、校阅本为底本,参校他本,正其讹误。前人引书,时有省略更改,倘不失原意,则不以原书文字改动引文;如确需校改,则出脚注说明版本依据,以"编者注"或"校者注"形式说明。

四、作者自有其文字风格,各时代均有其语言习惯,故不按现行用法、写法及表现手法改动原文;原书专名(人名、地名、术语)及译名与今不统一者,亦不作改动。如确系作者笔误、排印舛误、数据计算与外文拼写错误等,则予径改。

五、原书为直(横)排繁体者,除个别特殊情况,均改作横排简体。其中原书无标点或仅有简单断句者,一律改为新式标点,专名号从略。

六、除特殊情况外,原书篇后注移作脚注,双行夹注改为单行夹注。文献著录则从其原貌,稍加统一。

七、原书因年代久远而字迹模糊或纸页残缺者,据所缺字数用"□"表示;字数难以确定者,则用"(下缺)"表示。

目　录

奏　议（卷一） …………………………………… 1

删除律例内重法折 …………………………………… 1
虚拟死罪改为流徒折 ………………………………… 6
伪造外国银币设立专条折 …………………………… 8
旗人遣军流徒各罪照民人实行发配折 ……………… 9
变通旗民交产旧制折 ………………………………… 11
禁革买卖人口变通旧例议 …………………………… 15
删除奴婢律例议 ……………………………………… 21
删除同姓为婚律议 …………………………………… 24
军台议 ………………………………………………… 29
与受同科议 …………………………………………… 34
设律博士议 …………………………………………… 35
变通行刑旧制议 ……………………………………… 37

论（卷二） ……………………………………………… 40

论故杀　雍正年故杀案、驳案、余论、吉郎中说帖附 …… 40
论杀死奸夫 …………………………………………… 59
论威逼人致死 ………………………………………… 63

v

论诬指 ··· 68
论诬证 ··· 70
论附加刑 ·· 72
论没收 ··· 73

说(卷三) ··· 75

死刑惟一说 ··· 75
再醮妇主婚人说 ·· 88
变通异姓为嗣说 ·· 92
误与过失分别说 ·· 95
官司出入人罪 唐明律比较说 ································· 96
明律徒流折杖与唐律徒流加杖之法不同说 ············· 101
故杀胞弟二命 现行例部院解释不同说 附说 ········· 104
法学盛衰说 ··· 114

考 释 学断(卷四) ··· 118

考 ·· 118

比部考 ·· 118

释 ·· 119

释贷借 ·· 119
释虑囚 ·· 126
释规避 ·· 128
释闸 ··· 130

学 断 ·· 130

后魏刘辉之狱 ·· 130

目 录

  宋安崇绪之狱 ·· 132
  宋檀偕之狱 ·· 133
  宋阿云之狱 ·· 134

笺 补 书 答 问（卷五）················· 142

笺 ·· 142

  妇女离异律例偶笺 ································ 142
    户律婚姻 ·· 142
    户役 ·· 150
    钱债 ·· 151
    兵律军政 ·· 151
    刑律贼盗 ·· 151
    人命 ·· 152
    斗殴 ·· 152
    犯奸 ·· 154
    督捕则例 ·· 155
    节录律例馆奏稿 ································ 157
    燕训卿议杜氏不应离异说帖 ··············· 159

补 ·· 163

  补洗冤录四则 ······································ 163
  附记 ··· 166

书 ·· 167

  与戴尚书论监狱书 ······························· 167
  答戴尚书书 ··· 168

答问 ··· 169

答王仁山问笃疾废疾 ··· 169
答友人问夫亡守志例文书 ································ 175

序(卷六) ·· 177

重刻唐律疏议序 ·· 177
重刻明律序 ·· 178
宋刑统赋序 ·· 181
无冤录序 ·· 183
王穆伯佑新注无冤录序 ································· 185
秋审比较条款附案序 ····································· 188
通行章程序 ·· 190
读例存疑序 ·· 191
薛大司寇遗稿序 ·· 192
刑案汇览三编序 ·· 194
刺字集序 ·· 196
历代刑官考序 ·· 198
汉律摭遗自序 ·· 199
大清律例讲义序 ·· 201
法学通论讲义序 ·· 203
裁判访问录序 ·· 204
监狱访问录序 ·· 207
法学名著序 ·· 208
政法类典序 ·· 210
新译法规大全序 ·· 212
法学会杂志序 ·· 213

跋（卷七） …… 215

钞本唐律疏义跋 …… 215
唐律释文跋 …… 216
常熟瞿氏宋本律文附音义跋 …… 218
刑统赋解跋 …… 220
粗解刑统赋跋 …… 222
刑统赋疏跋 …… 223
钞本元典章跋 …… 224
元史新编跋 …… 226
大诰跋 …… 228
范永銮重刊大明律跋 …… 229
万历大明律跋 …… 231
日本享保本明律跋 …… 232
律疏附例跋 …… 233

跋 书 后（卷八） …… 235

跋 …… 235
顺治律跋 …… 235
雍正律刻本跋 …… 237
雍正三年修律黄册跋 …… 237
雍正七年续纂条例黄册跋 …… 239
广汇全书跋 …… 239
律例根源跋 …… 240
罗石帆官司出入人罪减除折算表跋 …… 241

张扶万大令鹏一新著二书跋 …………………………… 242
书　后 ……………………………………………………… 243
　　书四库全书提要政书类后 …………………………… 243
　　书钞本律文十二卷音义一卷后 ……………………… 244
　　书律音义后 …………………………………………… 246
　　书刑统赋解韵释后 …………………………………… 247
　　书明大诰后 …………………………………………… 249
　　书劳提学新刑律草案.说帖后 ………………………… 251

沈家本先生学术年表 ………………………… 尹伊君　255

《寄簃文存》与中国现代法学 ………………… 曹全来　259

奏 议（卷一）

删除律例内重法折

奏为遵旨考订法律谨拟将现行律例内重法数端先行删除以裨治理而彰仁政恭折仰祈圣鉴事。

光绪二十八年四月初六日，奉上谕："现在通商交涉事益繁多，著派沈家本、伍廷芳将一切现行律例，按照交涉情形，参酌各国法律，悉心考订，妥为拟议，务期中外通行，有裨治理。等因。钦此。"

仰见圣谟宏远，钦佩莫名。当经臣等酌拟大概办法，并遴选谙习中西律例司员分任纂辑，延聘东西各国精通法律之博士、律师以备顾问，复调取留学外国卒业生从事翻译，请拨专款以资办公，刊刻关防以昭信守各等因，先后奏明在案。计自光绪三十年四月初一日开馆以来，各国法律之译成者，德意志曰刑法，曰裁判法，俄罗斯曰刑法，日本曰现行刑法，曰改正刑法，曰陆军刑法，曰海军刑法，曰刑事诉讼法，曰监狱法，曰裁判所构成法，曰刑法义解；较正者曰法兰西刑法。至英、美各国刑法，臣廷芳从前游学英国，夙所研究，该二国刑法虽无专书，然散见他籍者不少，饬员依类辑译，不日亦可告成。复令该员等比较异同，分门列表，展卷了然，各国之法律已可得其大略。臣等以中国法律与各国参互考证，各国法律之精意固不能出中律之范围，第刑制不尽相同，罪名之等差亦异，综而论之，中重而西轻者为多。盖西国从前刑法，较中国尤为惨酷，近百数十年来，经律学家几经讨论，逐渐改而从轻，政治日臻美善。故中国之重法，西人每訾为不仁，其旅居中国者，皆借口于此，不受中国之约束。夫西国首重法权，随一国之疆域为界限，甲国之人侨寓乙国，即受乙国之裁制，乃独于中国不受裁制，转予我以不仁之名，此亟当幡然变计者也。方今改订商约，英、美、日、葡四国均允中国修订法律，首先收回治外法权，实变法自强之枢纽。臣等奉命考订法律，恭绎谕旨，原以墨守旧章，授外人以口实，不如酌加甄采，可默收长驾远驭之效。现在各国法律既已得其大凡，即应分类编纂，以期克日成书，而该馆员等佥谓宗旨不定，则编纂无从措手。臣等窃维治国之道，以仁政为先，自来议刑法者，亦莫不谓裁之以义而推之以仁，然则刑法之当改重为轻，固今日仁改之要务，而即修订之宗旨也。

现行律例款目极繁，而最重之法亟应先议删除者，约有三事。

一曰凌迟、枭首、戮尸。查凌迟之刑，唐以前无此名目，始见于《辽史·刑法志》。辽时刑多惨毒，其重刑有车辖、炮掷诸名，而凌迟列于正刑之内。宋自熙宁以后，渐亦沿用。元、明至今，相仍未改。枭首在秦汉时惟用诸夷族之诛，六朝梁、陈、齐、周诸律始于斩之外别立枭名。至隋而删除其法，自唐迄元，皆无此名。今之斩枭，仍明制也。戮尸一事，惟秦时成蟜军反，其军吏皆斩戮尸，见于《始皇本纪》，此外无闻。历代刑志并无此法，《明律》亦无戮尸之文。至万历十六年始定此例，亦专指谋杀祖父母、父母者而言。国朝因之，后更推及于强盗案件，凡斩、枭之犯，监故者无不戮尸矣。凡此酷重之刑，固所以惩戒凶恶。第刑至于斩，身首分离，已为至惨,若命在顷忽,菹醢必令备尝,气久消亡,刀锯犹难幸免,揆诸仁人之心,当必惨然不乐。谓将以惩本犯,而被刑者魂魄何知?谓将以警戒众人,而习见习闻,转感召其残忍之性。故宋真宗时,御史台请脔剐杀人贼,帝曰:"五刑自有常刑,何为惨毒也?"陆游常请除凌迟之刑,亦谓肌肉已尽而气息未绝,肝心联络而视听犹存,感伤至和,亏损仁政,实非圣世所宜遵。隋时颁律,诏云枭首轘身无所取,不益惩肃之理,徒表安忍之怀。洵皆仁人之言也。且刑律以唐为得中,而《唐律》并无凌迟、枭首、戮尸诸法。国初律令,重刑惟有斩刑,准以为式,尤非无征。拟请将凌迟、枭首、戮尸三项一概删除,死罪至斩决而止。凡律内凌迟、斩枭各条俱改斩决,斩决各条俱改绞决,绞决俱改监候,入于秋审情实,斩候俱改绞候,与绞决人犯仍入于秋审,分别实、缓。将来应否酌量变通,再由臣等妥议核定。或谓此等重法,所以处穷凶极恶之徒,一旦裁除,恐无以昭炯戒。顾有唐三百年不用此法,未闻当日之凶恶者独多。且贞观四年断死罪二十九,开元二十五年才五十八,其刑简如此。乃自用此法以来,凶恶者仍接踵于世,未见其少,则其效可睹矣。化民之道,固在政教,不在刑威也。

一曰缘坐。缘坐之制,起于秦之参夷及收司连坐法。汉高后除三族令,文帝除收孥相坐律,当时以为盛德。惜夷族之诛犹间用之,故魏、晋以下仍有家属从坐之法。《唐律》惟反叛、恶逆、不道律有缘坐,他无有也。今律则奸党、交结近侍诸项俱缘坐矣,反狱、邪教诸项亦缘坐矣。一案株连,动辄数十人。夫以一人之故而波及全家,以无罪之人而科以重罪,汉文帝以为不正之法,反害于民。北魏崔挺尝曰:"人有罪廷及闾门,则司马牛受桓魋之罚,柳下惠膺盗跖之诛,不亦哀哉!"其言皆笃论也。罚弗及嗣,《虞书》所美。罪人以族,《周誓》所讥。今世各国咸主持刑罚止及一身之义,与罪人不孥之古训实相符合,洵仁政之所当先也。拟请将律例缘坐各条,除知情者仍治罪外,其不知情者悉予宽免,余条有科及家属者准此。

一曰刺字。刺字乃古墨刑,汉之黥也。文帝废肉刑而黥亦废。魏、晋、六朝虽有逃奴、劫盗之刺,旋行旋废。隋、唐皆无此法。至石晋天福间,始创刺配之制,相沿至今。其初不过窃盗、逃人,其后日加繁密,刺事由,刺地名,刺改发,有例文不著而相承刺字者,有例文已改而刺字未改者,其事极为纷糅。在立法之意,原欲使莠民知耻,庶几悔过而迁善。讵知习于为非者,适予以标识,助其凶横,而偶罹法网者,则黥刺一膺,终身僇辱。诚如《宋志》所谓,面目一坏,谁复顾籍,强民适长威力,有过无由自新也。夫肉刑久废而此法独存,汉文所谓刻肌肤痛而不德者,正谓此也。未能收弼教之益而徒留此不德之名,岂仁政所宜出此?拟请将刺字款目概行删除。凡窃盗皆令收所习艺,按罪名轻重定以年限,俾一技能娴,得以糊口,自少再犯三犯之人。一切递解人犯,严令地方官认真金差押送,果能实力奉行,逃亡者自少也。

以上三事,皆中法之重者。参诸前人之论说,既多议其残苛,而考诸今日环球各国,又皆废而不用,且外人訾议中法之不仁者,亦惟此数端为最甚。此而不思变通,则欲彼之就我范围,不犹南辕而北辙乎。查各国修订法律,大率于新法未布,设单行法,或淘汰旧法之太甚者,或参考外国之可行者,先布告国中,以新耳目。是以略采其意,请将重法数端,先行删除,以明示天下宗旨之所在。此外或因或革,端绪繁多,俟臣等随时厘订,陆续奏闻。惟更张之始,度必有议其后者。窃思法律之为用,宜随世运为转移,未可胶柱而鼓瑟。昔宋咸平时删太宗诏令,十存一二,史志称之。我朝雍正、乾隆年间修改律例,于康熙时现行条例删汰不知凡几。即臣等承诏之初,亦以祖宗成宪,未敢轻议更张,第环顾时局,默验将来,实不敢依违模棱,致令事机坐失。近日日本明治维新,亦以改律为基础,新律未颁,即将磔罪、枭首、籍没、墨刑先后废止,卒至民风丕变,国势骎骎日盛,今且为亚东之强国矣。中、日两国,政教同,文字同,风俗习尚同,借鉴而观,正可无庸疑虑也。伏惟我皇太后、皇上深念时艰,勤求上理,特诏考订法律,期于通行中外,法权渐可挽回,用敢择其至要者,披沥上闻。倘蒙俞允,并请明降谕旨,宣示中外,俾天下晓然于朝廷宗旨之所在,而咸钦仁政之施行,一洗从来武健严酷之习,即宇外之环伺而观听者,亦莫不悦服而景从。变法自强,实基于此。所有臣等酌拟变通刑法缘由,谨恭折具陈,伏乞皇太后、皇上圣鉴训示。谨奏。

三十一年三月二十日奏。内阁奉上谕:"伍廷芳、沈家本等奏考订法律请先将律例内重刑变通酌改一折。我朝入关之初,死刑以斩罪为极重。顺治年间修订律例,诏用前明旧制,始有凌迟等极刑。虽以惩儆凶顽,究非国家法外施仁之本意。现在改订法律,嗣后凡死罪,至斩决而止,凌迟及枭首、戮尸三项,著即永远删除。所有现行律例内,凌迟、斩枭各条俱改为斩决,其斩决各条俱改为绞决,绞决各条俱改为绞监候,入于秋审情实,斩监候各条俱改为绞监候,与绞候人犯仍入于秋审,分别实、缓办理。至缘坐各条,除知情者仍治罪外,余著悉予宽免。其刺字等项,亦著概行革除。此外当因当革应行变通之处,均著该侍郎等悉心甄采,从速纂订,请旨颁行。务期酌法准情,折衷至当,用副朝廷明刑弼教之至意。将此通谕知之。钦此。"

虚拟死罪改为流徒折

奏为拟将现行律内虚拟死罪数端分别改为流徒以省繁重而归简易恭折仰祈圣鉴事。

窃臣等奉命修订律例，参酌各国刑法，以冀收回治外法权，是以上年三月间奏请删除凌迟、枭示诸重刑，律例内凌迟、斩枭各条改为斩决，斩决改焉绞决，绞决改为绞候，入于秋审情实，并声明寻常应入秋审各犯，将来应否变通，再行妥议等因，奉旨允准通行在案。计自新章颁布，已届一年，不惟各直省推行无阻，即外国使馆，亦均同声推服，称颂文明。

臣等复详加考核欧美、日本各国死刑，从前极为惨虐，近年则日从轻减，大约少者止数项，多亦不过二、三十项。中国刑法，周时大辟二百，至汉武帝时多至四百九条，当时颇有禁网渐密之议。元魏时大辟二百三十条。隋开皇中除死刑八十一条。唐贞观中又减大辟九十三条，比古死刑殆除其半，刑法号为得中。国朝之律，沿自前明。顺治时律例内真正死罪凡二百三十九条，又杂犯斩绞三十六条。迨后杂犯渐改为真犯，他项又随时增加，计现行律例内，死罪凡八百四十余条，较之顺治年间增十之七、八，不惟为外人所骇闻，即中国数千年来，亦未有若斯之繁且重者也。

窃维宽严之用，必因乎其时。在立法之初，原为整饬人心风俗起见，而世轻世重，未容墨守成规，惟法贵能得其通，而事须行之以渐。臣等查现行律例内，其虚拟死罪而秋审例缓者，莫如戏杀、误杀、擅杀三项。戏杀初无害人之意，死出意外，情节最轻。误杀虽有害心，而死非互斗之人，亦初意之所不及。擅杀情节轻重不等，而死者究系有罪之人。故此数项罪犯，在各国仅处惩役禁锢之刑。考之《唐律》，戏杀、误杀各按其当场情形，分别徒、流，并无死罪。擅杀分勿论及徒、流、绞四等，亦不概问死罪。中国现行律例，不分戏、误、擅杀，皆照斗杀拟绞监候，秋审缓决一次，即准减流。其重者，缓决三次减流。盖虽名为绞罪，实与流罪无殊，不过虚拟死罪之名，多费秋审一番文牍而已。现当综核名实并省繁重之际，与其空拟以绞，徒事虚文，何如径改为流，俾归简易。

臣等公同商酌，拟请嗣后戏杀改为徒罪，因斗误杀旁人并擅杀各项罪人，现律应拟绞候者，一律改为流罪，均按照新章，毋庸发配，归入习艺所，罚令作工。其现行例内如误杀其人之父母兄弟等项，并擅杀二命以上，及谋故、火器擅杀各项，不准一次减等者，酌加二年。如遇情有可原，或情节较重者，应俟临时酌量办理。其戏伤、误伤并擅杀按例罪不至死者，均于本罪上递减一等，以免窒碍。似此变通量减，不过去其虚拟死罪之名，仍于生死无关出入。以上三项减轻之后，如果行无窒碍，再将斗杀及各项死罪分别较量，择其情节轻者，奏请减等。总期由重就轻，与各国无大悬绝。如蒙俞允，当由刑部将本年秋审册内戏杀、误杀、擅杀三项人犯一律扣除，先行开单，改照新章，奏明办理。嗣后此三项人犯，即由各该省专咨报部，仍由刑部核议，按季汇奏一次，以昭慎重。所有臣等拟将律内虚拟死罪数端分别减为流徒缘由，谨恭折具陈，伏乞皇太后、皇上圣鉴。谨奏。

伪造外国银币设立专条折

奏为伪造外国银币例无治罪明文拟请设立专条以资引用恭折仰祈圣鉴事。

窃维银圆创自外洋西班牙、墨西哥诸国，中国近亦铸造，各省流畅通行。惟利益所在，诈伪因之而生，是以私造变造之案层见迭出。上年财政处会同户部奏请严定私造银圆、铜圆、纸币治罪章程，经刑部议，以按照私铸制钱例从严治罪。凡私铸银圆、铜圆，伪造纸币，不论赃数次数，但经铸成造就，为首及匠人均拟斩监候，照章改为绞监候，秋审入于情实；为从发遣新疆给官兵为奴，受雇及知情买使者杖一百徒三年；如铸造未成，畏罪中止者，为首及匠人发极边足四千里充军等因，奏准通行在案。是私造银铜圆、纸币已有定章可循。惟是此项新章系专指私造中国银铜圆、纸币而设，诚以银铜圆、纸币为我国家财政所系，故拟罪独从其重。至于外国银圆，中国虽一律通行，惟究与国宝不同，如有伪造，拟罪自应略分轻重，以示区别。

查各国法律，私铸一项，均以本国、外国分别治罪。如法国刑法，凡伪造、改造金银货币，处无期徒刑，伪造改造外国货币，处有期徒刑。俄国刑法，凡私铸俄国钱币，无限公权全夺，罚作八年以上、十年以下苦工，私铸外国钱币，无限公权全夺，罚作四年以上、六年以下苦工。英国刑法，凡伪造货币，处终身徒刑，伪造外国货币，处五年至七年之徒刑，或二年以下之囚狱。日本改正刑法，以行使之目的将通用货币、纸币伪造变造者，处无期或五年以上之惩役,将国内流通之外国货币、纸币伪造变造者,处三年以下之惩役。是法、俄、英、日各国治罪之轻重虽有不同,而私造外国货币均较本国处刑为轻。

现在中国银币盛行,而外国银圆流通内地并无歧视,以致伪造外国银圆人犯所在多有,现行律例并无治罪明文。与其就案斟酌,临事鲜有依据,何如定立专条,随时可资引用。臣等公同商酌,拟请嗣后凡伪造外国银圆行使,无论赃数次数多寡,为首及匠人均于奏定私铸银币章程绞罪上减一等,拟以流三千里,其为从及铸造未成之犯,各于流罪上减一等问拟,所得流徒罪名,仍照章收入习艺所工作。似此明定章程,庶立法宽严得中,而匪徒知所警戒矣。如蒙俞允,即由臣等通行内外问刑衙门,一体遵照。所有臣等拟请设立伪造外国银币治罪专条缘由,谨恭折具陈,伏乞皇太后、皇上圣鉴。谨奏。

旗人遣军流徒各罪照民人实行发配折

奏为遵旨妥议化除满汉畛域切实办法拟请将旗人犯遣军流徒各罪照民人实行发配现行律例折枷各条概行删除恭折具陈仰祈圣鉴事。

本年七月初二日,内阁奉上谕:"朕钦奉慈禧端佑康颐昭豫庄诚寿恭钦献崇熙皇太后懿旨,我朝以仁厚开基,迄今二百余年,满、汉臣民从无歧视。近来任用大小臣工,即将军、都统,亦不分满、汉,均已量材器使。朝廷一秉大公,当为天下所共信。际兹时事多艰,凡我臣民,方宜各切忧危,同心挽救,岂可犹存成见,自相纷扰,不思联为一气,共保安全。现在满、汉畛域,究应如何全行化除,著内外各衙门各抒所见,将切实办法妥议具奏,即予施行。钦此。"

伏读之下,仰见我皇太后、皇上一视同仁惩前毖后之至意,曷胜钦佩。窃维为政之道,自在立法以典民。法不一则民志疑,斯一切索隐行怪之徒,皆得乘瑕而蹈隙。故欲安民和众,必立法之先统于一法。一则民志自靖,举凡一切奇邪之说,自不足以惑人心。《书》曰:"无偏无党,王道荡荡;无党无偏,王道平平。"正谓此也。

查律载:"凡旗人犯罪,笞杖各照数鞭责。军流徒免发遣,分别枷号。徒一年者枷号二十日,每等递加五日,总徒、准徒亦递加五日。流二千里者枷号五十日,每等亦递加五日。充军附近者枷号七十日,近边者七十五日,边远、沿海、边外者八十日,极边烟瘴者九十日等语。"此条乃犯罪免发遣律文,系因《明律》军官军人免徒流一条仿照编纂。考明代军官军人隶于各卫以充什伍,各卫所差务亦极殷繁,故犯流徒者仍发各卫充军。当差旗人犯罪折枷,与此意实相符合。方我朝入关之初,八旗生齿未臻繁盛,军伍有空虚之虑,差务有延误之虞,故凡八旗之人犯军流徒者,特设此折枷之制,免其发配,原为供差务,实军伍起见,初非区满人与汉人而歧视之。其时盛京所招之民,有犯徒流军者,亦照旗下分别枷号。此凡满、汉并无歧视之明证也。

迨乾隆二十一年,始定有旗人殴死有服卑幼情节惨甚者,不准枷责完结之例。三十二年,又有旗人罪名实系寡廉鲜耻有玷旗籍,削去户籍,依律发遣之例。三十七年,又有庄头、鹰户、海户人等,如犯军遣流徒等罪,照民人定拟,不得折枷完结之例。四十二年,又有庄屯旗人并驻防无差使者,军遣流徒照民人一例办理之例。道光五年,又定有旗人窝窃、窝娼、窝赌及诬告、讹诈、行同无赖、不顾行止等项,销除本身旗档,分别发配,不准折枷之例。自以上各例通行以后,旗人犯罪照民人一体定拟者日见其多,并不一例折枷矣。

本年三月二十七日,法部议复前顺天府府尹孙宝琦《请将枷号人犯比照笞杖赎金折罚折》内,声明旗人折枷,仍循其旧在案。此在变法伊始,不得不加以慎重。现既钦奉明诏,化除满、汉畛域,若旧日两歧之法,仍因循不改,何以昭大信而释群疑。伏思今日八旗丁口日益蕃昌,与昔日情形迥异,若将旗人犯罪应发配者概与民人一体办理,亦无虑军伍差务之乏人。如谓新章之监禁期长,旧律之折枷期短,重轻悬绝,不甚相宜,抑知畛域之未能化除,正在此等重轻悬绝之处。尽人在覆帱之内,而一轻一重,此成见之所以未能尽融。似未可拘泥旧规,致法权不能统一。臣默觇世运,慨念时艰,欲筹挽救之方,不得不变通办理。拟请嗣后旗人犯遣军流徒各罪,照民人一体同科,实行发配,现行律例折枷各条,概行删除,以昭统一而化畛域。请旨饬下廷臣,会议施行,天下幸甚。所有化除满、汉畛域实筹办法缘由,谨恭折具陈,优乞皇太后、皇上圣鉴。谨奏。

变通旗民交产旧制折

奏为旗民交产旧制亟宜变通请旨饬部核议施行以便民生而化畛域恭折具陈仰祈圣鉴事。

窃维万物之生机,必周流而始能便利,未有生机阻阂而人民能受益者也。下民之生计,贵能自养,未有生计窘迫而上能遍给者也。是故闾阎资产,或此赢彼绌,或此有彼无,其中消息甚微,不能一致,全赖赢绌可以相济,有无可以相通。若相济相通之机关滞而不灵,将绌者无者既困守而益即于穷,赢者有者亦束缚而难以持久,斯贫富胥受其病。有如一地也,富者不自种而佣人为之种,贫者若不能自种而又无佣人之资本,则日就荒芜。又如一房也,富者随时修葺,破坏无虞,贫者无力经营,一遇破坏,即日就颓废。苟不使之相济相通,其病固如是。即使之相济相通,而限制太严,其机关之滞而不灵者,仍如故也。此理势之所必至,无可疑者。况乎养民之道,在乎因势利导,必使人人能自为养,而后可以无不养。若不为之筹自养之路,而但作苟且之图,则立达无方,博济亦徒存虚愿而已。

伏查例载:"一、旗地、旗房概不准民人典买。如有设法借名私行典买者,业主、售主俱照违制律治罪,地亩、房间、价银一并撤追入官,失察该管官俱交部严加议处。至旗人典买有州县印契跟随之民地、民房,或辗转典卖与民人,仍从其便。一、凡八旗人员置买产业于各省者,令该员据实首报,交与该督抚,按其产业之多寡,勒限变价归旗。如有隐匿不首及首报不实者,该督抚访查题参,将所置产业入官。其隐匿不首者,照侵占田宅律治罪。首报不实者,按不实之数,亦照侵占律治罪。如地方官扶同徇隐,别经发觉者,照例议处。其未经查出之知府并督抚、司道,均照例分别议处。至于查禁以后,仍有违禁置产、私相授受者,照将他人田产朦胧投献官豪势要律,与者、受者各杖一百徒三年,产业入官。其托民人出名诡名寄户者,受托之民人照里长知情隐瞒入官家产计所隐,赃重者坐赃治罪,受财者以枉法从重论,地方官失于查察者,照例议虚,各等语。"此二条载在《大清律例·户律》典买田宅门内。

又例载:"顺天、直隶所属旗地,无论京旗屯居、老圈自置,俱准旗户民人互相买卖，照例税契升科。其同治三年例前置买诡寄旗产者，准令呈明更正，除酌定赋额外，业主、售主概免治罪，并免从前花利。如例后匿不首报，一经查出，地亩概追入官，仍照隐匿科罪。一、民人置买旗房一二间至五间，连走道、院落统计，所占地基不得过一亩。六间至十间不得过二亩。十间至四十间不得过三亩。五十间至百余间不得过五亩。或原买房间本少，续行添建者，核其房间，不得过酌定地数，均准投税，纳契执业。如多占地基，即照上等地则征租报部，各等语。"此二条载在《户部则例》旗民交产门内。

户、刑两部例文彼此互相歧异。考第一条例文纂于嘉庆十九年，本系照《户部则例》添纂，系从前旧制。迨咸丰年间，旗民准其交产，同治年间，户部修改《则例》，遂添纂旗民交产各条。而当时刑部条例未及修改，故彼此参差。嗣于光绪十五年，户部复规复旗民不准交产旧制，奏准通行，而《则例》未经修改，故又不相符。此旗民交产前后不同之原委也。至第二条，纂于雍正十二年，《户部则例》大致相同。盖旧日约束旗人最为严肃，虑其倚势滋事，故私自出京亦下例禁，置买产业，尤恐与民人交结，致启争端。此又当日严定此例之情形也。

臣等伏思，我朝入关之初，八旗丁口不多，房地颇称丰厚。迨其后生齿繁衍，在京之房，近京之地，止有此数，人滋生而产不加增，则前人之产万不能敷后人之养赡。在乾隆初年，已因八旗生计窘迫，二年有借给饷银之议，三年有八旗空闲处所建造房屋分给居住之议。并议令卖与民人地亩，许旗人出价赎回。所以为八旗区画者，委曲备至。而其时上谕云："贫乏兵丁，食饷有限，无从措价，势必至尽归富户。富户或肯周济亲族，亦岂能多为分给？则赎地一事，恐未必于贫乏旗人有益。等因。钦此。"可见旗人房地必拘定仍归旗人，未为长策，圣训早虑及此。三年一月，又有公产旗地准民人置买之令。此盖尔时变通办法，实为旗民交产之权舆。惟旗人旧有之官给房地，仍禁私售，以示限制。顾例禁虽严，而私相典卖，难于稽察。往往一产而旗契、民契参杂其间，不可究诘。年久樛葛，狱讼繁兴。房屋之倾颓者，木植砖瓦零星拆卖。更有善良之士，株守敝庐，坐困而一筹莫展者。盖当情势急迫之时，厉禁愈严，生机愈蹙。故咸丰中遂弛其禁，亦知禁之之无益而又害之也。光绪十五年，又规复旧制，不准旗民交产，固为惠爱旗民起见，然民间之私相授受者仍多，终属有名无实，且刁滑之徒，转得借例禁为勒掯之地，贫乏者急不能择，更受其挟制而亏损弥多，实于八旗生计初无裨益。至八旗汉军，于乾隆年间，准其出旗为民，在外省居住；驻防汉军，准其散处营生；驻防兵丁，准其在外置立产业。道光五年，并满洲蒙古亦准出外营生，改入民籍。凡此区画，皆为八旗筹自养之路，与从前情形迥不相同。况既准其在外居住营生，而不准置买产业，则生计全无，乌能自养？揆诸事理，未得其宜。此殆雍正旧例，修例时未及删改，致有抵牾耳。

　　本年恭奉谕旨，化除满汉畛域，共保安全，礼制、刑律之歧异者，特谕妥议办法，将次第见之施行，以彰圣代同风之治。旗民不准交产，亦显分畛域之一端，自应及时变通，未可拘牵旧制。况究夫生理之源，于相济相通之机关多阻阂而少便利，则于八旗生计似亦无庸顾虑及此。臣等默窥世变，熟计时宜，拟请嗣后旗人房地准与民人互相买卖，悉照咸丰年间成案办理。所有《户部则例》旗民交产门内各条，仍一律遵用。至旗人之出外居住营生者，准其在各省随便置买产业，毋庸禁止。旧时刑部例文二条，即应删除。惟关系田赋事隶度支部，相应请旨饬下度支部核议施行。庶旗民之赢绌有无可以相济相通,而各有自养之路,便民生而化畛域,洵共保安全之一策也。所有拟请变通旗民交产旧制缘由,谨恭折具陈,伏乞皇太后、皇上圣鉴。谨奏。

禁革买卖人口变通旧例议

准刑部来片:"据政务处咨称,由军机处钞出署两江总督周,奏称买卖人口请旨禁革一折,奉朱批政务处会同各该部议奏,钦此。查原奏所拟各条,为变通旧例,禁革积习起见。惟律例条目甚繁,更改动关全体,应由部知照修律大臣,参考中西,拟定办法,声覆过部,以便咨覆政务处酌核会奏。等因。"

前来查阅原奏,内称:"中国三代盛时无买卖人口之事,惟罪人乃为奴隶。周衰,始有鬻身之说。秦汉以后,变而加厉,以奴婢与财物同论,不以人类视之,生杀悉凭主命。我朝定例,逐渐从宽,白契所买奴婢,与雇工同论,奴婢有罪不告官司而殴杀者治罪。叠次推恩,有加无已,然仍准立契买卖。本源未塞,徒挽末流,补救终属有限。贫家子女,一经卖入人手,虐使等于犬马,苛待甚于罪囚,呼吁无门,束手待毙,惨酷有不忍言者。泰西欧美各邦,近年治化日进,深知从前竞尚蓄奴为野蛮陋习。英国糜数千万金币,赎免全国之奴。美国则以释奴之令,兵事累岁,卒尽释放。义声所播,各国从风。我朝振兴政治,改订法律,百度维新,独买卖人口一端,既为古昔所本无,又为环球所不韪,拟请特沛殊恩,革除此习。嗣后无论满汉官员军民人等,永禁买卖人口。如违,买者卖者均照违制律治罪。其使用奴婢,只准价雇,仍议定年限,以本人过二十五岁为限,限满听归本家。无家可归者,男子听其自立,女子由主家婚配,不得收受身价。纳妾只准媒说,务须两相情愿,不得抑勒。母家准其看视,仍当恪守妾媵名分,不许僭越。等因。"

查律载:"略卖良人为奴婢者,杖一百流三千里。和同卖良人为奴婢者,杖一百徒三年。略卖子孙为奴婢者,杖八十,弟妹及侄、侄孙、外孙,若己之妾、子孙之妇,杖八十徒二年;同堂弟妹、堂侄、侄孙,杖九十徒二年半;和卖者减一等。卖妻为婢及卖大功以下亲为奴婢者,各从凡人和略法,买者知情与犯人同罪。又庶民之家存养奴婢者,杖一百,即放为良。又凡收留良人家迷失子女不送官因而卖为奴婢者,杖一百徒三年。若收留在逃子女而卖为奴婢者,杖九十徒二年半。其自收留为奴婢者,罪亦如之。若买者卖者及牙保知情,减犯人罪一等。不知情者不坐。若冒认良人为奴婢者,杖一百徒三年。各等语。"是买卖人口久已悬为厉禁,微特凡人不准买卖,即父母卖其子女,尊长卖其卑幼,亦均分别治罪。定律本极严密,所庶民之家并不许存养奴婢,所以杜压良为贱之风,重视人类之意也。

考之《汉书》,建武七年诏曰:"吏人遭饥乱及为贼所略为奴婢下妻欲去留者,悉听之。敢拘执不还,以卖人法从事。"注曰:"《盗律》略卖人和卖人为奴婢者死。"又《唐律》诸略卖人为奴婢者绞。和卖者流二千里。略卖期亲以下卑幼为奴婢者并同斗殴杀法,和卖减一等,卖余亲者各从凡人和略法。知祖父母、父母卖子孙而买者,各加卖者一等。是汉、唐时此项罪名视今律更重。至东西各国,德意志刑法,买卖奴隶使就外国军务或船舶之役者,处以惩役之刑。俄罗斯刑法,凡违禁贩卖非洲黑奴者,以行劫论。又将俄国及俄国保护之人民卖与异种人为奴者,无限公权全夺,罚作八年以上十年以下苦工。其余各国刑法皆不列此项罪名。盖久已无奴婢名目，故法典中亦不著也。乃今时厉禁虽悬，而买卖人口之风俗相沿未改。推原其故，大都遇荒歉之年，贫民糊口无资，鬻女卖男，借图存活。始仅八旗官绅之家收养驱使，久之而庶民亦多效尤，凡有资财，皆得广置婢女。奸民借以渔利，公然贩运买卖，若不知为大干例禁者。以致凌虐折磨，弊端百出。且律文虽有买卖奴婢之禁，而条例复准立契价买，法令已多参差。且官员打死奴婢，仅予罚俸，旗人故杀奴婢，仅予枷号，较之宰杀牛马，拟罪反轻，亦殊非重视人命之义。

本大臣奉命纂修新律，参酌中外，择善而从。现在欧美各国均无买卖人口之事，系用尊重人格之主义，其法实可采取。该督拟请永行禁止，系为革除旧习起见，自应如所奏办理。惟律例内条目繁多，诚如政务处所称，更改动关全体，自应通筹参考，核定办法。兹酌拟十条如下：

一、契买之例宜一律删除也。价买家人婢女例内，分别旗、民赴该管佐领及本地方官钤盖图记印信，其情愿用白契价买者，从其便。遇有相犯，以红契、白契分别科断。又买卖人口，不仅奴婢一项，亦有为妻妾、子孙者。今既以不准买卖为宗旨，自应一律禁止。拟请嗣后买卖人口，无论为妻妾、为子孙、为奴婢，概行永远禁止，违者治罪。旧时契买之例，一律作废。

一、买卖罪名宜酌定也。查略卖、和卖治罪，各律例已极周备。惟买者不知情，律不坐罪。因贫而卖子女及买者，律例内亦无科罪之文。今既禁止买卖人口，则此等情节虽轻，未便置诸勿论。拟请嗣后除略卖、和卖各律例于新律未颁以前照旧遵行外，如有因贫而卖子女及买者，均科以一十五两以下之罚金，身价入官，人口交亲属领回。其略卖、和卖案内不知情之买者,亦照此办理。律内买者不知情不坐之文,先行删除。

一、奴婢罪名宜酌改也。律内奴婢干犯家长,罪名綦重,今既禁买奴婢,改为雇工,此后即永无奴婢名目,自不便沿用旧法。查康熙年间原有旗人白契所买之人以雇工论之例,准此定拟,尚非无所依据。拟请嗣后契雇贫民子女及从前旧有之奴婢,均以雇工人论。遇有相犯,即按雇工人本律本例科断。其与家长之亲属人等有犯,亦照此办理。

一、贫民子女准作雇工也。荒岁贫民乏食,无力养赡子女,势将流为饿莩,即寻常境遇艰窘者,亦有不能存活之时,若禁止买卖而不筹一善法,亦非两全之道。拟请嗣后贫民子女不能存活者,准其写立文券,议定雇钱年限,作为雇工。年限不问男女长幼,至多以二十五岁为断,限满听归亲属。无亲属可归者,男子听其自立,女子择配遣嫁。其女子有亲属而无力遣嫁者,许伊主为之择配,亲属不得借端需索。

一、旗下家奴之例宜变通也。查八旗家奴,先年有赏给者,有投允者,有契买者,其名目不一,人亦众多。《户律》内则有放出为民之例,有赎身为民之例,原未尝令其世世为奴。惟未经赎放者,其子孙仍须在主家服役。偶犯军流等罪,则发驻防为奴。若犯徒罪,徒满后仍归伊主,不能销除旗档。其或潜入民籍,即干例拟。此向来情形也。迨至近年以来,不独赏给一项,例同虚设,即投充、契买之事,亦不复多见。惟从前未经赎放之人,以及庄头、看坟等项,其赖伊主养赡,已非一世,与本身契买者不同。如果伊主情愿放出,或准其赎身,仍可照定例办理。若未经赎放,而必以二十五岁为限,限满听其自由,则此项人等,皆有经管田庐产业事宜,亦未必尽愿舍去,办理恐多窒碍。此项罪名,今既拟悉照雇工人科断,则奴仆之名,已可永远蠲除,似不必再以年岁为限。拟请旗下家奴,概以雇工人论,不必限定年岁,伊主情愿赎放者听。若此项人等,恃有新章,或欺压伊主孤幼,或盗卖主家田产,仍各照旗下家奴本律本例定罪,不得宽贷,以惩凶诈。所有《户律》内各例,应修并简明,以资引用。

一、汉人世仆宜酌量开豁也。现在汉人之畜婢者,各省皆有,而畜奴者实已罕睹。从前安徽省世仆,早于嘉庆十四年奏明,开豁为良。第恐他省尚有昔年遗留之世仆未经开豁者,自应酌量办理。拟请嗣后汉人世仆所生之子孙已过三代者,概行开豁为良。如未及三代者,有犯仍照雇工办理。俟历三代后,亦一体开豁为良,旧主子孙不得刁难勒索。

一、旧时婢女限年婚配也。民间契买婢女,大抵经媒人之手,真正亲属,无从查考。又或历年已久,或远道携归,若必责令交还亲属,匪特窒碍难行,恐亦徒滋纷扰。定例婢女不行婚配致令孤寡者,照不应重律拟杖。自应明定年限,勒令婚配。拟请嗣后旧时婢女年二十五岁以上无至近亲属可归者,由主家婚配,不得收受身价,违者照例治罪。

一、纳妾只许媒说也。泰西各国,无论何人,不准置妾。日本近从西例,亦无准令置妾明文。但中国风俗民情与东西各国不同,未便遽加禁止。惟向来习俗有凭媒说合者,有用钱价买者,自应明定办法,庶与此次宗旨相符。拟请嗣后凡纳妾者,应凭媒说合,只用财礼接取,由妾之母家写立为妾愿书,不得再以买卖字样立契。母家准令看视,以顺人情。至妾媵名分,仍当遵守,不许僭越。

一、发遣为奴之例宜酌改也。查国初流徒人犯、多发往尚阳堡乌喇地方为奴。迨康熙二十一年,钦奉上谕:"反叛案内应流人犯,仍发乌喇地方,令其当差,不必与新披甲之人为奴,以昭朕轸恤民隐,哀矜保全之至意。等因。"伏读圣祖遗训,虽案关反叛,亦不忍尽令为奴,盛德深仁,永堪法守。其后因事惩创,复行为奴之制。有发黑龙江者,有发新疆者,有发各省驻防及八旗兵丁者,渐增至百数十条。复因与烟瘴互相调剂,时而改遣为军,时而改军为遣。至同治九年,定例将应发新疆为奴人犯分别改发烟瘴极边,应发黑龙江为奴人犯改发四省烟瘴。自此之后,发新疆者已无为奴人犯,发黑龙江者亦仅太监及旗下家奴两项。惟发各省驻防及八旗兵丁者,尚存三十余条。自应照新疆、黑龙江之例,一律改发,庶永绝为奴字样。拟请嗣后发遣驻防为奴人犯,不论旗民男妇,均改发极边足四千里安置。仍照新章,应发配者发配,监禁应收所习艺者,毋庸发配,收所习艺。按其情节轻重,分别办理。如系太监及旗下家奴,仍发黑龙江,交该将军严加管束。

一、良贱为婚姻之律宜删除也。奴婢之于家长,名义至严,故有犯罪名独重。而与良人为婚姻,不能谓家长无责,故知情则亦坐罪。律内特设专条,预防流失,重在压良为贱,而冒贱为良与以良从贱次之。其于良贱之分,秩序判然,殆如泾渭之不可合流,东西之莫能易位,正始所以正名也。然定律虽严,而良贱为婚,仍各循其风气,人情所习惯,法亦莫得而加也。今既禁止买卖人口,则以后奴婢名目自当永远革除,同是齐氓,似不应再分上下之品。拟请将此律删除。凡雇工人与良人为婚,一概不加禁阻,并于主家无涉,庶与重视人类之意有合,人格乃日见增高矣。

一、买良为倡优之禁宜切实执行也。奴婢虽为贱役,尚得齿于人群。若降至倡优,托业愈卑,品类污下,荡然无复廉耻之萌。故例于买良家之女为娼,及买良家之子为优者,皆科以枷号满徒罪名。原是尊重人格主义,无如奉行既久,官吏视为具文。买良为倡之案,尚或偶然一见,买良为优则终年不见一案,亦未闻有经官举发者。若不重申禁令,实力执行,恐奴婢之名目易除,倡优之根株难绝。流弊所至,将有不为奴婢,或转而为倡优者。拟请责成地方官,严密稽查,遇有买良为倡优案件,务须尽法惩治,勿事姑息。庶足以革浇风而回弊俗,似亦清源塞流之一道也。

以上各条,总期因革得体,勿使妨碍难行。至律例内关涉奴婢罪名者,统计不下数十余条,应俟奉旨允准后,再行逐条考核,分别应留、应删、应修,再行奏明办理。光绪三十二年闰四月二十一日,覆刑部。

删除奴婢律例议

光绪三十二年,前署两江总督周馥奏请禁革买卖人口一折,奉朱批政务处会同各该部议奏。钦此。准刑部来片,据政务处咨称,律例条目甚繁,更改动关全体,应由部知照修律大臣,参考中西,拟定办法。等因。经本馆酌拟办法十条,并声明俟奉旨允准,再将律例内奴婢罪名分别应留、应删、应修,奏明办理。等因。咨覆在案。兹据宪政编查馆咨称:"前件未及会奏,政务处裁撤。本年正月,准军机处片,交钦奉谕旨御史吴纬炳奏置买奴婢恶习请严行禁革一折,著宪政编查馆知道,钦此。查原奏请敕下宪政编查馆,会同修律大臣,连同周馥原奏一并核议施行,自应咨商修律大臣,连同先今奏案一并参考拟议。等因。"

查禁革买卖人口一事，论者多以为不便。前拟办法，久已置诸高阁。兹复据编查馆咨商，并抄录吴侍御原奏，声明律例内关涉奴婢各条均予删除，自应参考情形，再行妥议。窃谓此事应行禁革之缘因，周督原议、本馆覆议及吴侍御原奏言之已详，不烦复述。本馆前所拟办法十条，大略似亦粗具。惟禁革不便之故，若不详加推究，终无以释众人之疑，而碍难决定。今试综而论之，不便之故，约有数端：

一、谓诸王府中有不便也。查王府包衣人，向准考试出仕，既非寻常奴仆可比，又世居户下，亦非罪隶之徒，本与买卖人口之案无涉。惟奴婢律例若有变革，则王府属下人亦应一体遵办，所关系者此耳。在王府属下人，其中多有品官，初不若寻常奴仆之沦于贱役。按之《唐律》，其隶属之情事，与部曲约略相似。《唐律》杀奴婢与殴部曲罪有差等，则此项属下人，本不当与奴婢同科。今若量予变通，法理自当如是。此未可拘牵旧制者也。

一、谓满蒙官员之家有不便也。查国初旗下家奴，于赏给、投充之外，半由契买，故定例有分别红、白契之专条。近数十年来，赏给功臣之法早已停止，投充、契买亦久无闻。访问其故，大抵因为奴者易逃难育，相戒不用。其所驱使之人，亦多出于佣雇。即看坟一项，从前多写立文约，作为坟丁，近来亦多托付邻近相识之人，代为照应，不复沿用坟丁名目。惟世家大族，从先遗留家奴之子孙，尚不乏人。此辈非主家放出及本人赎身，不能脱离奴籍，遂至世世为奴矣。汉世免官奴婢为庶人，《本纪》屡书。唐代官奴婢年七十者免为良人，载在《六典》。古人良法，班班可考，初无世世为奴之理。即现行例内，亦有数辈勤劳，情愿听赎，及累代出力，放出为良诸条。以功令而论，亦未尝令其世世为奴也。此辈跟随主家，必皆数辈后之子孙,阅时一二百年,徒以未放未赎,世世被以奴名,其情亦殊可悯。倘朝廷大沛殊恩,仿照西国赎奴之法,普行放免,固为我国家一视同仁之盛举。即不然,不强之以放赎,而但变通其罪名,此亦修法者维持之苦心,举世所当共谅者也。

一谓鬻婢之家有不便也。今买奴之风久熄,而鬻婢之家不独满汉官员大族,即中人小康之户,莫不有之。盖以使用婢女,较之佣妇为便。此等习惯,势难禁断。若改买卖为价雇,恐此女恃系佣赁,不听指挥,或亲属人等常来看视,致有勾串逃盗等项情事。此固不可不虑。然只可于文约内预行议明,到主家后,须谨守规矩,年限未满,亲属不准看视等情。或议明雇值一年一给,于给值时准亲属看视一次,以示限制。未可因一端而致碍全局也。自来鬻婢之家,在良善者相待既好,及年之后,嫁人为妻妾,必得其所原,与使奴之恶俗迥殊。若遇残忍之人,或非法殴打,戕贼其生命,或衣食缺之,冻饿其体肤,种种凌虐,惨不可言。如改买卖为价雇,此风庶可少杀乎。且周督原议,因上海黎王氏一案而起。黎王氏者,粤东人,其夫系府经历,在蜀服官,病故,该氏扶柩回里,道出上海,因携有婢女十余名,为关吏所究诘,致涉讼庭。西人晤周督,颇以此为言,周督始有禁革之议。若禁奴而不及婢,殊非原议之本旨也。

以上数端,皆论者以为不便之故,今推究而释之如此。至于奴、雇相犯,其罪名悬殊,论者亦必排其议。在奴、雇于家长,奴重雇轻。第雇工殴家长死者绞决,谋故斩决,此据新修现行刑律。罪名已特重于凡人。当此减轻刑法之时,照此科罪,似亦不为宽纵。若家长于奴、雇,奴轻雇重。故杀奴婢不过徒一年,殴死雇工者已拟满徒,故杀者即拟绞抵。人或以此为诟病。不知奴亦人也,岂容任意残害。生命固应重,人格尤宜尊,正未可因仍故习,等人类于畜产也。溯康熙年间现行律,旗人故杀白契所买及典当之人,俱照故杀雇工人律拟绞。嘉庆间修改例文,以恩养年久、未久为罪名之攸判,而其照雇工问拟者,案牍亦颇可稽。可见杀伤奴婢,从前原有区分,并非概用本律。今若一律改照雇工,不过红契与白契不复分别而已,尚不至大相径庭。况此等杀伤之人,其为有罪也者,即故杀亦可酌量科断,不得拘于绞抵之文。乾隆年间有部驳广西省外拟绞候改拟杖徒案。其为无罪也者,则逞威惨杀,视人命若草菅,予以重比,未为严刻。近年罕见此类案件。如入秋审,亦归缓决,并不实抵。然则罪名之悬殊,正可毋庸过虑也。

方今朝廷颁行宪法,叠奉谕旨,不啻三令五申。凡与宪法有密切之关系者,尤不可不及时通变。买卖人口一事久为西国所非笑。律例内奴婢各条,与买卖人口,事实相因。此而不早图禁革,与颁行宪法之宗旨,显相违背,自应由宪政编查馆速议施行。至于此事办法,则本馆前议具在,自可查照酌核办理。又律例内为奴各条,新修现行刑律业已一律酌改,现正奉旨交宪政编查馆覆核,当可照准也。谨议。

删除同姓为婚律议

《礼记·曲礼》曰:"取妻不取同姓,故买妾不知其姓则卜之。"郑注:"为其近禽兽也。"邵氏渊曰:"所以重宗也。"《大传》曰:"其庶姓别于上,而戚单于下,昏姻可以通乎? 系之以姓而弗别,缀之以食而弗殊,虽百世而昏姻不通者,周道然也。"郑注:"姓,正姓。始祖为正姓,高祖为庶姓。"正义曰:"其庶姓别于上者,此作记之人,以殷人五世以后可以通婚,故将殷法以问于周。"《左传》:"男女同姓,其生不蕃。"杜注:"蕃,息也。"孔疏:"违礼而取,故其生子不能蕃息昌盛也。"又昭元年:"内官不及同姓,其生不殖;美先尽矣,则相生疾。"杜注:"殖,长也。同姓之相与先美矣,美极则尽,尽则生疾。"孔疏:"同姓相与先美,今既为夫妻,又相宠爱美之至极,仕先尽矣,乃相厌患而生疾病。非直美极恶生疾病而已。又美极骄宠,更生妒害也。"刘炫云:"违礼而娶,则人神不祐,故所生不长也。晋文姬出而霸诸侯,同姓未必皆不殖。此以礼法为言,劝助人耳。"又云:"人之本心,自然有爱,爱之所及,先及近亲。同姓是亲之近者,其爱之美必深,是同姓之先与自美矣。若使又为夫妻,则相爱之美尤极,极则美先尽矣。美尽必有恶生,故美尽则生疾。此以为防,推致此意耳。"《晋语》:"异姓则异德,异德则异类,异类虽近,男女相及,以生民也。同姓则同德,同德则同心,同心则同志,同志虽远,男女不相及,畏黩敬也。黩则生怨,怨乱毓灾,灾毓灭性,是故取妻避其同姓,畏乱灾也。"此同姓不通婚之见于经传者,其说亦甚详矣。

《北史·魏文帝纪》诏曰:"夏、殷不嫌一族之婚,周世始绝同姓之娶,斯皆教随时设,政因事改者也。是殷之五世为限,其法亦承于夏,殆上古之禁令皆然。至周法始定为百世不通,视古为密,然亦指受姓之同出于一祖者而言。其非同出一祖者,自不在范围之内。"《唐律》诸同姓为婚者各徒二年。《疏议》曰:"同宗共姓,皆不得为婚,违者各徒二年。然古者受姓命氏,因彰德功,邑居官爵,事非一绪。其有祖宗迁易,年代浸远,流源析本,罕能推详。至如鲁、卫,文王之昭,凡、蒋,周公之胤,初虽同族,后各分封,并传国姓,以为宗本,若与姬姓为婚者,不在禁例。又如近代以来,或蒙赐姓,谱牒仍在，昭穆可知，今姓之与本枝，并不合共为婚媾。其有复姓之类，一字或同，受氏既殊，元非禁例。"是《唐律》之同姓，专指同宗共姓者而言。其姓同而宗不同者，即同出一源，亦所不禁。虽亦本之于周道，然视周稍宽。《明律》改为凡同姓为婚者，各杖六十，离异。而于娶亲属妻妾一条增其文曰："凡娶同宗无服之亲，各杖一百。"是区同宗与同姓为二，而同姓指同姓不宗者言。在古之时，凡同宗者无不同祖，同祖故同姓。既同姓，未有不出于一祖者。故但言同姓，其限制甚分明也。《明律》区同姓、同宗为二，于是不同祖者亦曰同姓，而同姓之义晦矣。

窃考古之言姓者本于五帝，见于《春秋》者得二十有二，如妫、姒、子、姬、风、嬴、已、任之类是也。诸侯赐卿大夫以氏。公之子曰公子。公子之子曰公孙。公孙之子以王父字为氏。《左传》曰："天子建德，因生以赐姓，胙之土而命之氏。"是姓与氏有别也。战国以下，以氏为姓。司马迁《史记》姓与氏混而为一，自是之后，姓氏不分。然同姓之义，说经者尚能辨之。《尔雅·释亲》："族晜弟之子相谓为亲同姓。"郭注："同姓之亲，无服属。"《白虎通》："姓者，一本之称也。"《诗·杕杜》传："同姓，同祖也。"《礼记·大传》疏："姓者，生也。以此为祖，令之相生，虽下及百世，而此姓不改。"可知称同姓未有不同出于一祖者。

自姓、氏不分，于是有氏同而姓本不同者。如同一王氏也，琅邪、太原二望同出周灵王太子晋，京兆一望出魏信陵君，皆姬姓，王莽自云舜后，则为妫姓。同一孔氏也，孔子子姓，而郑孔叔姬姓，陈孔宁妫姓，卫孔达姞姓。同一颜氏也，邾颜之裔曹姓，而鲁之颜氏则为姬姓。后来金之完颜，去完为颜，则又非古之颜氏。凡此之类，其氏虽同，而其祖不同，谓之同姓，名实殊乖。新莽以姚、妫、陈、田、王五姓为宗室，且禁元城勿与四姓为婚，而己取王诉之女。魏东莱王基，为子纳太原王沈女。皆不以为嫌，盖知此也。且自元魏改代北之姓，凡三字、二字者并为一字，遂与中原古姓相乱。明洪武时禁用胡姓，呼延为呼，乞伏为乞，由是中国自有之复姓，如公孙、叔孙、士孙、王孙之类亦去一字而为孙，公羊、公沙、公乘之类亦去一字而为公，母邱、母将之类亦去一字而为母，司徒、司空之类亦去一字而为司，其本姓遂亡。此其中间尚有改之未尽者，如司徒今尚有此姓。视其本宗转同异姓。氏族之紊，莫甚于此。他如奚之为嵇，郳之为倪，棘之为枣，以避仇难而改。庄之为严，庆之为贺，以避国讳而改。氏之为是，以避嘲而改。更有异姓为后，如魏陈矫本刘氏子，出嗣舅氏；吴朱然本姓施，以姊子为朱后。以及汉、唐之赐姓，五季之义儿。若此之类，所关者虽不过一人一家，而日久之后，氏族混淆，莫知其祖之所自出。其本非同出一祖者，而亦以同姓论，于法于理，实难允协。而同姓为婚之律，徒存此虚文，而无当于实事者也。

　　元魏帝室十姓，百世不通婚。其中如胡、周、奚、车等，与中原旧姓相同，而实非一本，并无明禁。此其立法尚合古制。唐人亦明乎同姓之义，故《疏议》以同宗共姓为限。《明律》亦承唐旧，乃区同宗于同姓之外。罪名则视唐为轻，范围则视唐为广大，非《唐律》之本意。此由未明乎同姓之义故也。夫同姓之义曰一本，曰同祖，其不通婚也曰重宗，曰畏乱灾，经传亦既详言之。其同姓而不同祖，既非一本，则与此义有合与否，亦不待智者而后明之。使不求其理之安否，法之当否，而存之于律之中，岂律之善者乎？

　　本朝承用《明律》，此条亦仍之未改，而二百年来罕见引用。读律者之旧说，或云同姓者重在同宗，如非同宗，当援情定罪，不必拘泥律文。或云同姓为婚,大江以南罕有犯者,他省即缙绅或不以为怪,是未可概绳以法也。或云穷乡僻壤娶,同姓者,事所恒有,若尽绳之以律,离异归宗,转失妇人从一而终之义。乾隆五十四年,湖南唐化经娶同姓不宗之唐氏为妻将其殴伤身死一案,刑部议得:"愚民不谙例禁,穷乡僻壤,婚娶同姓不宗妇女者往往有之,固不得因无知而犯,遽废违律之成规。尤不得因违律婚娶之轻罪,转置夫妇名分于不论。该抚略夫妻名分,依凡斗问拟,援引究觉失当。将唐化经改依殴妻致死律拟绞在案。"是此律之不能实行,旧说、旧案具有明文。旧例定有同姓为婚实系明媒正娶者,虽律应离异,有犯仍按服制定拟之条。是同姓为婚之律,已在存而不论之列。

夫律本应离,而例又不论,此法之两歧者也。法必定于一,而后人可遵之信之,未有两歧而可以为法者。则与其含糊两可而法有两歧之患,何如推寻古义而折衷一是乎。以古义而论,当以同宗为断,而以《唐律》为范围。凡受氏殊者,并不在禁限。娶亲属妻妾律内既已有同宗无服之文,则同姓为婚一条,即在应删之列,正不必拘文牵义,游移两可也。

或者曰,古人重宗法。《大传》云:"别子为祖,继别为宗,继祢者为小宗。有百世不迁之宗,有五世则迁之宗。百世不迁者,别子之后也。宗其继别子者,百世不迁者也。宗其继高祖者,五世则迁者也。"是宗法有百世不迁,五世则迁之别。今以同宗为限,而宗法久亡,将以何者为依据?曰此无虑也。宗法虽亡,而邵望则习俗相沿,历久不改。凡郡望同者,不论其支派之远近,籍贯之同异,概以同宗论,则限制既不为宽,而官民亦易遵守。此仍是周人之法,而较之殷人五世通婚之制,固大相径庭矣。若《唐律疏议》所云,其有声同字别,音响不殊,男女辩姓,岂宜仇匹?若阳与杨之类,不合共为婚媾。此则尔时之禁令,按之同姓之义,实不相蒙,可置勿论。又若近世之以异姓为后者,就所知者言,则有钱唐许氏,本系沈氏;山阴宗氏,为前明宗室后裔,本系朱氏;又有避难而改姓者,如归安王氏,为前明建文时谢贵之裔。如此之类,其与本宗仍不得为婚。更有世俗相沿,两姓同派,不相通婚者,亦应仍其旧。此不在禁令而可从俗者也。

然今欲删除此律,则必有议其后者。谓男女礼之大司也,峻为之防,民犹逾之,而可先自坏其防哉。此其审微杜渐之心,不可谓不至,而未尝循名以责实也。使举前说以喻之,当必有涣然冰释者。窃谓法无虚设,而事在实行。日者曾询之一直隶人云:"同姓为婚,乡里不以为非。或以门户之难得相当,或以情好之难得素洽,凭媒作合,即成婚媾。此等风气,禁约有所不及。"直隶如此,则他省可知。则此律之不能实行,夫人而知之。既不能实行,而仍存之律中,则为具文。况同姓之义,考诸古说,本不相符,稽诸今说,亦多异议,旧例更有不论之条,此律已久同虚设。又娶亲属妻妾律本有娶同宗无服之亲者治罪之语。纲常所系,藩篱具在,未弛防闲,正无庸鳃鳃过虑也。

军台议

军台之设,始于康熙。而官犯发军台,则始于乾隆六年。是年九月,奉上谕定例:"文武官员犯侵贪等罪者,于限内完赃,俱减等发落。近来侵贪之案渐多,照例减等便可结案。此辈既属贪官,除参款外,必有未尽败露之赃私,完赃之后,仍得饱其囊橐,殊不足以示惩儆。著尚书讷亲、来保将乾隆元年以来侵贪各案人等,实系贪婪入己情罪较重者,秉公查明,分别奏闻,陆续发往军台效力,以为黩货营私者之戒。嗣后官员有犯侵贪等案者,亦照此办理。等因。钦此。"是军台之例,为惩戒贪墨而设,其犯别项罪名,原不在内。

又十四年五月,军机大臣具奏:"嗣后坐台人员有情愿赎罪者,令其在部具呈,兵部奏明请旨。"又三十七年十月,奉上谕:"嗣后凡遇坐台赎罪人员,著咨查户、刑、工等部,如有本名应行追赔未完银两,概不准其奏请赎免,著为令。"又乾隆八年,东抚奏:"参革兖州府知府沈斯厚,侵欺库款银两,在一年限内全数通完,呈请减等。沈斯厚生母冯氏,现年八十四岁,例应留养。将沈斯厚照免死减等再减一等例,拟杖一百徒三年。再乾隆六年定例,嗣后官员有犯侵贪等案,凡拟斩绞于题结之后有以限内完赃援例请减者,令刑部查明,如果系贪婪入己情罪较重之犯,即于题请减等本内,另将该犯贪婪情罪应发军台效力之处声明加签请旨等语。查沈斯厚原系侵蚀库银入己情罪较重之犯,相应照例将该犯加签请旨发往坐台。坐台人员,非徒可比,并无留养之例。疏内声明母老丁单,毋庸议。奉旨,沈斯厚著发往军台效力。等因。各在案。"是此项人员虽准赎罪,而追款未完,仍不准赎。沈斯厚案,并声明坐台人员,非徒可比。凡此皆为黩货营私者戒,故特于律外加重。

又乾隆三十一年刑部审拟段成功诈扰婪赃一案之江苏按察使朱奎扬、苏州府知府孔传炯,照听从上司主使出入人罪律拟斩监候,奉旨,究系为从,从宽免其死罪,发往军台效力。又案内藩司文绶、知府刘墉,扶同徇隐,应拟斩,奉旨从宽免死,发往军台效力赎罪。此案各员,并系由斩免死发往,亦因正犯系属婪赃而加重,固与寻常官员之犯徒罪者大相悬殊也。其后官犯之发军台,有奉特旨发往者,亦有从重拟发者,不尽属侵贪案件。然论其情节,必实较寻常之犯为重,尚非不论情节,一概发往。迨相沿既久,凡系官员犯徒罪者,无不从重拟发。由是徒发军台,遂为官员犯罪一定之法。此实相承沿用之过,定例中初无明文也。

嘉庆十二年,又定例一条云:"凡发往军台效力废员,三年期满,台费全数缴完者,由军台都统抄录获罪原案,具奏请旨。如不能完缴台费者,文职州县以上,武职都司以上,均由兵部行文各旗籍、任所查明。委系赤贫,具结到部,兵部知照军台都统。该都统即抄录获罪原案,并声明无力完缴,将该废员再行留台五年缘由具奏请旨。如能于留台五年限内完缴者,准该都统随时具奏请旨释回。倘有隐匿寄顿情弊,发往乌鲁木齐,永远充当苦差。其文职佐杂、武职守备以下各员弁不能完缴台费者,于期满之日,例应杖一百徒三年。仍令该都统抄录获罪原案,声明不能完缴台费,例应改拟杖徒缘由具奏请旨。此内有仰邀特恩释回者,兵部行文该都统将其释回。其照例改为杖徒者,行文该都统将旗员解交刑部,照例办理;汉员解交各该原籍督抚,定驿充徒。"道光八年,复加修改。此例既行,知县以上,三年期满,再留五年,共计在台八年,如本罪为徒一年,则加七年矣。佐杂以下,三年期满,复实徒三年,如本罪为徒一年,则加二年,并坐台三年,共加五年矣。其中非无过误之犯及因人连累者。援情定罪,殊嫌太重。

查例载:"凡文武官犯罪,若革职后另犯笞杖罪者,照律纳赎,徒流军遣,依例发配。又文武员弁犯徒及总徒四年、准徒五年即在犯事地方定驿发配。各等语。"此官员犯徒、犯军遣应依律发配,与民人并无歧异之明文也。后条系乾隆十年定例,在官员发往军台定例之后。前条系国初现行例,乾隆五年修改,道光四年改定。可以见道光年间,凡官员犯徒流军遣者,仍照此例办理,并非一概发往军台。今此二例尚载在条例之中,而积习相沿,竟置之不论不议之列,此不可解者也。

家本承乏西曹,前后几及四十年,所见官员犯徒者:一、湖南一武弁,在本地充徒,经刑部核准。一、刑部问拟李崇山一案,该犯虽有官职,因系书贾,发往天津充徒。此二案皆在光绪年间,并未发往军台。此外所见者鲜矣。官员犯军流之发新疆,与犯徒之发军台,虽同为例文所不载,第新疆地方办事需人,废员前往,有差可当,有力可效,非投闲置散之比。且有分别三年、十年奏请释回之例,以视军流之非遇恩赦不得减免者,转有早归田里之望。故此法尚不为苛。现行新章,军流皆收所习艺,官犯诸多窒碍。光绪十年,曾将官犯奏请由黑龙江改发新疆,即据此纂为定例,自属可行。军台之例,亟应规复乾隆旧制,庶不至流于枉滥。惟新章徒罪亦收所习艺,官犯办法之窒碍与军流同,自应酌量变通,以期推行无阻。兹拟嗣后官员犯徒罪者,除案关侵贪惨酷,仍追缴台费照例分别办理外,其余各犯,按应徒年限,发往军台效力,年满即行释回,毋庸追缴台费,以示区别。似此变通办理,庶旧制借可规复,而新章亦不至抵牾。

至台费名目,《会典》未言,始于何年?因何事定此章程?无可考见。惟据龚自珍《说张家口篇》云:"张家口在宣化府万全县北境,察哈尔都统驻焉。凡效力军台赎罪者驻焉。效力者,效力军台也。何以驻张家口?近今五十年驻张家口也。昔之日称军台者何?仁皇帝亲北征,有事蒙古;纯皇帝命将西征,出入蒙古;故军台始于平噶尔丹时,密于追达瓦齐时,周匝密布于设定边左副将军时。军台起讫如何？以口外察哈尔为起，而北，而西北，而又西，以乌里雅苏台为止，凡四十八台。无军有台何也？通檄报也。察哈尔都统与定边左副将军遥声援，中间哲卜尊丹喇嘛、喀尔喀诸汗与理藩院往反之檄报，台员率驿丁奉之走。驿丁受雇，受此也。台员效力，效此也。驻张家口何名？曰戍张家口也。张家口乌用戍？旅焉而已。有财三年估，无财三年旅。问何所始也？始于台员有老病者，畏塞外之寒且劳，入资充公，白都统许之，以其资雇蒙古代之。势也，情也，非法也。亦无台费之名，亦不上闻。今台费上闻。台费行而台员除矣。兵部尚书青阳王公言，近日事例如此。"自珍此文作于道光中年，而云近今五十年，当为乾隆季年。然乾隆四十年兵部有废员不缴台费请交刑部治罪之奏，见《会典》，则台费早有定章。特定例之初，本无此费。观十三年有记名欲行发往军台之废员，皆应在京守候，遇有应换台缺，令其前往更换之谕。是尔时坐台者，亦有缺额，有记名，并非尽数发往，其尚无台费可知。自来罚锾之制，既赎即免。若既责其效力，复责其缴费，按之刑律，实无此法。此事本隶兵部，或系当时兵部所定，故与刑律歧异。恐自珍所言，亦非无因也。此事关系今陆军部入款之一宗。查《会典》所载台费，第一台至第十台每月缴银四十三两，每年合计五百十六两，第十台以外每月缴银三十三两，每年合计三百九十六两。约计每年发往之人为数无多，其中尚有无力呈缴之人，统计入款，未必逾万，于该部之盈虚，亦尚无所关系。恐议者或以陆军部入款为辞，故附考之如此。

《东华录》："康熙三十一年三月，内大臣阿尔迪、理藩院尚书班迪等，奉差往边外蒙古地方五路设立驿站。

雍正元年五月，命八旗外任废官准于台站效力自赎，优者予议叙。"

按：雍正年间已有废员在台效力之事，但命意不同耳。

与受同科议

《唐律》诸监临主司受财而枉法者，一尺杖一百，一匹加一等，十五匹绞。不枉法者，一尺杖九十，二匹加一等，三十匹加役流。无禄者各减一等，枉法者二十匹绞，不枉法者四十匹加役流。诸受人财而为请求者坐赃论，加二等。监临势要准枉法论。与财者坐赃论，减三等。《疏议》曰："受人财而为请受者，罪止流二千五百里。监临势要，罪止流三千里。与财者，罪止徒一年半。诸有事以财行求得枉法者，坐赃论，不枉法者减二等。"《明律》官吏受财枉法，八十两绞。不枉法，一百二十两以上绞。无禄人枉法，一百二十两绞。不枉法，罪止满流。较《唐律》为加重，所以严责官吏也。其说事过钱者，即《唐律》之受人财而为请求者。有禄人减受钱人一等。无禄人减二等，罪止杖一百徒二年。有赃者，计赃从重论。若赃重，从本律。《旧说》谓计其入己赃数，照枉法、不枉法，分有禄、无禄人科之，则有死罪矣。然有赃、无赃尚分别也。有事以财行求得枉法者，计所与财坐赃论。用《唐律》而不减等，已较《唐律》加重，而罪则仍止满徒也。

今例凡有以财行求及说事过钱者，皆计所与之赃，与受财人同科。自定有此例，而死罪遂多，不独较《唐律》为重，较《明律》亦重。《明律》本严于《唐律》，而此则更严矣。夫法者，官吏主之，法之枉不枉，官吏操之，则其罪亦官吏任之。不论所枉者何事，皆应以官吏当其重罪,此一定之法也。以执法之人而贪利曲断,狥法而法坏,故问罪加严,尚是整饬官常之至意。至说事过钱之人,其中有休戚相关势难漠视者,有乡党交游情面难却者,为之往来奔走,初非为图利起见,论其心,但欲为负罪者求解免耳,法之枉、不枉,非所计也,亦不敢必也。且并不知如是则于法当有所枉者。此其情罪,视执法之人,固有间矣,故律得减一等。倘此等人别有从中簸弄是非、借端索诈等情,则自有架讼等法在,不虞其纵也。若以财行求之人,其中情事颇有区别。如系身自犯罪,希图苟免,行求以出己罪,或父兄子弟骨肉恩深为之营救,冀少宽贷,衡情亦尚有可原,故但以坐赃论。尚系素挟嫌仇,意图陷害,行求以入人罪,则自有诬告等法在,亦不虞其纵也。今乃一律同科,且但计所与之数,而不论入己之数,如有说事过钱而未受财,必至有罪止徒二年之本罪而加入死罪者,与本律不大相悬殊乎?情罪轻重,自有等差,乃轻重等差,一概不论,古人立法,恐不如是之武断也。此条例文亟应修改,庶昭平允。

设律博士议

《魏书·卫觊传》:"觊奏曰:'九章之律,自古所传,断定刑罪,其意微妙,百里长吏,皆宜知律。刑法者,国家之所贵重,而私议之所轻贱。狱吏者,百姓之所县命,而选用之所卑下。王政之弊,未必不由此也。请置律博士,转相教授。'事遂施行。"《晋书·职官志》:"廷尉,主刑法狱讼。属官有正、监、评,并有律博士员。"《宋书·百官志》:"廷尉,律博士一人。"《南齐书》同。《隋书·百官志》:"廷尉卿,梁国初建曰大理。天监四年,置胄子律博士,位视员外郎。陈承梁,皆循其制。胄子律博士,六百石。"《魏书·官氏志》:"律博士,第六品中。"《隋书·百官志》:"后齐大理寺,律博士四人,明法掾二十四人。隋律博士八人,明法二十人。"《唐六典》:"国子监,律学博士一人,从八品下。助教一人,从九品上。律学博士掌教文武官八品已下及庶人子之为生者,以律令为专业,格式法例亦兼习之。助教掌佐博士之职。"注:"《晋百官志》廷尉官属有律博士员。东晋、宋、齐并同。梁天监四年,廷尉官属置胄子律博士,位视员外郎,第三班。陈律博士秩六百石,品第八。后魏初律博士第六品,太和二十二年为第九品上。北齐大理寺官属有律博士四人,第九品上。隋大理寺官属有律博士八人,正九品上。皇朝省,置一人,移属国学。"《唐书·百官志》:"武德初,隶国子监,寻废。贞观六年复置。显庆三年又废,以博士以下隶大理寺。龙朔二年复置,有学二十人,典学二人。元和初,东都置学生五人。"《旧唐书·职官志》:"学生五十人。"《宋史·百官志》:"国子监,律学博士二人,掌传授法律及校试之事。"此历代律博士之官制也。其品秩、人数、多寡、高下虽不尽同,而上自曹魏,下迄赵宋,盖越千余年。此律学之所以不绝于世也。

尝考《周官·大司寇》:"正月之吉,始和,布刑于邦国都鄙。乃县刑象之法于象魏,使万民观刑象,挟日而敛之。"夫县之象魏而纵民观,则平日之集众思而成此法,其几经讨论研究可知矣。又有州长以下诸官,属民读法。故其时未尝有律学之名,而人人知法。洎乎世道陵夷,不遵先王之法,而法亦日即于销亡,泯泯棼棼之习,遂无从而整齐之。于是法家者流,目击当世之情形,各就其所学而作为书,李悝《法经》,其最著者也。当是之时,学者颇众。自秦焚

《诗》、《书》、百家之言,法令以吏为师,汉代承之,此制未改。士之不能低首下心于吏者,遂不屑为此学。然当时之法家者流,或父传其子,或师传其弟,习此学者,人尚不少。马、郑经学大儒,犹为律章句。其余诸家章句,各自为书,转相传授,学者遂多矣。董卓之乱,海内鼎沸,生民涂炭,人士凋零。卫觊于是有设律博士之请。自是之后,迄于赵宋,代有此官。虽历代当局之人,或视为重要,或视为具文,所见不同,难归一致,然赖有此一官,而律学一线之廷遂绵绵不绝。宋神宗置律学,苏轼有"读书万卷不读律,致君尧舜终无术"之讽。苏氏于安石之新法,概以为非,故并此讥之,而究非通论也。自元代不设此官,而律学遂微。朝廷屡诏修律,迄于无成。明承于元,此官遂废。然《明律》有讲读律令之文,凡官民咸当服习。是明虽不设此官,律令固未尝不讲求也。

夫国家设一官以示天下,天下之士,方知从事于此学,功令所垂,趋向随之。必上以为重,而后天下群以为重,未闻有上轻视之,而天下反重视之者。然则律博士一官,其所系甚重而不可无者也。法律为专门之学,非俗吏之所能通晓,必有专门之人,斯其析理也精而密,其创制也公而允。以至公至允之法律,而运以至精至密之心思,则法安有不善者。及其施行也,仍以至精至密之心思,用此至公至允之法律,则其论决又安有不善者。此设官之微意也。议官制者,其主持之。

变通行刑旧制议

窃维明刑弼教,贵有以通其意而不徒袭其名。其与斯民心性相关者，尤在杜其残忍之端，而导之于仁爱之路。考古者刑人于市，与众弃之。推原其意，诚以犯法者多，不肖之人为众所共恶，故其戮之也，亦必公之于众。孟子所谓"国人杀之"，其意正同。迨相沿日久，遂谓此乃示众以威，俾之怵目而警心，殊未得众弃之本旨。且稔恶之徒，愍不畏死，刀锯斧钺，视为故常，甚至临市之时，谩骂高歌，意态自若，转使莠民感于气类，愈长其凶暴之风。常人习于见闻，亦渐流为惨刻之行。此非独法久生玩，威渎不行，实与斯民心性相关，有妨于教育者也。

又考古之立市，多在国中，乡、遂并不立市。《周礼》明桔适市之制，惟国中行之，乡、遂行刑，即在本狱之所。《唐六典》称古者决大辟罪于市，今无其刑，但存其文。是唐时行刑已不定在于市。古之市，有垣有门，周防甚密。今京师处决重囚，在菜市地方，为四达通衢，略无周防，与古制本不甚合。至各直省、府厅、州县，大都在城外空旷之地，与弃市之义更不相符。又自近年以来，都下每值决囚之际，不独民人任意喧呼拥挤，即外人亦诧为奇事，升屋聚观，偶语私讥，摄影而去。既属有乖政体，并恐别酿事端。此又周防不密，未可忽略者也。

查东西各国刑律，死刑有密行、公行之分。英、美、日、俄、德、意各国皆主密行。惟法兰西尚存公行旧制，近亦亟议改图。至其行刑之所，或在监狱一隅，或别择障围之地。其临场之人除裁判等官外，或官吏酌量许可，或止许犯人亲属，各国不尽相同。至其立法之意，一则防卫之严密，一则临刑惨苦情状不欲令人见闻，于教育、周防两端均有关系。其制颇可采择。第监内行刑，恐多窒碍，不若另构一区，较为妥善。酌拟嗣后京师处决重囚，别设刑场一所，筑屋数椽，缭以墙垣。除监视官吏、巡警、弁兵外，须由承审官许可,方准入场。其余无论何项人等,一概不准入视。至各直省、府厅、州县,向有行刑之地,应即就原处围造墙垣。规制不嫌简略,经费可从节省,总以不令平民闻见为宗旨。似此变通办理,则防卫既较严密,可免意外之虞,而斯民罕睹惨苦情状,足以养其仁爱之心,于教育之端,实大有裨益也。

论（卷二）

论故杀

《说文》："故，使为之也。"

按："故杀"之"故"，训作"故意"，始见于明人之注释。汉以前训诂家未见有以"故意"二字连言者。许氏《说文》使为之者，谓身不为而使人为之也。《史记·冯唐传》索隐"故行不行"，谓故命人行而身不自行，"故"与"雇"同，与许义最近。使人为之，必出于有意，后来"故意"之训，亦从许义引申而出。《淮南·汜论篇》"勒问其故。"注：故，意也。《国语·楚语》"夫其有故。"注：故，犹意也。以"意"训"故"。此又后来故意之所本也。

《书·大禹谟》："刑故无小"。孔传："不忌故犯，虽小必刑。"蔡传："故者，知之而故犯也。"

按：孔传但云"故犯"，而不释"故"字之义，殆其时"故"字已相承作"故意"解，不烦诠释欤？自来说者以《古文尚书》及孔传为伪书，然亦谓出于魏、晋之间，其语必有所本。《康诰》："人有小罪，非眚，乃惟终，自作不典，式尔。有厥罪小，乃不可不杀。"即刑故无小之义。《舜典》之"怙终贼刑"亦此意也。

《左传》"杀人不忌为贼。"杜注："忌,畏也。"盖包后来之"谋故"在内。孔传"不忌"二字,即本于左氏。

《汉书·刑法志》:"作见知故纵监临部主之法",师古曰:"见知人犯法不举告,为故纵。"缓深故之诛。孟康曰:"孝武欲急刑,吏深害,及故入人罪者皆宽缓。"

按:观于此语,似"故"为"故意",汉初已然,特无"故意"二字连言者耳。《景武昭宣元成功臣表》:"新畤侯赵弟,鞫狱不实。"注:晋灼曰:"律说,出罪为故纵,入罪为故不直。"《张敞传》"鞫狱故不直",即《刑法志》"深故"之"故",汉之律文也。惟《汉律》之见于各书者,未见"故杀"之文。《薛宣传》:"律曰,斗以刃伤人,完为城旦。其贼加罪一等。与谋者同罪。"《王子侯表》:"南利侯昌,坐贼杀人免。"贼者,杀人不忌。似汉律文简,"谋故"皆包于"贼"字之内,不别出故杀条也。《晋书·刑法志》:"张斐《注律表》:其知而犯之,谓之故。"

按:张《表》言律义之较名凡二十,此其一也。似系汉、魏以来法家相传之旧说,张特揭其要于《表》中。"故"字之义,自当以此为定论。

《唐律》:"诸斗殴杀人者绞,以刃及故杀者斩。虽因斗而用兵刃杀者,与故杀同。《疏议》曰:"斗殴者元无杀心,因相斗殴而杀人者绞。以刃及故杀者,谓斗而用刃,即有害心,及非因斗争,无事而杀,是名故杀,各合斩罪。虽因斗而用兵刃杀者,本虽是斗,乃用兵刃杀人者,与故杀同,亦得斩罪,并同故杀之法。"不因斗,故殴伤人者,加斗殴伤罪一等。虽因斗,但绝时而杀伤者,从故杀伤法。《疏议》曰:"虽因斗但绝时而杀伤者,谓忿竟之后,各已分散,声不相接,去而又来杀伤者,是名绝时,从故杀伤法。"若子孙违犯教令,而祖父母、父母殴杀者,徒一年半。以刃杀者，徒二年。故杀者，各加一等。"《疏议》曰："若子孙违犯教令，谓有所教令，不限事之大小，可从而故违者。故杀者，谓非违犯教令而故杀者。"

按：知而犯之谓之故，相争为斗，相击为殴，界限极为分明。凡斗殴杀人者，此往彼来，两相殴击，本无害人之意，与知而犯之者情节悬殊。若金刃本可以害人之物，知其可以害人而用以伤人，与知而犯之何异，故即因斗争亦与故杀同科。至故杀，正所谓知而犯之者也。《疏议》称无事而杀名故杀，谓无斗争之事，非指他事。后条白居易所论甚为分晓。因斗而绝时，则斗争之事已有间断，去而又来，显有害心，故亦以故杀伤论。殴故杀子孙一节，以违犯、非违犯分。殴故有违犯，则事起管教，元无害心，无违犯则事起憎嫌，元有害心，与上节因斗、不因斗律意正同。前后义例一线，此《唐律》之所以精密也。

《通考》：一百七十。"长庆二年，白居易上言：'据刑部及大理寺所断：准律，非因斗争无事而杀者，名为故杀。今姚文秀有事而杀者，则非故杀。据大理寺直崔元式所执准律，相争为斗，相击为殴，交斗致死始名斗杀。今阿王被打狼藉，以致于死，姚文秀检验身上一无伤损，则不得名为相击。阿王当夜已死，何名相争？既非斗争，又蓄怨怒，即是故杀者。又按律疏云，不因斗争，无事而杀，名为故杀。此言事者，谓斗争之事，非该他事。今大理、刑部所执，以姚文秀怒妻有过，即不是无事。既是有事，因而殴死，则非故杀者。此则惟用无事两字，不引争斗上文。如此，是使天下之人皆得因事杀人，杀人了即曰我有事而杀，非故杀也。如此可乎？且天下之人岂有无事而杀人者？足明事谓争斗之事，非他事也。又凡言斗殴死者,谓事素非憎嫌,偶相争斗,一殴一击,不意而死。如此,则非故杀,以其本原无杀心。今姚文秀怒妻颇深,挟恨既久,殴打狼藉,当夜便死。察其情状,不是偶然。此非故杀,孰为故杀?若以先因争骂,不是故杀,即如有谋杀人者,先引相骂,便是交争,一争之后,以物殴杀,即曰我因事而杀,非故杀也。如此可乎?况阿王既死,无以辨明,姚文秀自云相争,有何凭据?伏以狱贵察情,法须可久。若崔元式所议不用,大理寺所执得行,实恐被殴死者自此长冤,故杀人者从今得计。'奉敕:'姚文秀杀妻,罪在十恶,若从宥免,是长凶愚。其律纵有互文,在理终须果断,宜依白居易状,委所在重杖一顿处死。'"

按:《疏议》"无事而杀"一语,颇启疑问之题,得此状为剖解之,可以释然矣。观于姚文秀之狱,则凡被打狼藉者,若仍以斗论,岂得为情法之平?司谳者其慎之!

《通考》:百六十七。"徽宗建中靖国元年五月,大理寺卿周鼎言:'律,斗杀人者绞,故杀人者斩。盖两相争竞谓之故,义理甚明。今法寺断案,每于故、斗之际,议论不一。盖泥《刑统》所谓非因斗争无事而杀,是名故杀。殊不知所谓无事而杀者,以言无彼此争斗之事而杀人者,是名故杀。若谓不必斗争,但缘他事而杀者,不当为故,则律之立文奚不曰有事杀人绞,而曰斗杀人绞;不曰无事杀人斩,而云故杀人斩。以此质之,法意可见。请自今凡断奏故、斗案,并令有司指定两相斗争是否若止辩说往复,即非忿竞,则故、斗情状判然矣。'刑部亦是鼎议。诏申明行下。"

按:据此,则宋代《刑统》于故杀之义亦承用《唐律疏议》之说,尚无异议也。惟"两相争竞谓之故"一语不甚分晓,再参考之。

《明律琐言》云:"故杀人者,故意重殴而杀之。原其凶心,已欲致人于死,而其人果即时身死。"又云:"言故杀者,故意杀人。意动于心,非人之所能知,亦非人之所能从。意欲杀人,先以告于为从者,使随我而杀之,则为谋杀,非故杀也。故杀出于一人之意,此故杀之不可以从论也。"

《今律注》:"临时有意欲杀,非人所知,曰故。"《辑注》:"'临时有意欲杀,非人所知。'此十字乃故杀之铁板注脚,一字不可移,一字不可少。有意欲杀,乃谓故杀。若先前有意,不在临时,则是独谋于心矣。若欲杀之意,有人得知,则是共谋于人矣。临时,谓斗殴共殴之时。故杀之心,必起于殴时。故杀之事,即在于殴内。故列于斗殴、共殴之中。除凡人之外,其他故杀皆附于《殴律》,其义可见。"

按:《明律》故杀一条,既不全用《唐律》,其义例显有不同。而殴故杀子孙一条,则仍用《唐律》之旧。夫杀子孙者,讵有斗争之事,而可云临时有意欲杀乎?与故杀条义例颇难会通。律法之义例,固无若斯之两歧者也。《今律注》有意欲杀非人所知,盖即本于《琐言》,而又加"临时"二字,遂以为故杀之铁板注脚。然马文升《请讲法律以重民命疏》云:"两人相争,互相殴打,殴死一人,则名斗殴杀人。一人未曾动手,一人于彼致命去处有意致死,则名故杀。此等律意,人多忽略。"此亦明人之说,与《琐言》微不同也。

薛氏《读例存疑》云:"《唐律疏议》斗殴者元无杀心,斗而用刃,即有害心。又云,虽因斗,但绝时而杀伤者,从故杀伤法。此斗与故之界限也。《明律》改为不论金刃他物,均为斗杀,而无绝时杀伤等语。后又以有意欲杀为故。甚至金刃十余伤,及死者已经倒地并死未还手,恣意迭殴者,亦谓之斗。天下有如此斗殴之法耶?金刃最易戕生,伤人即应拟徒,杀人因以故杀论,本与手足他物不同。《明律》以有意欲杀为故,设供称无心致死,即不以故杀定拟矣。不以显然有凭者为准,而以有意、无意为断,似嫌未尽允当。自不问金刃他物手足并绞之律行,而故杀中十去其二三矣。自临时有意欲杀非人所知曰故之律注行,而故杀中又十去其二三矣。近百十年以来,斗殴案内,情节稍有可原者,秋审俱入于缓决。是从前之应以故杀论者,今俱不实抵矣。每年此等案件,入情实者,不过十之一二。虽系慎重人命之意,然杀人不死,未免过于宽厚矣。"

> 按:薛氏此论,为前人所未发。盖律法之义例,久无人研究矣。意藏于心,人易狡饰。以有意、无意为断,此故杀之案所以日少。大约乾隆以前,故杀尚多,嘉庆以后,渐入于宽。世轻世重之故,亦非偶然欤?

英国刑法:"凡虽出于一时之忿激,而行事横暴不法,致人身死者,即非预谋杀人,然其心已属极恶,应仍以谋杀论。凡有欲伤害人之意,而故令马足蹴踏,或于众中发炮,以致杀人者,虽非预谋杀人,而有害及公众之虞,应仍以谋杀论。"

> 按:俄、法、德、日等国刑法并有故意杀人之条,而英国未有明文。此二条与故杀相似,皆以谋杀论。一则以心已极恶,一则以欲伤害人,颇与《唐律》之意合。

日本《刑法泛论》云:"学者别故意之说有三:一、期其必得结果之故意。例如思所装弹之短铳向甲而弹之,则甲必失生命,因而发铳。此故意一名一定之故意。二、不期其必得结果之故意。例如甲思若铳口正对乙而发之,恐或杀乙,若不正对乙而其弹他出而失正路，则可以全乙生命，因而发铳致乙死者，此为不期得结果之故意。此故意一名不定之故意。三、混合之故意。即同一之所为，而生二、三之结果，其一之结果可以豫期，其他之结果为所不豫期者。例如甲预思铳口向乙而发，则弹丸必贯乙之体而绝乙生命，若此弹丸通过乙体，但不知并贯乙背后之丙，果能绝丙生命与否，因而发铳，则果绝乙、丙二人之生命。是则甲之杀乙、丙，是混同豫期、不豫期之二故意也。故杀罪，有杀人之事实，有杀人之意志，而后构成其罪。"

又《刑法各论》云："谋杀、故杀之区别，在杀之之决心有豫谋与否。深思远虑。毒杀者常出于豫谋，然属于单纯故意者，则与谋杀同论。"

按：日本之故意杀人，即有意杀人，亦即知而犯之之谓也。不言临时，则已不用《明律》矣。至其所谓单纯故意，似即中律之独谋诸心者，故与谋杀同论。若学者之三说，第一说豫期结果似与豫谋相混，第二说不豫期结果又与有杀人之意志之语相违，第三说不过从前二说推衍而出。不若有杀人之事实，有杀人之意志，二语为简而该也。其谓区别谋、故在有豫谋与否，则仍用旧说。第二说颇与故殴伤人而致死者相近。

又按：《唐律》以有无害心为斗、故之界限，颇为分明。两相争而至两相击，其事由交哄而成，无论动手先后，并未有害人之意，故谓之斗。若先无斗争之事而辄行杀人，或斗已绝时而复来殴人，是明知殴人为害人之事而有意犯之，故谓之故。死者为故杀，伤者为故伤。至同谋共殴，《唐律》但言至死者随所因为重罪，而不言斩、绞。《疏议》亦有斗、故之分。盖事虽起于谋殴，而两造觌面之时，亦必有忿竞之语言，揪扭之情状。

设不分斗、故,则与前条之斗殴,义例不相贯通,天下无此参差之律法也。或疑无斗争之事而有意杀人,则与独谋诸心之应以谋杀论者不相混乎?不知《唐律》故伤条下原无至死之文,前条之故杀,即后条故伤之至死者也。否则故伤而至死,何以科之?若亦科以斗杀,律义岂可通哉?然则故杀者,乃有意殴人而致死,非必有意欲杀者也。自《明律》以金刃杀人者与他物手足同科,势不能以有无害心为斗、故之界限,又删故伤之律,即同谋共殴亦与斗杀同论,而无故杀伤一层,其后解者遂谓故意杀人,意动于心,非人所知。顺治年间,遂将此意纂入《律注》,并以共殴之案必有在场动手之余人,又加"临时"二字以区别之。于是"临时有意欲杀非人所知"十字,奉为故杀确不可易之注解。二百数十年来,法家治律,无敢为异议者。有司治狱,亦准以科断,不能稍越范围。直至薛氏始议其未允,而今之说者,仍是否参半。盖由《律注》颁行日久,遽欲破除成见,正未易也。

今试究其义例。凡斗杀者,必两相扑打,此往彼来,确有互殴之状。即同谋共殴而有互殴之状者,亦得谓之斗杀。《疏议》无事而杀之文,从律文"因斗绝时"中推勘而出。此《唐律》之义例也。惟既谓之故,即是有意。既是有意,而先无斗争之事,则与平日之独谋诸心者,界限相去甚为微茫,科断恐增疑惑。所以治律家亦有谓《唐律》可议而不必拘泥者。《明律》不用《唐律》,解释家乃有临时有意欲杀非人所知之说,与独谋诸心者,界限较为分明,科断可无疑惑。此《明律》之义例也。然界限固分明矣,而其中缺陷正多也。

天下有有意杀人之事,即有有意伤人之事。今以临时有意欲杀为故,则两比相争,其先动手殴人者,孰非临时有意者乎?《明律》知其抵捂也,遂删去故伤一层。于是凡故殴伤人者,无可科之律。夫同是有意,杀者为故,而伤者非故,此理之不可解者也。此义例之缺陷者一也。

彼此相殴,乃成斗状。若此迭殴而彼未还手,彼逃避而此尚追殴,或一人按而一人殴,或数人按而数人殴,核与相击为殴之义不能吻合,尚可谓之斗乎?唐时姚文秀之案,死者被打狼藉,议者拟以故杀,亦以论事论理论情皆难谓之为斗。乃因供非临时有意欲杀,转难谓之为故,遂不能不与斗杀同科。此义例之缺陷者二也。

互殴互伤,则无论伤多伤重,尚可以斗言。若此无一伤,而彼则金刃十余伤,或他物数十伤,或伤重至食、气嗓俱断,及洞胸贯胁,此而尚可以斗论乎?近来部议于此等案件,有情凶近故之勘语,实不得已之办法也。此义例之缺陷者三也。

幼稚之人,难敌壮健,往往有年在十龄以下而任意毒殴以致毙命者。此岂尚有斗情之可言?律意案情既难比附,乃以并非有心致死,舍斗杀别无可科之条,亦以斗杀定罪。更有谓律文"斗殴"二字当分为二事,有斗情者为斗,无斗情者为殴。是未见《律注》相打为殴之文,未尝谓是无斗情者也。斗止相争,殴乃相打,律内注释甚明,乌得分为二事?亦不过于无可解说之中,强为附会,实不知律法者也。此义例之缺陷者四也。

律法字义须全部贯通,若此律如此解,彼律又不作如此解,非律也。夫知而犯之谓之故,古义本不可易。今乃于故杀一条,独改之曰临时有意,曰非人所知,以区别夫在场共殴之人,而按之故杀子孙一条,已不可通,其他律如故纵、故禁、故勘、故出入人罪诸条,岂可通乎?此义例之缺陷者五也。

故杀定案，必须取起意致死之供。在犯之愿而直者，尚肯据实供明。其凶而狡者，类多匿情不吐。官之衡情定狱者，每不胜拷讯之劳，更有严刑拷讯而终不吐实者。其颟顸从事者，一任犯供之狡饰，不事推求，而案情致多出入。凶狡可从轻比，愿直必从重科，亦事之不得其平者也。若仿东西各国，废止刑讯，此等人犯，实供者必十无一二。事虽不关义例，此义例不明有以致之也。此义例之缺陷者六也。

夫必义例完全而始可谓之为法，乃以此律之缺陷如此，非法家者流所当注意者乎？窃谓《唐律》斗故杀条，本包故殴伤在内。斗殴伤见另条。斗殴者，伤为斗殴伤，杀为斗殴杀。故者，伤为故殴伤，杀为故杀。故杀由故伤而成，事本相因，难分为二。律文简要，本无可疑。自《疏议》有无事而杀之文，说者辩论纷如，转生出许多疑障。夫律贵诛心为恶，重在有意。临时有意欲杀，与独谋诸心而杀，同为有意。强事区分，其理想不甚微眇哉？今若融会《唐律》及英、日刑法之意，明定界限，自可尽祛疑惑。酌拟嗣后凡有意杀人者，二人以上谋杀者无论矣，其一人独谋诸心及临时有意欲杀者，皆以谋杀论。故殴伤者为故殴伤，人因而致死者，以故杀论。必有互殴之状者，乃以斗殴杀论。如此分作三级，界限较为分明。而因故殴而死，与因斗而死者，庶有区别。愿与明律之君子共参之。

附录康熙雍正年故杀案

康熙五十九年秋审："蔡友因张成仔曾用钱文，至张成仔家索取。林招袒护张成仔，出与角口，持棍赶殴，蔡友刀扎林招殒命。缓决。"

六十一年秋审:"王纯因与一主家人任阿年角口,任阿年先打王纯,复持刀欲刺。王纯畏刺情急,夺刀还戳致毙。情实未勾,改缓。"

雍正三年秋审:"蔡升因王纯与蔡响角口,劝散。王纯复向寻斗,误将蔡冻园麦戕坏,蔡冻拾石掷伤王纯。王纯持挑赶殴,蔡冻喊救,蔡升赴援,被王纯肆行辱骂,夺挑还戳,王纯致毙。缓决。"

按:第一起似系抵御致毙,第二、三起似系还殴致毙。乾隆元年查办积年缓决人犯,奏准减等,俱声明情稍可原。原单所叙情节甚略,然皆无起意致死之语。第二起云畏刺情急,其非有心欲杀甚明。

康熙六十年秋审:"许四因先与鸡奸之陈海海复与林世奋奸好,后林世奋在陈海海家,许四持刀向刺林世奋。时值昏黑,适詹挺朗出而闭门,误将詹挺朗刺伤殒命。黑夜误伤旁人致死,情稍可原。缓决。"

按:此起颇与《唐律》之不因斗而杀以故杀论者相似。亦于乾隆元年减等。

康熙六十年秋审:"王信朗因族侄王洪生、王洪德、王海将伊兄王观朗祭田占耕争斗,王洪德被王观朗戳伤脊背,又被王信朗刀砍顶心毙命。王洪生、王海亦被王信求戳伤,俱殒命。王洪生兄弟三人俱受伤身死,王信求已正法。王信朗系刀砍王洪德立毙,情罪凶恶,不准减等。"

按:此似共殴毙命而以故杀定案者。乾隆元年查办不准减等。其勘语云情罪凶恶,而不曰逞忿故杀,其未有起意致死之供可知。

"乾隆元年，刑部奏覆福抚疏称与赦款不符之犯内：依故杀斩犯陈坂。因郑辑瑞之子郑仕向借银两未偿，索欠争嚷。郑辑瑞扭殴，陈坂一时气忿，随以手内修削烟筒之菜刀抵格，致伤郑辑瑞胸膛殒命。尚非有心欲杀，情似可原。依故杀律斩犯沈蔡友。因阮亦立怀恨诬告阮幼标盗开银矿，指沈蔡友为银师，沈蔡友惧累，许银五钱。阮亦立向索，沈蔡友不与，两相角口。阮亦立殴沈蔡友，沈蔡友拾柴还打其臂膊，阮亦立詈骂，沈蔡友忿怨，打其脊背腰眼殒命。被殴情急，还殴致毙，情似可原。依故杀律斩犯刘六禾。因同叔刘先登伙卖木头，适邱清印有木遗失，疑系伊物，控县未审，辄雇杨佛禾撑回木头。刘先登、刘六禾在岸守宿，刘先登闻响巡视，被杨佛禾竹篙顶伤胸膛倒地。刘先登叫喊，刘六禾睡中闻嚷起，持防夜鸟枪赶去。见叔倒地，将枪点放，伤及杨佛禾顶心等处殒命。心切救护，本不知殴打情由，似与有心欲杀者有间。依外姻尊长故杀缌麻卑幼律绞犯高赞。因雇表弟吕贵在店相帮，吕贵屡将店货、钱银荡费，高赞知觉詈骂，吕贵怀恨，弃店不管。高赞遇见，复斥其非，吕贵不逊，争角。高赞拾起地下斧头，击伤顶心殒命。一时气忿，拾斧打伤一处致毙，本无欲杀之心，似尚可原。等因。奉旨俱宽免。"

按：沈蔡友一起与前王纯一起，情节相同。陈坂、高赞二起，原奏声明尚非有心欲杀，及本无欲杀之心，其为定案时未取起意致死之供，确实可据。是当时故杀之案，尚不拘定《律注》临时有意欲杀之语也。刘六禾一起，系火器杀人以故杀论者，当日秋审入缓，逢恩得免。勘语云与有心欲杀者有间，故并录之。

"乾隆三年，刑部查河南民贾五系照故杀律拟斩监候免死拟流之犯,似不应准其赎罪。但该犯因与任景和殴打,任景和站立不稳,跌入河内淹毙。今可否准其赎罪之处,恭候谕旨遵行。奉旨,贾五准其赎罪。"

按:此案办法颇与《唐律疏议》履危险、临水岸故相恐迫,使人坠陷而致死伤者,依故杀伤法之说相似。若在今日,则为斗杀中极轻之案矣。当日秋审不入实而逢恩得减流,实就案情权衡于其间。而定案时之未取有意欲杀供词,亦即此可见。

附录驳案

"雍正十二年部驳福抚题吴法生一案:'查黄明禄令吴法生携带竹篙扁挑至田挑稻,并未知其前往斗殴。嗣吴法生因江良与黄明哲打闹,黄明哲篙戳江良,滚落田里。吴法生赶至墈下,江良辄行詈骂,吴法生随手拔路旁竹尖,戳伤江良囟门顶心殒命。是吴法生与江良实系一时格斗,并非有心欲杀。今该抚将吴法生拟以故杀,黄明禄复减原谋,均未允协。再查吴法生供内并无有心致毙登时杀讫情事。何以看语内突加"吴法生顿起杀机明系临时有意"之语?供、看不符,未便率结。"

乾隆五年部驳浙抚题童三一案:"缘朱廷相欲图泄忿,纠约童三等,商谋驾船往殴徐秀臣。又因童三被徐秀臣揪咬,声喊朱廷相,随持铁头竹篙戳伤徐秀臣眉梢、上唇、手背等处,又用刀劐伤徐秀臣顶心囟门偏左等处,徐秀臣始行松手。童三亦即取船内菜刀,戳伤徐秀臣胸膛,倒入船舱。随同朱廷相将徐秀臣搀扶上岸,经徐秀臣之子扶载回家,在船身死。查核朱廷相刀劐徐秀臣四伤,俱系致命,而童三虽刀戳徐秀臣胸膛致命一处,并未即时身死。如童三果系临时有意欲杀,自应依故杀律拟斩。今查童三被咬之后,刀戳徐秀臣,倒入船舱,徐秀臣尚未毙命。而童三亦不复持刀再戳,仍同朱廷相等将徐秀臣挽扶上岸。详察情形,尚非有意致死。即查夹讯童三,亦无临时欲杀之供。乃该抚将童三断以顿起杀机依故杀律拟斩,原谋共殴亦有致命重伤之朱廷相从轻拟军,情罪不符。"

七年部驳川抚题张一文一案:"查张一文之砍伤卜之吉,只因之吉骂及父母,图砍泄忿。如因忽起杀心,则持刀在手,何难立致于死?而卜之吉乃迟至五日方始毙命,其非临时欲杀明矣。再查承审官既经究诘,而该犯并无必欲杀死之供,乃该抚遽照故杀律问拟,殊未妥协。"

按:康熙、雍正年间,成案传本甚鲜,兹仅于《成案汇编》录得故杀之蔡友等十起。陈坂、高赞二起,固确无起意致死之供。即王纯、沈蔡友二起,一则曰畏刺情急,一则曰被殴情急,其为非有心欲杀,亦属显然。其余蔡友等四起,原文甚略,惟皆入于缓决。许四一起,先无斗情,以故杀误杀旁人论,而亦入于缓决,当与有意欲杀者不同,亦可推测而见。刘六禾一起,既以故杀论,而云与有心欲杀者有间,当年办法,可见一斑矣。至吴法生、童三、张一文三案,始以无临时欲杀之供,经部以供看不符议驳,似恪遵《律注》尺寸不逾,在此后也。人藏其心不可测,度使必欲尽其意之所匿者,悉贡于公廷之上,不独我国民无此程度,恐东西各国之民亦未必能也。于是不得不用考讯之法。尝有因一、二语之狡饰,历数月而始得其情者,司谳者多惮其难,往往明是故杀,而遽以斗杀定案,及救生不救死之说,刑幕传为秘钥。但求案了,不肯多费推详。此故杀之案所以日见其少也。今辑录故牍，以见先后用律之不同，其亦足资参考也欤！

故杀余论

前论故杀详矣，而意尚有未尽者，更条举之。

关津留难律云："不顾风浪，故行开船，至中流停船，勒要船钱，因而杀人者，以故杀论。"旧注："如中流要钱而争角，蹉跌落水，或中流停船时被风浪冲击等项，皆杀伤之事也。"《辑注》"事非故杀，而得故杀之罪者，以其故冒风浪，停船吓诈，因致杀人，即是有意欲杀矣。"

按：此系有心吓诈，重在勒要船钱，初无杀人之意而亦以故杀论者，为其明知风浪之险而不顾风浪，即有害心也。《辑注》云即是有意欲杀，未免武断。本无此意，而强谓之为有意，此以无为有，法果有如是之虚枉者乎？况因要钱而有意杀人，乃律之谋杀因而得财，例之图财害命，自有专条乎。此条"故"字以"临时云云"十字解之，万不可通。不若《旧说》"知而犯之"，《唐律疏议》云"有害心"为允当也。

屏去人服食律云："凡以他物置人耳鼻及孔窍中，若故屏人服用饮食之物而伤人者，杖八十；谓寒月脱去人衣服，饥渴之人绝其饮食，登高乘马私去梯辔之类。至死者绞。若故用蛇蝎毒虫咬伤人者，以斗殴伤论，因而致死者斩。"旧注："同一致死而彼绞此斩者，盖以他物置人耳鼻孔窍及屏人服用饮食虽足伤人，未必遽能致死，若蛇蝎毒虫，原是毒物，足以杀人，明有致人于死之意，故罪有不同也。"

按：此上一节"故"字，《旧说》云此故字非必欲杀之也。盖以此律拟绞与故杀之拟斩者不同。以"临时云云"十字解,此"故"字理不可通,故不得不别为之说。特是法家字义必确不可易,方足为律。若欲杀、非欲杀,情节悬殊,而可任意轻重,妄为附会,尚成何律法乎？窃谓此"故"字亦以"有害心"三字解之,乃无窒碍。此等事正不得谓无害心也。第尚非必致于死之事,故但绞不斩,以示区别。至下一节"故"字,即《唐律》"故殴"之"故"。因今律无故殴加重之法,伤者不得不以斗论,死者拟斩,即故杀法,与《唐律》之义实相符合。若亦以"临时云云"十字为解,则伤而未死,何以通之？

庸医杀人律云："若故违本方诈疗疾病而取财物者,计赃准窃盗论,因而致死及因事私有所谋害。故用反证之。药杀人者斩。"《辑注》："诈疗而故违本方,初无必杀之意,已施可杀之术,其心可诛。"

  按：诈疗意在取财,非以杀人而致死即拟斩,是亦以故杀论矣。《辑注》谓故违本方,使之难愈,则病久而用药多,或病轻而反重之,使其苦而后医,则功大而报礼重,所言诈疗取财之事甚详。然则诈疗必致危险,多受疾苦,与故殴之伤人者无异其死者以故杀论,亦即《唐律》之义也。至因事故用药杀人,乃是谋杀,律文小注增"私有所谋害"五字,其义显然谋也,而律用"故"字,可见谋、故之界限甚微。今以临时有意欲杀者以谋杀论,非无本也。

杀子孙及奴婢图赖人律："凡祖父母、父母故杀子孙及家长故杀奴婢图赖人,杖七十徒一年半。"

  按：此较寻常故杀子孙、奴婢加一等。二"故"字亦非临时有意者也。

放火故烧人房屋律云："杀伤人者，以故杀伤论。"

按：此律"故"字即知而犯之之谓，本有害心，故杀伤人以故杀伤论。今律他无故伤之文，独见于此条，盖承用《唐律》而删除未尽者也。因放火而杀人，有出于有心者，有并非有心者，依律均以故杀论，可见故杀之事非必皆出于有心，而"临时云云"十字非通论矣。

斗殴及故杀人例云："因争斗，擅将鸟枪、竹铳施放杀人者，以故杀论。"

薛氏《读例存疑》云："火器为害最烈，一经施放杀人，即无论是否有意欲杀，均以故杀拟斩，正与《唐律》以刃杀人与故杀同之意相符。乃执特金刃凶器将人砍戳多伤，不照故杀同科，何也？若谓金刃杀人不必均有致死之心，施放鸟枪岂皆有心杀人者乎？用金刃凶器在人肚腹腰胁虚怯处所叠肆砍戳，而云非有心致死，可乎？"

按：火器杀人之案，非必皆有杀人之心。例云擅将施放，即是故殴之义，此与《唐律》合者，薛说备矣。

又按：以上各条皆不失《唐律》之义，独故杀人律注有"临时有意欲杀非人所知曰故"之语，与全律不能贯通。律法果可如是乎？

《唐律》："诸以威力制缚人者，各以斗殴论。因而殴伤者，各加斗殴伤二等。即威力使人殴击而致死伤者，虽不下手，犹以威力为重罪。下手者减一等。"

按：《唐律》威力殴伤加斗殴二等，较故殴之加一等者为重，其致死者以威力为重罪，而不言斩、绞，与同谋共殴条相同。《疏议》于同谋共殴分别斗、故，而此条无文。夫既用威力，其非斗也可知，伤者尚加二等，死者之不能依斗法也可知。

不依斗法,即是故矣。今律于殴伤者依《唐律》加二等,而致死者定为绞罪,似非《唐律》之意。查乾隆七年部议云:"挟势制缚,又以汤火刃枪等物致毙人命者,虽非当时杀讫,而存心欲杀,已属显然,应以故杀论。"观于此议,则威力杀人之应以故杀论,前人已有言之者,非今日一二人之私见。而当日故杀之案,不拘拘于临时欲杀之文,益可见矣。

恭读尊箸,引证详博,剖晰微至,而论断尤极精当,非浅学所能道其只字。末后以独谋诸心及临时有意欲杀皆以谋杀论,故殴伤人及用刃伤人因而致死以故杀论,必有互斗之状乃以斗杀论,分作三层,界划极为分明,而判断亦易措手,可免熬审酷拷之惨。但如此变通,将来改订新律,似应将斗杀一项仿照东西各国一律改为流刑。其故杀一项,从前本有实、缓之分,现拟另订条款,分别实、缓办理,不必仍前一概入实,庶于慎重人命之中,仍寓哀矜求生之意。不然每年秋谳,骤添无数实案,不但与修律减轻之宗旨不合,且使煦仁孑义之辈,反以我为作法于凉也。吉同钧识。

康熙、雍正年间故杀之案,不必皆有临时起意欲杀之供,秋审有经拟缓决者,并非一律入实,均有成案可考。乾隆年间,始恪守律注,尺寸不逾,秋审一概入实。然其时每年秋审情实之案,总有三百数十起,斗杀之案办理固严,故杀之案尚不为少。嘉庆以后,日趋于宽,有明是故杀而以斗杀定案者,一则惑于救生不救死之说,一则必须取起意致死之供,司谳惮其难也。迄今已百余年矣,乍议变通,必多訾议。玑楼所编新律初稿,拟改斗杀者流,以刃及故杀者绞。鄙意因斗杀中颇多应实之案,若一概拟流,似涉太宽,故签别筹办法。若照此议定稿,则斗杀中情重者少,可无虑其太宽,故杀别定实、缓条款,亦不虞其太滥,似尚不失为平中。且考讯之难,可以少省,于将来裁判之事甚有关系。记与同人共商之。本又注。

附吉郎中说帖

捧读批示,并康、雍年间故杀成案数则,足见向办故杀,原不拘泥律注十字,必取"有意致死"之供也。此次拟改故殴致死及刃伤致死均为故杀,原系参酌古今中外,仿照《唐律》,并规复国初旧来办法,并非平空更张,有意从重也。但故殴致死及刃伤致死均作故杀,与有互斗之情方作斗杀,其中每多缪轕,情节极为微细,若不明立界限,将来仍恐窒碍难行,引用或有歧误。如刃伤致死为故杀,然或人以刃逼己,用刃拒殴,《唐律》仍依斗杀,是刃杀中亦有分别,不能统作故杀矣。如同谋共殴,不得不谓之故殴,然或共殴之时,彼此互斗,身先受伤,似不可遽以故杀定拟矣。再如威力制缚、威力主使两项,现律均作斗杀。惟详核情节,曰主使,曰制缚,己不动手,喝令行凶,即无致死之心,究无互殴之状,况明明逞其威力以相凌虐,不谓之故殴,可乎?查《唐律》,威力制缚以斗殴论,虽无致死以故杀论之文,惟威力制缚伤人,既加殴伤二等。则威力制缚杀人,似当拟以故杀,方为平允。现既将斗杀情重各项改为故杀,则威力主使、制缚二项似未便仍旧以斗杀论矣。又如律例内现以故杀论者,如不顾风浪故行开船中流勒钱杀人,诈疗疾病致死,因事故用药杀人,故用蝎蛇咬伤致死,放火杀人,鸟枪杀人等项,所犯之事,皆足致人于死,向与临时有意欲杀之犯,均以故杀论。今临时有意欲杀既改谋杀,若将以上各项亦改谋杀,未免稍刻。且细核种种情节,虽足致人于死,究与预谋杀人,情稍有异,似应仍旧以故杀定案。惟于秋审列入情实,又现律以斗杀论者,如屏去服食及他物置人孔窍致死二项,情近于故,秋审多入情实,若减为流,未免过宽,似应改作故杀。如知津河水深而诈称平浅,桥船朽漏而诈称牢固,诓令过渡以致溺死二项,虽以斗杀论,惟情近于戏,列于戏杀之后,与实在斗杀者有间,似应与斗杀情轻之案均减为流。惟现在奏定章程,误杀、擅杀均改为流,若将斗杀亦改为流,未免无所区别,似应分作有期、无期;误杀、擅杀改为有期,斗杀改为无期,以昭平允。又如互斗致毙非一家二命及一死四伤并各毙各命案,关四命以上暨共殴致毙一家二命听从下手各案,均系斗杀中极重应入情实之犯,如照斗杀减流,固涉轻纵,如亦改作故杀,究系互斗之案,并无刃伤故殴重情,似应提出另议。又如服制相杀之案,一殴一故,关系罪名极重,如照凡人改斗情轻者为流,改无斗情者为故之法办理,其中窒碍甚多,容再详细斟酌,从长计议。以上各节,均应通盘合算,庶不至彼此参差,致有流弊。事关定法,不厌反覆求详,谨再具说帖,恭呈钧诲批示。　　甚是。本注。

论杀死奸夫

唐《捕亡律》:"诸被人殴击折伤以上,若盗及强奸,虽旁人皆得捕系以送官司。"注:"即奸同籍内,虽和,听从捕格法。"《疏议》曰:"言同籍之内,明是不限良贱亲疏,虽和奸,亦听从上条捕格之法。问曰:'亲戚共外人和奸,若捕送官司,即于亲有罪。律许捕格,未知捕者得告亲罪以否?'答曰:'若男女俱是本亲,合相容隐。既两俱有罪,不合捕格告言。若所亲共他人奸,他人即合有罪,于亲虽合容隐,非是故相告言,因捕罪人,事相连及,其于捕者,不合有罪。

和奸之人，两依律断。'"按《唐律》别无杀奸之条，即该于《捕亡律》内。所谓捕格法者，视罪人之拒捍、不拒捍为分别。拒捍者持仗，则格杀勿论。空手而杀，则徒二年。不拒捍及已就拘执而杀及折伤者，各以斗杀伤论。是《唐律》于奸人非持仗拒捍者，不得辄杀之也。《元律》诸妻妾与人奸，夫于奸所杀其奸夫及其妻妾，及为人妻杀其强奸之夫，并不坐。若于奸所杀其奸夫而妻妾获免、其杀妻妾而奸夫获免者，杖一百七。始有同时杀死奸夫奸妇不坐之律。《明律》盖因于元，特设杀死奸夫律一条，并增入止杀奸夫一层，视元为更宽矣。

窃谓后人立法，必胜于前人，方可行之无弊。若设一律，而未能尽合乎法理，又未能有益于政治、风俗、民生，则何贵乎有此法也。如此律之可议者，约有数端：

凡人和奸罪名，《唐律》徒一年半，元改为杖，《明律》则分杖八十、九十二等，并不当杀也。不当杀而杀，实为法之所不许。法既不许，乌得无罪？有罪而予之以罪，义也。明明有罪而许为无罪，则悖乎义矣。悖乎义者，不合乎法理。此可议者一。

罪人拒捕，律载罪人本犯应死之罪而擅杀者，杖一百。注以捕亡一时忿激，言若有私谋另议。《辑注》云："按擅杀止杖一百之法，本为捕亡者而言，然必罪人有逃走之情，捕人别无私意之事，方拟此律，在常人不得引用也。观狱卒陵虐罪囚至死者绞，罪囚之中固有应死者矣，何以概曰绞乎？又死囚令人自杀者，下手之人以斗杀论。既曰死罪囚矣，何以又曰斗杀论乎？以此推之，常人擅杀死罪之囚人，自当另议也。"观于此说，即罪犯应死之人，常人亦不得任意杀之，而况非罪犯应死之人乎。和奸，律止拟杖，与罪犯应死者大相悬殊。在官司差人擅杀应死罪犯，尚应拟杖，而谓常人可以任意杀人,所杀者又罪止拟杖之人,轻重相衡,失其序矣。失其序者,不合乎法理。此可议者二。

妇人淫佚,于礼当出,载在《户律》出妻条内,无死法也。其犯七出有三不去而出之者,杖六十。《唐律》此层,有恶疾及奸不用。此律之文,而《明律》删之。是有三不去者,出亦不许矣。出且不许,况于杀乎。不许其出而许其杀,两律显相矛盾。夫君子绝交尚不出恶声,况于妻乎。当出者出,礼也,其不可杀,亦礼也。不可杀而杀,违乎礼矣。违乎礼者,不合乎法理。此可议者三。

好生恶杀,人之常情,况事关门内,断无立置诸死之理。律所以有亲属相为容隐之文也,《唐律》本亲合相容隐。乃以骨肉之亲,床第之爱,惨相屠戮,其忍而为此,于情岂终能安乎?情不能安,即乖乎情矣。乖乎情者,不合乎法理。此可议者四。

以上四端,皆于法律之原理有未能尽合者也。又如杀人之权操自国家,故凶暴之徒尚不敢肆其残忍。若杀人而可勿论,将报复相寻,罔知顾忌,无论奸情暧昧,难保无虚捏之事,就令情真事实,而私相戕贼,男女并命,甚则剖腹断头,情凶状惨,乡愚无识,方以自豪,是人人有杀人之权矣。此有关乎政治。可议者五。

世风浇薄,为政者闲之以义,尤贵导之以仁。杀人者不仁之事,国家禁戢之尚虑其难靖也,今有杀人者不以为非,而以为是,是非惟不禁戢之,不几于奖励之乎。恐残杀之习,中于人心,势将日甚。此有关乎风俗。可议者六。

奸淫有伤风化,从重惩创,固属扶持世教之心。第人之不善,千汇万状,奸罪其一端耳。其重于奸罪者何限,乃他罪皆无许人擅杀之文。即如窃盗一项,必持仗拒捕,格杀者方可勿论,其登时追捕殴打至死者,尚问满徒。独此例则杀人不必科罪,世俗更有杀奸杀双之说，于是既杀奸夫者，必杀奸妇。往往初意捉奸，不过殴打泄忿，迨奸夫毙命，即不得不并奸妇而杀之。奸妇即跪地哀求，矢誓悔过，在本夫初未尝有杀之之心，而竟有不得不杀之势。更有因他事杀人，并杀妻以求免罪者。自此例行，而世之死于非命者，不知凡几，其冤死者亦比比也。此有关于民生。可议者七。

解之者曰："夜无故入人家，主家登时杀死者勿论，奸、盗罪人均已包括在内。此条奸所获奸，登时杀死，尚与主家登时杀死勿论之律意相符，第未将拘执而杀拟徒一层纂入，故不免稍有参差耳。"按夜无故入人家律《辑注》云："时在昏夜，又无事故，主家惊觉，不知其何人，不知为何事，登时在家内格杀身死者勿论。盖无故而来，其意莫测，安知非刺客奸人？主家惧为所伤，情急势迫，仓猝防御而杀之，故得原宥耳。"据此说，则凡非情急势迫者，即不得用此律矣。捉奸之事，皆先知之而后前往，有何情急势迫之可言？按之此律，意难吻合。《元律》但杀奸夫或但杀奸妇者，皆不能勿论。可见定律初意，并非参取此律之意也。

或又曰："《唐律》夜无故入人家条，若知非侵犯而杀伤者，减斗杀伤二等。《疏议》问曰：'外人来奸，主人旧已知委，夜入而杀，亦得勿论以否？'答曰：'律开听杀之文，本防侵犯之辈，设令旧知奸秽，终是法所不容。但夜入人家，理或难辩，纵令知犯，亦为罪人。若其杀即加罪，便恐长其侵暴。登时许杀，理用无疑。况文称知非侵犯而杀者减斗杀伤二等，即明知是侵犯而杀，自然依律勿论。'据《疏议》答问，与捉奸之事，足相印证，此条律文，非无根据也。"按《唐律》"知非侵犯"，《疏议》谓知其迷误，或因醉乱，及老小疾患并及妇人不能侵犯。此得减斗杀伤二等者，以其无故夜入也。《疏议》于旧知奸秽一层，亦有夜入理或难辩之语，是所重实在夜入、无故四字。若捉奸者，不必皆于夜，且奸妇乃主家人，非外人也，与夜入之义相径庭矣。请更以《唐律》推之。男女俱是本亲，不许捕格告言，即旧例卑幼不得杀尊长之意。其杀伤从捕格法，与他律亦不至歧异，则无乖乎法理。非持仗拒捍不得辄杀，则政权不旁移。余犯应死而杀者，且科以加役流，则悍夫不敢逞。此前人之法胜于后人者也。

明代深于律学者，盖亦心知其非而不敢轻议，于是有或调戏未成奸，或虽成奸已就拘执，或非奸所捕获，皆不得拘此律之解释。诸读律家并宗其说。本朝修律，遂纂入《律注》，正所以救正其失也。而终于因仍不改者，沿习既久，莫之敢议耳。后来条例日益增多，樛葛纷纭，抵捂不免，证诸《唐律》，有不能尽符者矣。

论威逼人致死

乐生而恶死，人之常情也，未有无故而厌生乐死者。凡人处万不得已之时，至于厌生而乐死，必其有非常之困难者也，否则忧忿之不可释者也。夫死有重于泰山而轻于鸿毛者，此惟贤智之士，能权衡于其间，非愚夫愚妇之所能及也。一念之偶萌，不必死而竟死，固未可以遽责夫死者，即迫之死者，亦不全任其责也。《唐律》若恐迫人畏惧致死伤者，各随其状以故、斗、戏杀伤论。《疏议》曰："若恐迫人者，谓恐动逼迫，使人畏惧而有死伤者。若履危险、临水岸，故相恐迫，使人坠陷而致死伤者，依故杀伤法。若因斗恐迫而致死伤者，依斗杀伤法。或因戏恐迫使人畏惧致死伤者，以戏杀伤论。若有如此之类，各随其状，依故、斗、戏杀伤法科罪。"按此条与威逼相似而不同。据《疏议》所云,履危险、临水岸,坠陷而死,乃其死之情状;故、斗、戏,乃其死之缘因。若今时斗殴穷追,致令凫水溺毙,亦科斗杀,乃其比也。恐迫而致死,非其人之自尽者也,《唐律》无甲自尽而乙抵命之文。盖非亲手杀人,难科以罪。自《明律》设威逼人致死之条,嗣后条例日益加重,虽为惩豪强凶暴起见,然非古法也。

袁氏滨《律例条辩》云:"调奸不从,本妇羞忿自尽者拟绞。此旧律所无,而新例未协也。夫调之说,亦至不一矣。或微词,或目挑,或谑语,或腾秽亵之口,或加牵曳之状。其自尽者,亦至不一矣。或怒,或惭,或染邪,或本不欲生而借此鸣贞,或别有他故而饰词诬陷。若概定以绞,则调之罪反重于强也。强不成止于杖流,调不成至于抵死,彼毒淫者又何所择轻重而不强乎? 其不受调,本无死法。律旌节妇,不旌烈妇,所以重民命也。调奸自尽,较徇夫之烈妇,犹有逊焉,而况予之旌,又抵其死,不教天下女子以轻生乎!" 薛氏《读例存疑》云:"《唐律》无威逼致死之法,《明律》定为满杖,除奸盗及有关服制外,虽因事用强殴打致成残废笃疾及死系一家三命或三命以上,亦只充军而止。非亲手杀人之事,故不科死罪也。后来条例日繁,死罪名目日益增多,如刁徒假差蠹役及和奸、调奸、强奸、轮奸等类致令自尽并其亲属自尽者,不一而足,秋审且有入于情实者,较之亲手杀人之案,办理转严。不特刑章日烦,亦与律意不符矣。究而言之,律文未尽妥协,故例文亦诸多纷歧也。"据此二说,是此条律例未臻尽善,在纂定之初,原系惩劝之意,然可行于一时,未可著为常经也。

至欧洲各国刑法,其用意正与中律相反。英刑法凡自杀者为重罪,杀犯与前应免者不同。盖自杀者原由人事艰苦,无力能堪,以致自戕生命，似勇而实怯。按诸希腊律，应断手。英律，凡人命受之自天，非由天命，不得私自残害。故犯自杀者，当坐两重罪：一于教宗，则背上帝好生之德；一于国法，则违君上爱民之意。故为大罪。凡犯自杀者，应罚去身后所遗之财产及分内应得之光荣，以彰其罪。将其财产没官，不得用教宗礼式安葬，并限官为检验后，二十四小时以内，夜九小时至十二小时将尸首瘗埋。俄刑法凡素无疯疾、痰证起意自尽者，所有授其子女、生徒、仆役及关于财产之遗嘱，俱不准行。如自尽之人系基督教民者，并不准用教礼丧葬。一千四百七十二条。若忠荩过人，身临大节，百折不回，或严密军机，誓死不泄，因而杀身成仁者，免罪。妇人拒奸自尽保全名节者亦同。一千四百七十四条。日本人《刑法论》曰："自杀之罪，自古各国无定于国法上者。耶稣教国虽有自杀之处罪，然其意则人身为天所授，无故自戕，是犯神之所恶，当屏诸教外，非关于法律上之规定也。日本古时神道家言亦以自杀为不善，当处罚之。希腊斯托伊克氏之道德说，则谓人当困难之时，不欲为恶事而困难又不能解，则惟有死而已，死固无妨害于人，不当处罚。而现时道德说不从此论。故各国法律中虽未规定处罚，而学者则多以处罚为宜。但所谓法律不处罚者，为自杀者出自本心，而自著手者耳。至若教唆他人自杀，帮助他人自杀者，则法律自无不处罚之理。"统观英、俄刑法及日本人之说，盖西人以生命为重，自杀悬为厉禁，英、俄皆明载律内。虽以忠臣、烈妇，俄、法亦仅免罪而已。至自杀而科胁追之者以罪，不独英、俄皆无此文，即德、法刑法亦皆不著。由于宗教不同，法律亦因之而异。日本采用西法，但有教唆自杀之罪，而无威逼致死之条。此皆与中律悬殊者也。

然考之中国古来学说，初不以轻生为贵。孔子曰："岂若匹夫匹妇之为谅也,自经于沟渎而莫之知也。"孟子曰:"可以死,可以无死,死伤勇。"寻绎圣贤语意,可以见宗旨之所在。《礼记·檀弓篇》:"死而不吊者三:畏、厌、溺。"郑康成注:"谓轻身忘孝也。""畏"下郑注:"人或时以非罪攻己,不能有以说之死之者。"陈澔集注:"先儒言明理可以治惧。见理不明者,畏惧而不知所出,多自经于沟渎,此真为死于畏矣。"玩郑氏"非罪攻己"一语,所赅者广,不止威逼一端。在死者于礼既为不吊之人,则迫之死者于法当无可科之罪。陈氏"见理不明"一语,乃不吊之所以然也。英人"似勇实怯"之语,颇与孟子合。殆亦未可尽非欤?

综而论之,自杀之事,根因种种不同。其为豪恶欺凌,凶徒讹诈,则必有捆缚、吊拷、关禁、勒索等项暴虐情形,死者撄难堪之侮辱,及多般之困苦,冤忿填胸,生不如死。究其致死之故,全系乎胁迫之人,而尚欲责死者以不应自杀而罪之,冤上加冤,情理何在?此死者可悯,而胁迫者之罪之不容宽者也。其为蠹役婪赃,假差吓诈,则必有借端挟制、倚势作威及捏造签票、执持锁链等项吓逼情形,死者或乡愚寡识,或懦弱无能,视官如神,畏吏如虎,银钱窘迫,惧涉公庭,愁急自戕,不及再计。此在死者,本不必死,而竟至于死者,官势迫之也。大约此等情事,官吏清明之世鲜见,而官吏庸暗之世为多。立宪之国鲜见,而专制之国为多。推究其故,乃法制之未善,而死者亦为可悯,则胁迫者之罪亦不容贷者也。以上各情节,实恐吓取财之事,较威逼为重。英、俄、法、德、美、日各国刑法,并有胁迫一门,即中律之恐吓。其轻重虽各不同,然既干此罪,自当各按其情状分别科断,不能因其人自杀而反得免罪。但不知西人之裁判如何耳?

至若口角微嫌,逞强殴打,不过寻常争闹,初无凶恶可言。及或失物,些微形迹有可疑之处,不过空言查问,亦乡里之恒情。又或钱债无偿,再三逼索,不过危词相怵,冀宿负之能归。凡此多端,事所常有,本无可死之道。乃或以被殴为辱,或以诬窃不甘,或以负逋难措,一时短见,不愿为人,正所谓自经沟渎者也。被殴可以控诉,诬窃可以理论,负逋可以情求,在胁迫之初,心岂曾料其轻死? 此乃死者之愚,胁迫者不全任其咎也。

又或茅檐妇女,强暴猝膺,受辱无颜,捐躯明志,则胁迫之罪,自无可宽。若只手足勾挑,语言调戏,少年佻达,尚无胁迫情形,既非羞辱之难堪,本无死法。乃变生意外,遂罪坐所由,法重情轻,未为允当。更有村野愚民,戏谑村辱,种种情节,一入妇女之耳,遽尔轻生。此不独无胁迫之状,并无猥亵之意。以此抵死,乌得为平?

立一重法,而无数重法相因而至,古人之法,岂若是哉? 此中法之可议者也。若西人自杀为重罪之说,在彼国之论者,已不以为然,如斯托伊克之说是也。而墨守宗教者,犹坚持此说。揆诸情理,实有未安。人必所受之苦难万不能堪而出于死,此最可哀可矜之事。今不哀之矜之,而反加之以罪,仁人之心,必不出此。于礼不过不吊而已。不吊者而大辱之,此不合于人情者也。人之有罪,必其有害于世,不乐生而甘于死,于世乎何害而必罪之,夺其财产、光荣而屏斥之,此不合于天理者也。且使死者而有知,饮恨黄泉,忍与终古。使死者而无知,即处重罪,乌足为戒? 彼杀人之犯未论决而自杀,即无余罪之可科。自死之人本无罪,反较杀人者之责备为刻。中律故自伤残者有罪,如犯罪待对,杖一百。诈病死伤避事律。恐吓诈赖人,杖八十。同上。避征役,罪止杖一百。从征违期律。此等人若因伤残而致死,并无治罪之文,盖以其人已死,罪已无可加也。夫以有罪之人而自杀尚无罪之可加,乃以无罪之人而自死反有罪之难免,岂情也哉?岂理也哉?此西法之可议者也。然则中律威逼之法,于古既不合,调奸酿命之案,奖妇女之轻生,更有如袁氏所讥者,自应酌量变通,以归平允。西人宗教攸殊,不足取法。至俄刑法又有若父母、师保及抚孤等人,威逼凌虐致令子女自尽,证据明显者,有限公权量夺,监禁八月以上、一年零四月以下,如系基督教民,仍处本管教堂忏悔一条。此尤与中律之意相背,存而不论可矣。日本刑法于中、西二者皆未甄录,其殆有见于此欤?

论诬指

《唐律》斗讼律文有诬告而无诬指,诬告实而诬指虚也。实者易究,虚者难科,古人立法,具有深意。前明《问刑条例》恐吓取财门,凡将良民诬指为盗,及寄买贼赃,捉拿拷打,吓诈财物,或以起赃为由,沿房搜检,抢夺财物,淫辱妇女,除真犯死罪外,其余不分首从,俱发边卫永远充军。国朝因之,而于例末添诬指送官,以诬告论。小注:"是诬指而有拷诈等情,及诬指而送官者,皆有治罪明文。"其诬指而未送官者,例未及也。乾隆三十五年,江苏按察使吴坛条奏,请改例内"诬指良民为盗"作"诬指良民为窃"。再于本条之末,添入"若诬指良民为强盗,虽无拷打吓诈情事,亦发边远充军,如有拷诈等情,即发极边烟瘴"数语。经部议准。原奏内声明,诬指送官者,即照诬告例按其所诬之轻重加罪三等。部议亦有"若仅诬指送官,以诬告治罪"之语。三十七年,恐吓取财门修例按语有"除诬指良民为强盗,并无诬诈情节者,应以诬告到官坐罪,纂入诬告门类外云云。"诬告门续纂诬告良民为强盗者发边远充军一条,其按语云:"查诬指良民为盗例内,'诬指'二字系指未经到官者而言,罪在吓诈财物,是以列入恐吓取财例内。若既无拷诈别情,仅此诬指为盗,则诬盗尚在未成,自应以诬告到官为断。"两处按语,最为明晰。盖此条例意,原重在拷诈等情。若诬指未到官,而无前项重情者,即不得科以重罪。故三十五年部覆吴坛条奏及三十七年修例按语,均有诬指送官之文。而诬指未经到官者,均未议及,非疏也。空言无据,事恐非真,诬既未成,情犹可恕,律例无可比议,故不明定科条。五十二年,以此例与诬告良民为强盗一条事同语类,遂修并为一,移改入诬告门,已非原定此例之本旨。且例注有"诬告送官,以诬告论"二语,则例文"诬指"二字,竟是专指诬指而未到官者言。而诬指为窃,又无明文,何也?

窃谓诬指之故,此例内所列各项,实为讹诈之尤,情节苟真,自难宽贷。若系素挟嫌仇,而假捏赃私,以图陷害,论情固为可恶,第并未到官呈诉,不过虚词恫吓,非有实据之可凭,一入公庭,孰肯承认?更有声张欲控,仅属一时气忿之谈,既无只字到官,讵能科以诬告?即使毁言流播,情至难堪,亦但于名誉有伤,尚未至身受讼累。今例内捏造奸赃款迹,写揭字帖,及编造歌谣,挟仇污蔑者治罪,自有明文。按之东西各国刑法,皆属毁损名誉之事。自当酌量情节,别立科条,未便附属于诬告律内。盖诬虽有迹,而告究无形也。至于因事怀疑,空言查问,或器物偶然相似,或其人素行不端,此则乡里之常情,并不能以诬指论矣。昔汉文帝诏诽谤勿治,史册纪其盛德。孝武有腹非之比,君子讥之。故止谤自修,闻过则喜,古圣贤多持此义。岂肯以毁损名誉之故,加罪于人。自唐以来,刑律中无诽毁之科,诚忠恕之道也。虽此等意解,系就道德上着想,未可概语常人,然舍道德而言刑名,其刑名必不得其中,立法者可忽之乎。第今日各国刑法,并设此科,英国更有诽谤外国高位人之罪。德国更有毁损一国君主荣誉之罪,关系外交,尤为当务之急,又未可拘泥古法,致临事无所适从。此固律之当议增者。

《明律》狱囚诬指平人条:"凡囚在禁,诬指平人者,以诬告人论。"《琐言》曰:"见禁囚不得告举他事,若有诬指平人者,随取诬指之罪,以诬告加诬论之。"按此即《唐律》之因引人为徒侣条所称,诸囚在禁妄引人为徒侣也。明改"妄"为"诬",改"引"为"指",改"徒侣"为"平人",而律意遂大相径庭矣。引者,引为同党,有意供扳,非素挟嫌仇,即听人教唆。指者,指言他人之事,未必有干于己。其不诬者本在不得告举之列,其诬者必多构架之词。唐、明二《律》,其情事初不同也。第二律情事虽异,而其为在禁之囚则同。在禁则已在官,无论其为妄引,或为诬指,皆系向官告言,故皆以诬告人论。乾隆年间按语,诬指以到官为断,与此律之意,本相吻合。律文中称诬指者,此一条外,尚有盐法律内盐徒诬指平人一条,均系指在官者言。则未经到官,自未便与到官者同论。律内别无诬指之文。例文之诬指,又系专指各项情重者说。然则无重情者,自不在应科之列,可互证也。

论诬证

《唐律·诈伪门》证不言情条:"诸证不言情及译人诈伪,致罪有出入者,证人减二等,译人与同罪。"《明律》:"若鞫囚而证佐之人不言实情故行诬证,及化外人有罪,通事传译番语不以实对,致罪有出入,证佐人减罪人罪二等,通事与同罪。"按《明律》此条本于

《唐律》,"诬证"二字则明所增也。

　　《说文》:"诬,加也。"《广雅·释诂》同。《国语·周语》:"其刑矫诬。"韦昭注:"加诛无罪曰诬。"《后汉书·孔僖传》:"凡言诽谤者,谓实无此事而虚加诬之也。"左氏襄八年《传》正义:"不直言杀而云辟杀,明是加诬以罪而杀之。"《潜夫论·述赦篇》:"隐逸行士,淑人君子,为谗佞利口所加诬。"《魏志·和洽传》:"此言事者加诬大臣以误主听。"《晋刑法志》:"裴頠表陈律令云:'奴听教加诬。'"历考诸书,"加诬"二字,相连成文。凡言诬者,谓加乎其所本无,非减乎其所本有也。韦注"加诛无罪曰诬",《一切经音训》十二。引《国语》贾逵注正同,与孔僖所言亦合,当为汉世解律之语,乃古义之廑存者。《吕览·务本篇》:"今功伐甚薄,而所望厚诬也。"注:"以薄获厚为诬也。"以薄为厚,亦必有所加,故谓之诬。《汉书·五行志》:"淮阳上书,冤博辞语增加。"颜注:"言博本为石显所冤,增加其语。"故陷罪凡陷害人者,语必增加,此其证也。戴震谓凡无实而虚加皆为诬。殆亦就《说文》之说而引申之。然则非有所加,不得称诬矣。

　　此律证人之不言实情,有陷害者,有偏徇者,有顾虑者。陷害者以无为有,以轻为重,实情之中,必有所增加,谓之诬证是也。偏徇者以有为无,以重为轻,实情之中,必有所讳饰,谓之诬证,于古义已未尽合。若顾虑者不过不肯直言耳,以诬目之,更非古义。如此之类,实《明律》不及《唐律》之处。盖文字中古义就亡,讨论者鲜,矧法律之学尤属无人问津者乎。近日之讲东西各国刑法,皆译为"伪证"二字。伪对真言,无论为陷害,为偏徇,为顾虑,其不说真话同也。不真即伪,是"伪证"二字视"诬证"二字之不合古义者为允协矣。

论附加刑

金大定十五年，济南尹梁肃上疏曰："刑罚世轻世重。自汉文除肉刑，罪至徒者带镣居作，岁满释之。家无兼丁者，加杖准徒。今取辽季之法，徒一年者杖一百，是一罪二刑也。刑罚之重，于斯为甚。今太平日久，当用中典，有司犹用重法，臣实痛之。自今徒罪之人，止居作，更不决杖。"不报。按今东西各国附加刑之法，即梁肃所议之一罪二刑也。

汉、魏以前有无一罪二刑之制，书缺有间，已无可考。六代宋时，劫窃黥颊断筋，徙付远州，不久旋废。梁武帝时，髡钳五岁刑笞二百，劫身降死，黥面髡钳补冶锁士。北齐刑罪五等加鞭。后周徒流加鞭笞。隋文时三流加杖。此皆一罪而并用二、三刑者。唐除鞭刑，无一罪二、三刑之科，律文具在，最为可法。洎乎五季，刺配之法兴。宋初又定折杖之法，徒流无不加杖。于是窃盗等犯，既刺字，又加杖，又远配，一罪三刑，遂为永制。金因于辽。元、明又因于宋。至于国朝，相沿用之，将垂千年。盖习惯之法，未易除也。

近年既奏删刺字之法，徒流以上之加杖亦经奏删，所未除者，枷杖并用耳。近日又有奏删枷号之议，则梁肃所讥者，庶乎可以免矣。今修订新律，若仍行附加之法，是所谓一罪二刑者已除而仍复也，与近日轻刑之宗旨不能符合。东西各国学者方主张废除此制，又何必复蹈故辙哉。或曰唐之加役流，非于流之外又加役乎？不知唐时流罪皆居作一年，加役流不过多二年耳。且唐之加役流，在隋时原系绞罪，太宗特创此制，由死罪减降，乃一代仁政，其宗旨正不同也。

论没收

东西各国刑法，有主刑，有附加刑，犹之中律徒流有加杖及刺字也。然必成其为一种刑，关系乎刑之轻重等差，而后可名之曰刑。若于轻重等差无所关系，不过为刑法上应有之事，即未得称之为刑，如附加刑之没收是也。

没收，即中律之没官，约有五项：一、彼此俱罪之赃。谓犯受财枉法、不枉法计赃，与、受同罪者。二、犯禁之物。谓如应禁兵器及禁书之类。凡法令所不应有，如私盐、私茶之类亦是。此二项并载在律文，本于《唐律》者也。三、犯罪所用之物。如贼盗器械、私铸作具、赌场赌具之类。即窝娼、窝赌之房屋亦是。四、犯罪孳生之物。如私铸所出钱文，盗窃马牛所生驹犊之类。五、遗失宿藏之物，应送官而不送官者。证以日本刑法，第一项之受财，因犯罪而得之物也。第二项法律禁制之物也。第三项供犯罪用之物也。第四项犯罪行为所生之物也。惟第五项日本刑法无没收之文。《唐律》宿藏物之异常者送官，阑遗者分还官、主，与今律亦不尽同。此入官，而与没数之律，意微有不同者也。

综核以上各项，其没入之物，皆为其人所不当有之物。或故违禁令，或不应还主，或无主可还。其没入也，于其人应得之罪名，毫无轻重之关系。则谓之为刑之一种，名实似不相符。此当平心讨论之者。至若奸党、谋反大逆、谋叛三律，并有财产入官之文。此等情节重大,非寻常之犯罪可比,尚存古来夷族之意,籍没亦非常刑。其他有亏欠官帑而查抄者,乃以私财抵完官款,非没官之比。又若客商匿税者,物货入官,所以示罚。此又民事上事,非刑事上事,与没收之宗旨正不同也。

由犯罪而得之物,官物还官,私物还主,不止没官一项,亦当分别言之。

《唐律》若盗人所盗之物倍赃,亦没官。《疏议》云:"不可以赃资盗,故倍赃,亦没官。"今律无此项。倍赃之事,亦久难行矣。

说（卷三）

死刑惟一说

废止死刑之说，今喧腾于欧美各洲矣，而终未能一律实行者，政教之关系也。惟死刑止用一项，则东西各国所同。第译文简略，其理说未之能详。冈田博士之言则曰："各国之中，废止死刑者多矣。即不废死刑者，亦皆采用一种之执行方法。今中国欲改良刑法，而于死刑犹认斩、绞二种，以抗世界之大势，使他日刑法告成，外人读此律者，必以为依然野蛮未开之法，于利权收回、条约改正之事，生大阻碍也必矣。"又曰："主张斩重绞轻者，恒谓斩者身首异处，故重，绞者身首不异处，故轻。然斩与绞同为断人生命之具，身首异处何以重？身首不异处何以轻？要亦不外中国古来之陋习迷信耳，非有正当之理由也。德国斩刑普通用斧执行，而于亚鲁沙斯、卢连二州皆用断头台。因二州前属法国，即用此制，归德国后仍存旧习，非有轻重之差也。"又曰："试问：中国刑法之分别于杀人罪，曾有因犯人用斩用绞之故，以重轻其处分之规定乎，于犯人犯罪之手段，则不问其用斩用绞，皆作为同一价值，曾无轻重之分，独于官刑，则斩重绞轻，是何理也？"

按冈田之说如此。前一层论势，今日世界之情形固然。后二层论理，则未足折服学者之心也。斩、绞既有身首殊、不殊之分，其死状之感情，实非毫无区别，略分轻重，与他事之迷信不同，遽斥谓非正当之理由，未可为定论也。刑法乃国家惩戒之具，非私人报复之端，若欲就犯罪之手段以分刑法之轻重，是不过私人报复之心，而绝非国家惩戒之意，自古无此法律，乃以此为对镜之喻，实非其比也。且立法宗旨，一定不得两歧，死刑既定为一种，则通国中不当再有他种之死刑，何以各国军律又有枪毙之法？德国又有用斧及断头台之异？同为一国之法，而军法可与常法殊，同为一国之领土，彼此可行其习惯之法，则独责中国死分斩、绞之非，中国岂首肯哉！今以鄙意推之。唐虞三代，死刑并称大辟。《吕刑》正义曰："辟，罪也。死是罪之大者，故谓死刑为大辟。"即孔氏之说而寻绎其义，既以此为罪之大者，自不能于其中再分等差。可见死刑止用一项，自古已然，不自近世也。周室死刑用斩，而《吕刑》言大辟疑赦，其罚千锾，与墨辟之百锾至宫辟之六百锾分为五等之轻重，而不复于千锾中再分轻重，尤可见死罪之列于常刑者止有一等，无二等也。公族之磬于甸人，下卿之绞缢以戮誓驭之，车轘乃特别之法，不在五刑之内，与今日东西各国死罪或绞或斩止用一种而仍有枪击之法，正可互相参证。夫刑至于死，生命断绝，亦至惨矣，若犹以为轻，而更议其重，将必以一死为未足而淫刑以逞，车裂、菹醢、炮烙、铁梳种种惨毒之为，有加无已，极其残忍之性，胡所底止，更不止于北齐之四等，北周之五等矣。不仁之政，孰阶之厉，谓非由于死刑之再分轻重哉！故古者五等常刑，死惟一等，明示限制，即不得再加。居今日而议行此法，乃复古，非徇今也。然则以死刑为无轻重者，于事未得其实，而死刑不可再分轻重，其理固大可研求矣。

我朝开国之初，死刑用斩一项，最合古法。迨后采用明制，死刑遂多。自光绪三十一年，奏删凌迟、枭首、戮尸诸重刑，死刑中尚有斩、绞二项，当时论者颇虑刑之过轻，反逆、恶逆之犯，不足以昭惩创。近虽此说稍息，察之政治风俗，亦不因删除重刑之故，别有变端。然斩、绞二项中，再议删去一项，必至訾议锋起，难遽实行。今拟定绞为死刑之主刑，斩为特别之刑，凡刑事内之情节重大者，酌立特别单行之法。其军中之刑，亦以斩行之，不用枪击。尝见一枪击者，凡发四十余枪而后气绝，其惨甚于凌迟，非仁政也。即使此种枪刑，必选择精于用枪者行之，可以一发即毙。然斩首者，首断而气即绝，其痛楚之时必短。枪击者，枪中而气未遽绝，其痛楚之时必长。以此相较，枪击不如斩首也。方今五洲交通，大非闭关自守之时，若与世界相抗，诚有如冈田之所虑者。然骤欲施行遍国中，先多阻滞，惟以渐进为主义，庶众论不至纷拿，而新法可以决定，亦事之次序本当如是，非依违也。至律例内凌迟、斩枭改为斩决各条，分别酌定办法如下。

律例内凌迟改斩决各条：

谋反及大逆，但共谋者。谋反大逆律。

按：此《刑律》中情节最重者，东西各国刑法亦无不处以死刑。事关内乱，已改斩决，不必再改。

纠众行劫狱囚，持械拒杀官弁，为首及为从杀官之犯。劫囚例。

罪囚结伙反狱，持械拒杀官弁，起意为首及为从杀官之犯。狱囚脱监及反狱在逃例。

按：此二条乃比依谋反大逆问拟凌迟者。前条定于雍正年间，乃一时之峻法。后条定于乾隆五十三年，乃因有此等案件，酌照前条问拟，凌迟遂纂入例文也。劫囚而杀官，情节固重,然究非谋反大逆可比,凌迟缘坐,似乎太重。此等系属乱民,可以军法行之,已改斩决,不必再改。

已上三条乃关系反逆者。

谋杀祖父母、父母及期亲尊长、外祖父母、夫之祖父母、父母,已杀者。谋杀祖父母父母律。

按:此伦常之变,罪大恶极,无过于是者。已改斩决,未便再改,当以特别法行之。

子孙殴祖父母、父母及妻妾殴夫之祖父母、父母,杀者。殴祖父母父母律。

子孙发掘祖父母、父母坟冢,不分首从,开棺见尸并毁弃尸骸者。发冢例。

按:已上二条与前同旨。已改斩决,不必再改。

妻妾改嫁,谋杀故夫祖父母、父母,已杀者。谋杀故夫父母律。

妻妾夫亡改嫁,殴故夫之祖父母、父母,杀者。妻妾殴故夫父母律。

按:已上二条,与见奉舅姑究有不同,义未绝而情则殊矣。似可改为绞决。

愚民惑于风水,擅称洗筋、检筋名色,将已葬父母骸骨发掘检视占验吉凶者。发冢例。

按:此条仅止检视,并非毁弃,而与毁弃同科。乾隆十一年初定此例,罪止斩候。今遽加至凌迟,似太悬绝。此等案向来少见,此条似可删除。

已上六条,皆关系伦常者。

奴婢及雇工人谋杀家长及家长之期亲、外祖父母,已杀者。谋杀祖父母父母律。

按：奴婢雇工，尊卑名分攸关，律与子孙同科。近日议者多主张禁止买卖人口，如果实行，则奴婢一项，律内即应删除，良贱之名，亦难因仍其旧。第官绅大户不能无服役之人，奴婢可去，而雇工不能去。此等佣雇之人，良贱之名可去，而尊卑之分不可去。遇有相犯，自难概以平等同论，而与亲属之谊，究属有间。似可将此项人犯改为绞决。

奴婢殴杀家长者。　若故杀家长之期亲及外祖父母者。奴婢殴家长律。

雇工人故杀家长及家长之期亲若外祖父母者。同上。

按：前二条如买卖人口之例，实行禁止，则在应删之列。后一条亦可改为绞决，谋、故同也。

已上四条乃关系主仆名分者。

妻妾因奸，同谋杀死亲夫者。杀死奸夫律。

妻妾故杀夫。妻妾殴夫律。

按：谋杀夫，律本系凌迟，因奸情重，无可复加，故罪同也。夫为妻纲，乃三纲之一，然夫之与妻，与君父之于臣子，微有不同。妻者齐也，有敌体之义，论情谊，初不若君父之尊严，论分际，亦不等君父之悬绝。西人男女平权之说，中国虽不可行，而衡情定罪，似应视君父略杀，庶为平允。

此项似可改为绞决，故杀同。妾则非妻可比，已改斩决，不必再改。

亲属相奸，罪止杖徒，及律应监候，如奸夫与奸妇商通谋死本夫者，奸妇。杀死奸夫律。

因奸同谋杀死亲夫，本夫不知奸情，及虽知奸情而迫于奸夫之强悍不能报复并非有心纵容者，奸妇。同上。

按：此二条系用本律。总类另立为二条，似可不必，皆可删。

妾故杀正妻。妻妾殴夫律。

妾因奸，商同奸夫谋杀正妻。杀死奸夫律。

按：并后匹嫡，为乱之本，故嫡庶之分，古人严之，峻其防也。然妾与妻同事一夫，其爱昵之情无别，太示悬绝，未得为平，似可改为绞决。

聘定未婚妻因奸起意杀死本夫。杀死奸夫例。

童养未婚妻因奸谋杀本夫。同上。

按：未婚之妻与已婚不同，此二条未免过重。因其已有名分而不与凡人同科，庶乎平允，似皆可改为绞决。

已上八条，乃关系夫妻及妻妾名分者。

弟妹故杀兄姊，若侄故杀伯叔父母、姑及外孙故杀外祖父母者。殴期亲尊长律。

有服卑幼图财谋杀尊长、尊属罪应凌迟者，枭首。同上。

按：亲谊之隆杀，《大传》有上治祖祢，下治子孙，旁治昆弟之别。上治者，即日本刑法所谓直系血族也，旁治则稍杀矣。亲谊杀，则科罪亦当因之而杀，未便从同。弟妹之于兄姊，侄之于伯叔父母、姑，皆在旁治之列，若与干犯祖祢者无异，于隆杀之道，尚未尽协。外祖父母乃外姻之最尊者，然究由父母而推，与本宗有间。似皆可改为绞决。

已上二条，乃关系期功服制者。

业儒弟子谋故杀受业师。殴受业师律。

按：弟子之于师，分谊尊而无服制，殴死者律已斩决，谋、故无可复加。若以并无服制之人而遽拟凌迟，究不甚妥，似可改为绞决,以符律意。

此一条比依服制者。

杀一家非死罪三人,及支解人为首者。杀一家三人律。

采生折割人,为首者。采生折割人律。

按:此三项皆在十恶不道之列,凶忍残贼,非寻常杀人者可比,应以特别法行之。已改斩决,不必再改。

本欲支解其人,行凶时势力不遽,乃先杀讫,随又支解者。杀一家三人例。

按:此以支解论者,乃定罪之例,非别一条也。

为父报仇,因忿逞凶,临时连杀一家三命者。杀一家三人例。

按:为父报仇,情究可原,似不必与寻常杀一家三人者同论,可以改为绞决。

本宗及外姻尊长谋占财产,图袭官职,杀大功、小功、缌麻卑幼一家三人者。杀一家三人例。

按:以尊犯卑竟拟凌迟,究未甚妥。此条例文中多窒碍,《读例存疑》论之详矣。似可改为绞决,庶乎平允。

发遣当差为奴之犯杀死伊管主一家三人,并三人以上者。同上。

按:为奴各例,现有删除之议,将来如果实行,则此条自在删除之列。

以上七条,乃关系十恶不道者。

以上凡三十三条,皆现行律例。其中可以删除者七条,可改绞决者十五条,余十一条内,三条系反逆,五条系恶逆,三条系不道,并是十恶中之情节最重者,已改斩决,不必再改。

已删例二:

两犯凌迟重罪者,于处决时加割刀数。二罪俱发以重论例。

杀一家非死罪三、四命以上者。杀一家三人例。

光绪三十一年奏删。

应删例三：

杀一家非死罪三人,及支解人为首,监故者仍割碎死尸,枭示。杀一家三人例。

强奸本宗缌麻以上亲及缌麻以上亲之妻未成,将奸妇杀死者,分别服制,罪应凌迟者,枭示。威逼人致死例。

子孙殴祖父母、父母,案件审明,奏请斩决后,如其祖父母、父母因伤身死,将该犯戮尸示众。殴祖父母父母例。

按：枭首之法已奏准删除,则此三条并在应删之列。

律例斩枭改斩决各条：

豪强盐徒聚众至十人以上,撑驾大船,张挂旗号,擅用兵仗响器拒敌官兵,若杀人及伤三人以上,为首者。盐法例。

按：此条系比照强盗已行得财律杀人斩枭强盗例也。伤三人以上,亦拟斩枭,视强盗更重矣。

杀人者已改斩决,不必再改。伤人者可改绞决,以示区别。

直省刁民假地方公事强行出头,哄堂塞署,逞凶殴官,为首者。激变良民例。

按：此等聚众殴官之事,由于官吏激变者半,由于莠民乘机生事者亦半。如果事由激变,即至逞凶殴官,其情亦必有可原之处,斩决亦嫌过重。若系莠民滋事,则乱民也。亦当分别观之。前一层可改绞候,后一层可改绞决。

强盗杀人,放火烧人房屋,奸污人妻女,打劫牢狱仓库及干系城池衙门,并积至百人以上者,不分曾否得财。

响马强盗。

江洋大盗。

粤东内河行劫伙众四十人以上,或虽不及四十人而有拜会结盟,拒伤事主,夺犯伤差,假冒职官,或行劫三次以上,或脱逃二三年后就获,各犯应行斩决者。

捕役及汛兵、营兵为盗,起意为首者,为从情节重大非寻常行劫可比者。

巡幸之处,匪徒偷窃拒捕杀死官弁兵丁者。

广东、广西二省盗犯行劫后因赃不满欲,将事主人等捉回勒赎者,为首之犯。

京城、大宛两县并五城所属地方盗案。以上并强盗例。

按:此八条皆强盗之情重者。寻常盗犯已改绞决,则此等改为斩决,尚不为重。俟将来强盗之律能否改轻,再议。

已删例五:

爬越入城行劫罪应斩决者。

盗犯明知官帑,纠伙行劫,但经得财,为首及上盗者。

洋盗案内接赃瞭望之犯。

行劫漕船盗犯。

川省差役帚通之案,如有掳掠人口,烧毁房屋,并拒捕及杀伤人口情事。以上并强盗例。

光绪三十一年奏删。

章程一

强劫及窃盗临时行强,并结伙十人以上抢夺之案,但有一人执持鸟枪、洋枪在场者,不论曾否伤人,不分首从。

按:此条系光绪十三年新章。嗣逢恩诏,即改归旧例,不加枭示。并声明事犯在赦后者,仍照新章,俟数年后盗风稍息,再行归复旧制。是此系暂行章程,可以删除。

纠众行劫在狱罪囚,持械拒杀官弁,下手帮殴有伤者。

若拒伤官弁及杀死役卒,为首并豫谋助殴之伙犯。劫囚例。

按:此二项较之拒杀官弁为首及为从杀官者情节为轻,可以改为绞决。

黔、楚红苗彼此仇忿抢夺,聚至百人以上,杀人为首者。白昼抢夺例。

苗人聚众至百人以上,烧村劫杀,抢掳妇女,造意首恶之人。同上。

按:聚众至百人以上即属乱民,已改斩决,不必再改。

大江洋海出哨官弁兵丁,遇商船遭风及著浅,尚不致覆溺,不为救护,及抢取财物拆毁船只者,不分首从。 凶恶之徒明知事犯重罪,在外洋无人处所,故将商人全杀灭口,图绝告发,但系同谋者。白昼抢夺例。

按:此用军法者。

已删例四:

台湾盗劫之案,罪应斩决者。 他如聚众散劄竖旗,妄布邪言云云等案内,造意为首罪应立决者。

川省匪徒云云,在场市抢劫,拒捕夺犯,杀伤兵役并事主及在场之人者,首犯。

川省匪徒云云,在野拦抢,杀人夺犯伤差,为首之犯。

奉天匪徒执持鸟枪抢夺者,不分首从。以上并白昼抢夺例。

光绪三十一年奏删。

广东省匪徒打单拒捕杀人者。

捉人勒赎之案,如有聚众拒杀兵役,本罪已至斩决者。以上并恐吓取财例。

按:此等可以乱民概之。

已删例一:

贵州及云南、四川地方有外来流棍勾通本地棍徒,将荒村居住民苗人户杀害人命,掳其妇人子女,计图贩卖,不分首从。略人略卖人例。

光绪三十一年奏删。

奴婢雇工人发掘家长坟冢,开棺椁见尸,为首者。毁弃撇撒死尸者,不分首从。

发掘贝勒、贝子、公、夫人等并历代帝王陵寝,及《会典》内有从祀名位之先贤、名臣,并前代分藩承袭亲王坟墓,开棺椁见尸,为首者。以上并发冢例。

按:本律仅止绞候,而条例加至斩枭,无乃过重。此二条改绞决可矣。

无籍之徒引贼劫掠,以复私仇,探报消息,致贼逃窜者。盗贼窝主例。

按:此可依强盗法。

职官窝藏窃盗、强盗,罪应斩决者。同上。

按:此等案件似可照窝藏通例,不必因职官而加重。此例可删。

谋杀幼孩,若系图财,或有因奸情事。谋杀人例。

按:此条本系律外加重,新章斩决改为绞决,已与寻常谋杀不同,似可不必再加此二层,竟可删去。

有服卑幼图财谋杀尊属尊长,罪应斩决者。同上。

按：不明罪止之义，于是律文之外纷纷议加，非法律也。此等例文竟可删去。

船户、店家图财害命，为首者。同上。

按：此可依强盗法。

已删例二：

苗人图财害命者。

台湾等处商船图财害命者。以上并谋杀人例。

光绪三十一年奏删。

奸夫起意商同奸妇谋杀本夫，复杀死奸妇期亲以上尊长者。奸夫听从奸妇并纠其子谋杀本夫，陷人母子均罹寸磔者，奸夫拟斩立决，若系奸夫起意，加拟枭示。

按：此例似亦可删，律外加重也。

杀一家非死罪二人，及杀三人而非一家，内二人仍系一家者。

杀死一家三命，分均卑幼，内有一人按服制应同凡论者。

谋、故杀缌麻尊长一家二命者。

误杀一家三命以上者。

杀死人命罪干斩决之犯，如有将尸身支解情节凶残者。以上并杀一家三人例。

按：杀一家三人，在十恶不道之列，专指凡人之非死罪者言，故定律独重。若不及三人，及三人非一家，概行加重，岂律意哉？即卑幼一家三命，亦与凡人不同。杀指谋、故，误杀亦非其比。事后支解，亦与蓄意支解者有间。此五条似皆可删。第二项中多窒碍，《读例存疑》言之详矣。

广东等六省纠众械斗，四十人以上，致毙彼造十命以上，或不及四十人，而致毙彼造二十命以上，首犯。斗殴及故杀人例。

按：械斗之案，非寻常斗殴可比，然拟以绞决可矣。此等私斗之事，与强盗等项匪徒究不同也。

强奸已成，将本妇杀死者。威逼人致死例。

按：此条似可改为绞决。此等情节虽重，而究止关乎一人之生命。

强奸本宗缌麻以上亲及缌麻以上亲之妻未成，将本妇杀死，分别服制，罪应斩决者。同上。

按：此例颇有窒碍，说详《读例存疑》。不如仍用本律，斩决照章改绞决，庶免参差。　此项人犯强奸已成者，例无明文，若依罪止之义，亦无可加重也。

贼犯遗落火煤，或然烧门闩板壁，或用火煤照亮，致火起延烧，不期烧毙事主一家三命以上者。同上。

按：此非出于有心，似可改为绞决，庶有区别。英、美刑法非出于有心者无处死之法，中律尚难照办。

轮奸良人妇女已成，杀死本妇者，首犯。犯奸例。

按：此等匪犯恶于强盗，已改斩决，不必再改。

已删例一：

川省啯匪有犯轮奸杀死人命者。犯奸例。

光绪三十一年奏删。

故烧各边仓场系官钱粮草束者。放火故烧人房屋例。

按：此明代旧例，事关边防，故用军法。今各边并无此等草场，无关引用，可以删除。至别项关于边防之物甚多，既为旧例所未言，即可别定律文，不必比依旧法也。

挟仇放火，致死一家三命以上者，首犯。同上。

按：此指并非有心杀人者言，似可改为绞决。

87

图财放火杀伤人。 有因焚压致死者,为首之人。同上。

按:图财放火,《唐律》所谓先强后盗也。既以强盗论,则概用强盗法可。

罪囚结伙反狱,拒杀官弁,下手帮殴有伤者。 若拒伤官弁,杀死役卒,为首并豫谋助殴为从者。狱囚脱监及反狱在逃例。

按:此条依劫囚例,即用劫囚法。

已删例一:

杀人盗犯及未杀人之首盗,与伤人之伙盗,原拟斩枭及斩决,若越狱脱逃被获者。 若因越狱杀伤兵役者。 其从部发遣,在途脱逃,杀伤兵役者。同上。

光绪三十一年奏删。

按:以上斩枭条例,除已经删除之十四条外,尚存四十三条,其中可以删除者十一条,可改绞者十条,又一项。余十八条姑仍其旧,仍以斩决行之。

三十一年奏请删除凌迟等项重法,原议斩枭各条亦改绞决。经枢廷以斩枭各条情节较重,与凌迟各条俱改斩决,奉旨遵行未及三年,不便遽生他议。故但就现在情形酌定办法如上,将来修纂新律,仍应逐条酌定去留,一律改为绞决。惟大江洋海出哨官弁兵丁一条当用军法,应否列入律内,抑别入陆海军刑法之内,再酌。

再醮妇主婚人说

孀妇再醮,例所不禁,而应由何人主婚,说者不一。居丧嫁娶例载："孀妇自愿改嫁，翁姑人等主婚，而母家统众抢夺，杖八十；夫家并无例应主婚之人，母家主婚改嫁，而夫家疏远亲属强抢者，罪亦如之，等语。"此例定于乾隆初年。自此例行后，孀妇应由翁姑人等主婚，必夫家无例应主婚之人，方许母家主婚改嫁，遵循已久。惟夫家翁姑之外，何者为应主婚之人？何者为不应主婚之人？例无明文引断，殊鲜依据，说者颇议此例之未尽善也。

考《明律笺释》云："夫族无醮妇之义，故律不言，其有犯者，亦当坐。非女之祖父母、父母，强嫁之罪，若利其有而逼逐强嫁者，尤当从重论。"此谓夫家之人不应为孀妇主婚也。《辑注》："夫族无醮妇，礼也。然例顺人情，以祖父母、父母得以专制子孙之妇，若必拘以夫族无醮妇之礼，恐启争竞之端，故居丧嫁娶条内明立翁姑主婚之文，此所以顺人情也。而夫族无醮妇之说，存而勿论可也。"又《旧说》云："乡野愚民，惟利是视，往往有妇女夫亡，母家、夫家视为奇货，互相争夺改嫁者。然在母家，于伊女出阁之时业已受过财礼，迨既经出嫁，即为他家之妇，如遇夫亡改嫁，自应夫家主婚受财，而非母家所得复行主持矣。是以居丧嫁娶条例内，孀妇自愿改嫁，翁姑人等主婚受财，而女家统众强抢者，杖八十。视此，则孀妇改嫁，应听夫家主婚受财，已有定例。且今各省府州县衙门，遇有孀妇改嫁，呈控有案，几曾有断令母家主婚者？若谓夫族无醮妇之礼，则夫族岂肯甘心，势必致瞒背母家，私自许嫁，而母家又得借为例应主婚，小则抢夺争殴，大则酿成人命，讼狱从此滋繁矣。古礼不行于今者甚多，此说断不可依从也。"此二说谓夫家可以主婚，而不必拘拘于夫族无醮妇之义也。《会典》康熙十二年题准："凡妇人夫亡之后，愿守节者听；欲改嫁者，母家给还财礼，准其领回。"《律例通考》云："孀妇改嫁，事所恒有，母家、夫家恒致争夺滋讼，自应补纂，列为例款，以昭划一。"《读例存疑》谓《会典》此条，修例未经纂入，自系疏漏。此本《会典》为说，主婚应归母家，与《笺释》之说相合者也。

按再醮妇主婚人夫家、母家，说各不同，莫衷一是。窃谓空闺孤守，其事甚难，古人制礼必本人情，万无拂人情而强以所难者。故再醮之事，北宋以前，不独世家大族亦行之，即公主亦有再醮者，汉、唐最多。宋秦国大长公主初适米福德，再适高怀德。荣德帝姬，初适曹晟，再适习古国王。见于史册，不以为耻。《宋史·汝南王允让传》："为大宗正，奏'宗妇年少丧夫，虽无子，不许嫁非人情，请除其例。'"范文正公之子妇，先嫁纯礼，后适王陶。其所立庄，有给孀妇改嫁之费。此孀妇改嫁夫家主婚之明证。不独其时风俗如是，亦必夫家不醮妇之说尚无明文也。况其中更有子女皆无，青年可悯，衣食不给，冻馁堪虞者，翁姑人等，于此或情所不忍，或势所难全，往往有泣涕而遣嫁者焉，则又不尽关乎风俗矣。试又略风俗而进推其理。妇人有三从之义，未嫁从父，既嫁则从夫从子，夫即亡没，终属夫家之人，若夫家不愿嫁，母家势不能强之嫁也。是其权在夫家，不在母家也。《晋书·刑法志》："主簿程咸议：'缘坐之法，谓在室之女，从父母之诛，既醮之妇，从夫家之罚。'"当时事获施行，后世纂入律内。夫罚从夫家，则其他之阅涉应从夫家，其义一也。是主婚之当归夫家，其理甚明。《辑注》等所言，但论及事势之利害而已，尚未深究及此也。

然则今现行夫家主婚之例，岂可遽议其未善乎？特天下事不可执一而论，此项主婚人，亦有不能不由母家者。七出之条，所以全亲亲之谊，故古者出妻之事最多。今其事虽已绝无仅有，而出妻之律尚列在《婚姻门》内，此等去妇，必归母家。此当由母家主婚者,一也。或者翁姑早没,夫又云亡,夫家并无至近亲属可以主婚,而母家则父母犹存,或有至近亲属,自不能不听之母家。此当由母家主婚者,又其一也。更有妇在夫家,素为翁姑所不喜,亲属又多不睦,夫亡之后,形单影只,凌逼难堪,不得已而避居母家,夫家亦不复顾问。此等妇人,若仍由夫家主婚,诸多阻碍,不若由母家主婚之为妥协。此以情势论之而当由母家主婚者,又其一也。《会典》所称由母家领回改嫁,当指此等妇女而言。然则《会典》与例文正当参酌而行之,未可偏废矣。

或曰,如夫家、母家俱无例应主婚人,则奈何? 曰此律所谓身自嫁娶者也。夫家之翁姑,母家之父母以及至近亲属皆无其人,则身自改嫁者,亦事所常有。若在丧服已满之后,即为例所不禁。此所当别论者。至例内所称例应主婚人,别无明文,自当仍以律文为断。律云,凡嫁娶违律,若由男女之祖父母、父母、伯叔父母、姑、兄姊及外祖父母主婚者,独坐主婚。男女不坐。余亲主婚者,余亲谓期亲、卑幼及大功以下尊长、卑幼主婚者。事由主婚,主婚为首,男女为从;事由男女,男女为首,主婚为从,等语。是律以有服、无服为判。有服者并无例应主婚之人,无服者即为疏远亲属。以此引断,尚非无所依据。若谓余亲下及功、缌、卑幼,限断太宽,则律内余亲本与祖父母、父母等不同,可以量为区别。夫家如有祖父母、父母等,由夫家主婚。如无祖父母、父母等,而但有余亲,母家有祖父母、父母等,即由母家主婚。母家如亦无祖父母、父母等,而但有余亲,则仍由夫家。于彼此之间,稍示亲疏之别,似于律意,尚不至抵捂。以夫家之余亲与母家之祖父母、父母等相较,则此疏而彼亲也。

惟《会典》所称财礼一层,则宜加讨论。财礼云者,即六礼之纳采、纳币,乃聘女之物,非以贸女也。世俗不明此义,往往因争夺财礼,致启衅端。此等恶俗,猝难变革。《会典》云给还财礼,亦就风俗之习惯起见。律内亦有追还财礼之文。第追还财礼,乃指违律为婚者言。若夫亡改嫁而必给还财礼,是直以财礼为贸女之物,殊与礼意不合。故论习俗,则此层万不可删;论学理,则此层万不可存。例文不言财礼之还否,盖已不用此旨。此固宜加讨论而不可忽者也。

变通异姓为嗣说

唐《户令》:"无子者听养同宗于昭穆相当者。"《唐律》:"即养异姓男者徒一年,与者笞五十。"《疏议》曰:"异姓之男,本非族类,违法收养,故徒一年,违法与者,得笞五十。"《明律》:"其乞养异姓义子以乱宗族者杖六十,若以子与异姓人为嗣者罪同,其子归宗。"即本于《唐律》而罪名稍改从轻。今《律》承之。此异姓乱宗之禁,自唐以来,并于律内著有明文。盖古人最重宗法,嗣异姓则宗法紊,是以必严其辨。今宗法久已不行,惟此乱宗之禁,守之尚严,亦告朔饩羊之意也。

窃尝以意推之。同宗一族,血脉相连,即远至亲尽无服之人,亦皆祖宗一脉之所分注,相与嗣续,自无间然。若寻常异姓,族类既殊,听其嗣续,则血脉不能相属,而宗系绝矣,律之所以必严其禁也。设使为异姓亲属之人,情谊素来亲密,虽事由人合,与同宗一族之以天合者似属有间,而血脉究亦相通,绝非寻常异姓之人可比。譬诸花木,同根一本,出于天然,其气脉自相贯注。若移花接木,有能生活者,有不能生活者,其所以移之接之而遂能生活,必其气脉之隐隐相类者也。然则寻常异姓,诚不可乱宗,若异姓而为至近之亲属,似亦不妨变通矣。《汉书·惠帝纪》:"内外公孙。"注应劭曰:"内外公孙,谓王侯内外孙也。内外孙有骨血属媞。师古曰:媞音连。"此血脉相通之义,古人已言之。《魏志·武帝纪》:"建安七年,令曰:'吾起义兵,为天下除暴乱。旧土人民,死丧略尽,国中终日行,不见所识,使吾凄怆伤怀。其举义兵已来,将士绝无后者,求其亲戚以后之,授土田,官给耕牛,置学师以教之。为存者立庙,使祀其先人,魂而有灵,吾百年之后何恨哉。'"此古时亲戚为后,见于教令者也。又魏陈矫本刘氏子,出嗣舅氏吴。朱然本姓施,以姊子为朱后。见于史册,不以为非。本朝大臣中有陆费瑔,近日史馆中有许邓起枢,并以二姓兼称。其他之以异姓亲属为嗣者,更难偻指数。此亦风俗之习惯,不能遽禁者也。

查《户部则例》户口继嗣门例载:"族人无子者,许立同宗昭穆相当之侄承继。先尽同父周亲,次及大功、小功、缌麻。如俱无,方许择立远房同宗。如实无昭穆相当之人,准继异姓亲属,取具参佐及族长、族人、生父列名画押印甘各结,送部准其承继。如有抱养民间子弟、户下家奴子孙为嗣,或实有同宗而继异姓者,均按律治罪,等语。"此条系乾隆五年户部奏准旗人专例。《中枢政考》亦有此条,其文与《户例》大致相符。是异姓亲属旗人本有准其过继明文,但不得抱养民间子弟及以家奴子孙为嗣耳。刑部有旧例一条云:"八旗有无嗣之人,请继立异姓亲属为嗣者,务令该旗取具两姓情愿甘结,并各该管官参佐领等及族长保结,送部存案,以杜占夺财产之端。如无两姓情愿甘结,不准继立。"系雍正十二年定例。后于乾隆三年删除。可见雍正以前,旗人立继之法甚宽。乾隆三年,又定旗人义子继后之例,后于嘉庆六年删除。视雍正例尤宽。

迨五年户部定例之后，刑部亦纂定一条云："凡八旗无嗣之人，如无同宗及远近族人昭穆相当可继为嗣者，除户下家奴、民间子弟虽与另户旗人分属至亲不准承继外，其有另户亲属情愿过继者，取具两姓族长人等并该参佐领印甘各结，咨部准其继立。倘实有同宗可继为嗣，捏称并无族人，朦混继立异姓者，仍按律治罪，等语。"则亲属以另户为限，已较旧例为严。迨五十三年，又定紊乱旗籍之例，而办法更严。然其例内前一节云"诈冒抱养民间子弟、户下家奴子孙为嗣紊乱旗籍"，后一节云"若有冒支钱粮情事，毋论所继者系属异姓旗人、民间子弟、户下家奴，悉照冒支军粮律从重科断"，而异姓亲属一层，并未声明不准继立。故户、兵二部之例，至今尚存，与刑部之例并行不悖。盖异姓亲属彼此均系旗人，所谓情谊亲密，血脉相通者也，不独与民间子弟、家奴子孙不同，并与旗人之异姓而非亲属者不同。论其服制，则或为母之兄弟，母之姊妹，皆小功也。或为己之姊妹及同堂姊妹在室期功出嫁，功缌也。或为妻兄弟之子，于妻则大功也。论其情谊，则或朝夕往来，或自幼团聚，视远房同宗之无服者为亲密也。

现在编纂嗣续法，承继一事，可否略为变通。凡异姓亲属之有服制者，准其承继为嗣，其无服制仍不准承继，以示限制。证诸户、兵二部之则例，既有旧法可遵，即无虑悖乎中国之礼教。而推之民间风俗，其以亲属承继者，又为习惯之事，必不至窒碍难行也。薛氏《读例存疑》云："以民人而论，如有孤单零户，本宗及远房无人可以承继者，取外姓亲属之人承继，似亦可行。古来名人以异姓承继者不知凡几，亦王道本乎人情之意也。"盖已有此说，今就其说而推衍之如此，以为共相讨论之助。

误与过失分别说

误与过失,古人每不分别。《大禹谟》:"宥过无大。"孔传:"过误所犯,虽大必宥。"以过、误并言,此不分别者也。《舜典》:"眚灾肆赦。"孔传:"眚,过。灾,害。肆,缓。过而有害,当缓赦之。"疏:"《春秋》言肆眚者,皆谓缓纵过失之人。是肆为缓也,眚为过也。过而有害,虽据状合罪,而原心非故如此者,当缓赦之。小则恕之,大则宥之。"《康诰》:"乃有大罪,非终,乃惟眚灾,适尔,既道极厥辜,时乃不可杀。"疏:"若人乃有大罪,非终行之,乃惟过误为之,以此故,汝当尽断狱之道,以穷极其罪,是人所犯,乃不可以杀,当以罚宥论之,以误故也。"观《康诰》此节,亦即本于《舜典》及《大禹谟》之意,并专指过失而言。孔疏先言过误,后言误,则过与误未免混淆。《周礼·司刺》:"壹宥曰不识,再宥曰过失,三宥曰遗忘。"郑司农云:"过失若今律过失杀人不坐死。"玄谓:"识,审也。不审,若今仇雠当报甲,见乙,诚以为甲而杀之者。过失,若举刃欲斫伐而轶中人者。"疏:"假令兄甲是仇人,见弟乙,诚以为是兄甲,错杀之,是不审也。"康成此注将二者分而为二。《调人》:"凡过而杀伤人者。"注:"过,无本意也。"是康成以不审为误,非本意为过失,义各不同。张斐《律注表》:"不意误犯谓之过失。"又云:"过失似贼,戏似斗,斗而杀伤旁人,又似误。"其"不意"二字,即本诸康成之非本意,而又加以"误犯"二字,于是二者又混合难分。斗而杀伤旁人正是误,而以"似误"设为疑词,可见其误与过失不知分别。《晋律》中或亦无误杀伤专条也。

《唐律》:"诸斗殴而误杀伤旁人者以斗杀伤论,至死者减一等。"疏议曰:"斗殴而误杀伤旁人者,假如甲共乙斗,甲用刃杖欲击之,误中于丙,或死或伤者,以斗杀伤论。不从过失者,以其元有害心,故各依斗法。至死者减一等,流三千里。"又"诸过失杀伤人者,各依其状,以赎论。"《律》注谓"耳目所不及,思虑所不到,共举重物力所不制,若乘高履危足跌及因击禽兽以致杀伤之属皆是。"《疏议》曰:"假有投砖石及弹射,耳不闻人声,目不见人出而致杀伤,其思虑所不到者,谓本是幽僻之所,其处不应有人,投瓦及石,误有杀伤。或共举重物而力所不制,或共升高险而足蹉跌,或因击禽兽而误杀伤人者,如此之类,皆为过失。称之属者,谓若共捕盗贼误杀伤旁人之类皆是。"据《疏议》所言,于二者之分别,最为分晓。一则元有害心,一则初无恶意,判然不同耳。"目所不及,思虑所不到"二语,亦即从"非本意"三字绅绎而出。汉人语简质,至唐则详明耳。自是之后,历代遵循,莫之或改。

今东西各国律文,有过失而无误,推其用意,盖亦以误杀者元有害心,故无论其所杀者系所欲杀之人,或非所欲杀之人,其害之事已成,难以末减。《唐律》以斗杀伤论,亦即此意。《唐律》至死得减一等,究以其所杀者非其本欲杀之人。东西律伤害人者本无死罪,与《唐律》亦不甚悬殊。审判官按其情节,亦可酌量减轻,此则在用律者之运用得宜矣。

官司出入人罪　唐明律比较说

《汉书·功臣表》:"新畤侯赵弟,太始三年,坐为太常鞫狱不实,入钱百万赎死而完为城旦。"晋灼注:"律说出罪为故纵,入罪为故不直。"此即唐、明《律》之官司出入人罪也。此《表》言赎死,则本应科以死罪。《张敞传》:"臣敞贼杀无辜,鞠狱故不直,虽伏明法,死无所恨。"此亦死罪之证也。《功臣表》:"商利侯王山寿,元康元年,坐为代郡太守,故劾十人罪不直,免。"则仅止免侯,与赵弟罪名相去悬殊。《汉律》久亡,其如何区别,不可得而详矣。

《唐律》、《明律》其法不同,今试取而比较之。

《唐律》"官司出入人罪"条:"诸官司入人罪者,若入全罪,以全罪论。从轻入重,以所剩论。刑名易者,从笞入杖,从徒入流,亦以所剩论。从徒入流者,三流同比徒一年为剩。即从近流而入远流者,同比徒半年为剩。若入加役流者,各计加役年为剩。从笞杖入徒流,从徒流入死罪,亦以全罪论。其出罪者各如之。即断罪失于入者,各减三等。失于出者,各减五等。若未决放而还获,若因自死,各听减一等。"《疏议》曰:"假有从笞十入三十,即剩入笞二十,从徒一年入一年半,即剩入半年徒,所入官司,各得笞二十及半年徒之罪。此从笞入笞以所剩笞数抵罪,从徒入徒以所剩徒年抵罪也。"又曰:"从笞入杖,亦得所剩之罪。此从笞入杖,以所剩杖数抵罪也。"从杖入杖准此。从徒入徒见前。又曰:"注云,三流同比徒一年为剩,谓从徒三年入流二千里,或二千五百里,或流三千里,远近虽异,俱曰流刑。至于配所役身,三流同有一年居作,故从徒入流,三流同比徒一年为剩。即从近流二千里入至二千五百里,或入至三千里者,同比徒半年为剩。若从三流入至加役流者,各计加役年为剩。但入加役流者,加常流役二年,将加役二年以为剩罪。假有因犯一年徒坐,官司故入至加役流,即从一年至三年,是剩入二年徒罪,从徒三年入至三流,即三流同比徒一年为剩,加役流复剩二年,即是剩五年徒坐。"此从徒入流者,以流比徒,合计徒年,以所剩徒年抵罪也。其从近流入远流及加役流者,亦以流比徒,合计徒年,《疏议》语见上。以所剩徒年抵罪也。凡此,皆律所谓以所剩论者也。若从笞杖入徒流,从徒流入死罪,则以全罪论,而不以所剩论。《疏议》曰:"假有从百杖入徒一年,即是全入一年徒坐。"此其比也。其从重出轻者,或以所剩论,或以全罪论,亦如从轻入重之法。至失入失出之减等,《疏议》谓:"假有从笞失入百杖,于所剩罪上减三等。若入至徒一年,即同入全罪之法。于徒上减三等,合杖八十之类。失于出者,各减五等。假有失出死罪者,减五等合徒一年半。失出加役流亦准此,三流同为一减,减五等合徒一年之类。"此失入失出之减法,亦与增轻作重同也。又《疏议》问曰:"有人本犯加役流出为一年徒坐,放而还,获减一等,合得何罪?"答曰:"全出加役流,官司合得全罪,放而还获减一等,合徒五年。今从加役流出为一年徒坐,计有五年剩罪。放而还获减一等,若依徒法减一等,仍合四年半徒。既是剩罪,不可重于全出之坐,举重明轻,止合三年徒罪。"此又减罪从流减徒,不从徒减徒之法。此唐法之大凡也。

《明律》"官司出入人罪"条小注:"若增轻作重,入至徒罪者,每徒一等折杖二十;入至流罪者,每流一等,折徒半年。"《琐言》云:"若增轻作重,入徒罪者,每徒一等,折杖二十。如人应笞二十,增至杖七十徒一年半,则以二等之徒折杖四十,并入五徒原包杖一百,通作一百四十,于内出去应笞二十,合坐官司剩杖一百二十,全决之也。若入流罪者,每流一等,折徒半年。如其人应杖六十,增至杖一百流三千里,则以三等之流折徒一年半,先于三流原包五徒,通折杖之内除去杖六十,合坐官司杖一百四十徒一年半。其流折徒不折杖矣。自来说者谓五徒原包杖一百,故折徒为杖。三流原包五徒之杖二百,故折流为徒,又折为杖。其折算法:杖一百流三千里,折杖二百徒一年半;杖一百流二千五百里,折杖二百徒一年;杖一百流二千里,折杖二百徒半年;杖一百徒三年,折杖二百;杖九十徒二年半,折杖一百八十;杖八十徒二年,折杖一百六十;杖七十徒一年半,折杖一百四十;杖六十徒一年,折杖一百二十。其除法:笞杖与笞杖相除,各按数除之;笞杖与徒相除,以徒折杖除之;徒与徒相除,各以徒折杖除之;笞杖与流相除,以流折徒杖除之;徒与流相除,以徒折杖,以流折徒杖除之;流与流相除,各以流折徒除之。"此明法之大凡也。

明法本于唐,特刑制与唐稍有不同,故此法亦不能尽同。唐三流各有徒役一年,又加役流加徒役二年。明徒、流并有加杖,而三流无一年之徒役,加役流但存诬告人死罪未决一条,不列五刑之内。其不同者如此。唐三流同比徒一年,加役流以二年为剩罪,五徒仍按等计算,其法简而易知。明以徒折杖,每徒一等,折杖二十;以流折徒,每流一等,折徒半年。而又有流罪折杖之法,三流原杖总皆一百,流二千里者较徒三年加一等,徒三年折杖一百,则流二千里应折杖一百二十,合之原杖得二百二十;流二千五百里又加一等,折杖一百四十,合之原杖得二百四十;流三千里又加一等,折杖一百六十,合之原杖得二百六十。其法繁而难晓。

唐三流同比徒一年,从二千里入二千五百里及三千里,并以半年为剩罪,其等差稍涉含糊,此唐之疏也。明徒、流并折为杖,与笞杖通而为一,故折算、除皆无丝毫之参差,此明之密也。

唐三流一年为剩罪,加役流二年为剩罪,以其本有一年、二年之徒役;近流入远流,半年为剩,以五徒本以半年为一等也。此唐法之皆有依据者也。明徒流折杖之法不知本于何条?谓本于徒流之加杖,则与加杖之数不相符。谓徒流原包杖数,则律内并无明文。谓徒起于杖一百之后,原以二十杖为一等,故徒一等折杖二十,此注释家之说,其意盖以徒重于杖,故倍加为一等,而流重于徒何以又不倍加也？此明法之出于一方之见解而非全有依据者也。

更即其轻重而比较之。笞杖入徒流,徒流入死罪,其故入者唐以全罪论,明以剩罪论。此轻重之显异者,可勿论。笞杖与笞杖相除,明与唐不异。流与流相除,惟二千里入三千里,乃明之重于唐者,若二千里入二千五百里,或二千五百里入三千里,明与唐亦不异。惟唐法失入减三等,失出减五等,明亦从之,而又分吏典、首领、佐贰、长官为四等。于是长官失入,得统减六等,失出,得统减八等。假如失增杖百至死,唐法徒二年半,明法吏典杖八十,首领六十,佐贰笞四十,长官笞二十；其未决者,吏典杖六十,首领笞四十,佐贰二十,长官减尽无科。又如失增徒一年或一年半或二年至死,唐法并徒二年半,明法徒一年者,佐贰已减尽无科,一年半者,首领已减尽无科,徒二年者,吏典笞二十,首领以上无科；未决,则吏典亦无科。其失增徒二年半至死,则吏典已上并无科。此唐重明轻,其相悬殊也如此。

夫人命至重,以罪不至死之人而妄罹死罪,岂寻常疏忽可比？而原问官司或仅问杖笞,或竟无一人问罪,揆诸情理,岂得为平？况从笞入杖,明法亦与唐同,失增笞一十、二十、三十至杖百者,长官尚有应科之罪,而失增至死,立法反如此之宽,两两相形,宽未允当。其他之唐重明轻,非止一端,姑不赘论。

夫明之定此法也,必以唐法为疏,而务求其密。复以抵算之难也,又创为折杖之法,固谓如是则可无一毫之差矣。而孰知太密则反疏,仍有可抵之隙乎。大凡法之同异显著者,其得失易明。此法抵算纡曲，非互相比较，其得失难明，故为之比较如此。唐、明之得失，可不烦言而解矣。

明律徒流折杖与唐律徒流加杖之法不同说

《明律》"诬轻为重"及"增轻作重"二律，皆有徒流折杖抵算之法。其算率极密，说者谓即《唐律》徒流加杖之法。今以《唐律》考之，其徒罪折杖之法，似出于唐而亦不尽同，流罪折杖之法，与《唐律》流罪加杖之法则迥然各别。今分析说之如下。

《唐律》诸犯徒应役而家无兼丁者，徒一年加杖一百二十，不居作，一等加二十。《疏议》曰："一等加二十，即是半年徒加杖二十。不居作，既已加杖，故免居作。"若徒年限内无兼丁者，总计应役日及应加杖数准折决放。《疏议》曰："徒限未满，兼丁死亡，或入老疾，或犯罪、征防，见无兼丁者，若犯徒一年，三百六十日合杖一百二十，即三十日当杖十；若犯一年半徒，五百四十日合杖一百四十，即是三十八日当杖十；若犯二年徒，七百二十日合杖一百六十，即是四十五日当杖十；若犯二年半徒，九百日合杖一百八十，即五十日当杖十；若犯三年徒，一千八十日合杖二百，即五十四日当杖十；若犯三年半徒，一千二百六十日亦杖二百，即六十三日当杖十；若犯四年徒，一千四百四十日亦合杖二百，即七十二日当杖十。其役日未尽，不满杖十〔日〕〔者〕，律云加者数满乃坐，既不满十，据理放之。"此徒罪无兼丁之例也。又诸工、乐、杂户及太常音声人犯流者，二千里决杖一百，一等加三十，留住俱役三年。《疏议》曰："合流二千里者决杖一百，二千五百里者决杖一百三十，三千里者决杖一百六十，俱留住役三年。犯加役流者，役四年。《名例》云，累徒应役者不得过四年。故三年徒上止加一年,以充四年之例。"若习业已成,能专其事,及习天文并给使、散使,各加杖二百。犯徒者,准无兼丁例加杖,还依本色。若妇人犯流者亦留住,流二千里决杖六十,一等加二十,俱役三年。《疏议》曰:"妇人流二千里决杖六十,流二千五百里决杖八十,流三千里决杖一百,三流俱役三年。若加役流亦决杖一百,即是役(三)〔四〕年。既决杖之文在上。明须先决后役。"诸官户、部曲若犯流徒者,加杖,免居作《疏议》曰:"准无兼丁加杖。准犯三流亦止杖二百。决讫付官、主,不居作。"其罪止有半年徒,若应加杖者,杖一百。应减者,以杖九十为次。《疏议》曰:"假有县典,故增囚(杖)〔状〕,加徒半年,县尉知而判入,即以典为首,合徒半年,典若丁单,决杖一百。县尉应减一等,处杖九十,征铜九斤之类。"此流罪留住之例也。

《明律》诬告律若告二事以上,轻事告实,重事招虚,或告一事诬轻为重者,皆反坐所剩。若已论决,全抵剩罪。未论决,笞杖收赎,徒流止杖一百,余罪亦听收赎。小注谓诬轻为重至徒流罪者,每徒一等折杖二十。若从徒入流者,三流并准徒四年,皆以一年为所剩罪,折杖四十。若从近流入至远流者,每流一等准徒半年为所剩罪,亦各折杖二十。又官司出入人罪律,若增轻作重,减重作轻,以所增减论。小注:若增轻作重,入至徒罪者,每徒一等,折杖二十;入至流罪,每流一等,折徒半年。《纂注》:若增轻作重入至徒罪者,每徒一等,折杖二十。如其人本笞二十,增至杖七十徒一年半,则以其二等之徒折杖四十,并人五徒原包杖一百,通作一百四十,于内除讫笞二十,官司合坐剩杖一百二十,全决之也。若入至流罪,每流一等折徒半年。如其人本杖六十,增至杖一百流三千里,则以其三等之流折徒一年半,先于三流原包五徒,通折杖一百之内,除讫杖六十,官司合坐全决杖一百四十徒一年半。其流不折杖也。此《明律》徒流折杖之法也。

按《唐律疏议》谓家无兼丁免徒加杖者,矜其粮饷乏绝,又恐家内困穷;一家二人俱在徒役,理同无丁之法,便须决放一人。是唐代无兼丁之例,加杖而免其居作,乃矜恤之仁,与明法之主于折除抵算者,其命意不同。《唐律》虽有总计徒日准折决放之文,而其名则曰加杖,与明法折杖,其称名不同。唐之五徒本无加杖,自徒一年加杖一百二十起,每等加二十,至满徒为杖二百。明之五徒本有六十至一百之加杖,而折杖之法即视其原杖之数,徒一年原杖六十,将徒一年亦折六十合之,原杖得一百二十,余徒准此,徒一年半折杖一百四十,徒二年折杖一百六十,徒二年半折杖一百八十,徒三年折杖二百,其算率亦不同。此以杖折徒之法,以唐与明相较,名同而实不同也。

《疏议》又谓,工属少府,乐属太常,并不贯州县,杂户者,散属诸司上下,太常音声人谓在太常作乐者。此等不同百姓,职掌惟在太常、少府等诸司,故犯流者不同常人远配。又谓,工、乐及太常音声人皆取在本司习业,依法各有程试,所习之业已成,又能专执其事,及习天文业者,在太史局天文观,天文生以其执掌天文;依令,诸州有阉人并送官,配内侍省及东宫内坊,名为给使诸王,以为散使,本是良人,以其宫闱驱使,并习业已成。天文生等犯流罪并不远配,各加杖二百。又谓,妇人之法,例不独流。故犯流不配,是唐代留住之例。或因其散隶诸司,或因能专其事,或因例不独流,乃有决杖、加杖之别。明稍变其制,分别为决杖拘役、决杖收赎,亦非以杖折流也。《唐律》诬告重事虚,反其所剩,并无折杖抵算之法。官司出入人罪,从轻入重以所剩论,从徒入流,三流同比徒一年为剩,近流入远,同比徒半年为剩,亦别无折杖之法。《明律》于诬轻为重、增轻作重二律,不独以杖折徒,并以杖折流,三流并于徒三年折杖二百,上递加一等,二千里折杖二百二十,二千五百里折杖二百四十,三千里折杖二百六十,是三流每等抵折杖二十也。虽以徒折流本于唐法,然唐之流本有徒役一年,故得以流比徒,明之流已无徒役,乃以徒折流,复由徒折杖,全非《唐律》之意。核诸唐代留住之律,其决杖、加杖,数皆不符。此流罪折杖之法,以唐与明相较,又迥然各别者也。

大抵明人采用唐法,往往不寻绎其立法之本意,而但于形式间求之。即此诬轻为重、增轻作重二律,亦但求算率之密,不爽丝毫,其折除抵算,既纡曲而难明,其情罪轻重之间,又未能折衷至当。《明律》之失,每在于是,古人之法,原未可率意更张也。说者或以明之折杖为本于唐法,故特汇唐、明二《律》而著其不同者如是。

故杀胞弟二命　现行例部院解释不同说

准大理院咨,称本院具奏解释现行律例,部、院取义不同,请旨饬交法律馆诠释明白,以免歧异一折,奉旨依议,钦此。咨行到馆。

查原奏内称:陕抚奏赵憘憘故杀胞弟赵九成、赵火成各身死一案。缘赵憘憘与胞弟赵九成、赵火成同父异母,素相和睦。赵九成年甫七岁,赵火成年甫五岁,俱系赵憘憘继母冯氏所生。冯氏憎嫌赵憘憘挑唆伊父赵昌喜,将赵憘憘分出另度。光绪三十四年八月初十日,赵昌喜同冯氏并次子赵秃子赴地工作,留赵九成等在家看门,将房门锁钥系于赵九成身上。赵憘憘探知,因贫起意,窃伊父衣服当钱花用,遂独自前往。见锁钥系于赵九成身上,将锁钥诱去，开门搜检箱内衣服。赵九成喊阻，声称告知其母。赵憘憘触起冯氏挑唆分出之嫌，起意将赵九成致死泄忿，取刀砍伤赵九成右腮颊连右耳，倒地复砍，戳伤其脑后等处，当即身死。赵火成在旁哭闹，赵憘憘起意一并致死灭口，将赵火成揿按地上，用刀砍戳，伤其左耳连耳轮脊背，登时殒命。赵憘憘携赃逃逸。报验获犯。该抚将赵憘憘依旧例故杀期亲弟照故杀大功弟律从一科断，拟绞监候。经大理院改照现行律期亲兄故杀弟者流二千里等因具奏咨部。

法部查现行例载："期、功以下尊长谋、故杀卑幼之案，如系因争夺财产、图袭官职挟嫌惨毙，及图奸等项者，不论年岁，俱照凡人谋故杀问拟，等语。"此条例文系将期功以下尊长杀死卑幼各条修并为一。旧例，功服以下尊长致死卑幼之案，如系图谋财产，并强盗放火杀人，及图奸谋杀，或挟其父兄、伯叔凤嫌迁怒杀害泄忿者，均照凡问拟。期亲尊长因争夺弟侄财产、官职，及平素仇隙不睦故杀弟侄年在十岁以下者，亦悉照凡人问拟。今现例修并一条，则例内争夺财产一语，自系本旧例图谋财产而来。图袭官职一语，自系本旧例争夺弟侄官职等项而来。挟嫌惨毙一语，自系本旧例挟嫌迁怒及平素仇隙而来。参观互证，是文气虽改从简括，而于同凡论罪之处并未轻议更张，有犯自应遵依处断，不得复援服制宽减，致与例意不符。此案赵憘憘先将赵九成致毙，起衅既属挟嫌，复将赵火成致毙，情节尤为奇惨。赵九成、赵火成年均幼稚，有何干犯可言？为之兄者，竟忍挟嫌惨杀，立毙幼弟二命，迹其义绝之状，自应照凡人定拟。该抚将该犯仍依服制科断，置同凡之例于不论，情节显有不符。大理院未经指驳，亦即按服制依现行律改流，自系因旧律重，新律轻，不得不本断罪依新颁律之义量予判决。惟是律重服制，故以尊犯卑多从宽典，例杜残杀，故以尊害卑仍应从严。今赵憘憘连毙幼弟二人，如果无挟嫌情事，犹得云死者分均卑幼，不妨按服制从宽。惟讯供既明认挟嫌，衡情又实属惨毙，则按之条则，揆之伦理，均应同凡定罪，俾此等惨杀之徒，不得复依服制减科。相应请旨将赵憘憘一案仍饬下大理院，驳令该抚另行妥拟等因，奏交大理院覆判。

大理院查《明律》于兄姊故杀弟妹及伯叔、姑故杀侄并侄孙俱定为流二千里，其源实本于《唐律》。盖服制最近，谋、故亦不拟死罪，初非大功以下尊长所可得而同。迨前明中叶，始有凡兄与伯叔谋夺弟侄财产、官职等项故行杀害者，问罪属军卫者发边卫充军，属有司者发边外为民之例。然其时第限于财产、官职两项，亦止充军，未尝遽拟以死罪也。国朝康熙年间，议准"凡亲兄因争夺财产、官职及挟仇持金刃等凶器故杀弟命者拟绞监候"一条。又题准"凡亲伯叔争伊侄财产及夺官职挟仇故杀者，亦照例拟绞监候"一条。雍正三年修并为一，其文云："凡兄及伯叔因争夺弟侄财产、官职，及平素仇隙不睦，有意执持凶器故行杀害者，拟绞监候。仍断给财产一半与被杀家属养赡。如无前项重情，仍照律拟罪。"盖本前明《问刑条例》而加入"仇隙不睦"一层。然其所谓仇隙者，亦指兄之与弟，伯叔之与胞侄而言，固与死者之父母无涉也。迨乾隆四十二年，因江西省郭义焙图财杀死小功堂侄一案，始定有有服尊长杀死卑幼，如系图谋卑幼财产杀害卑幼之命，并强盗卑幼资财放火杀人，及图奸谋杀等案，悉照平人一例办理之例。五十六年，因山西省余文全故杀大功弟及孙式汉故杀小功堂侄二案，始定有有服尊长杀死卑幼之案，如卑幼并无触犯情节，只因父兄、伯叔平日不肯资助及相待刻薄、挟有夙嫌，将其年在十二岁以下无辜幼小子嗣、弟侄迁怒故行杀害图泄私忿者，悉照凡人谋故杀本律拟斩之例。

迨嘉庆六年修例时,声明期亲尊长因争夺弟侄财产、官职及平素仇隙不睦故行杀害者拟绞,系专指期亲而言。此二条乃大功以下尊长谋杀卑幼照平人问拟斩候之例,与期亲拟绞条例绝不相同,因将有服尊长俱改为功服以下尊长,而例内之十二岁以下改为十岁以下。故知挟嫌迁怒故杀系专指功服以下尊长而言,期亲并不在内,较然可见。至故杀期亲卑幼分别年岁之例,亦始于乾隆五十六年因四川省王均进图产砍伤四岁幼弟王均连身死案内,经刑部改依凡人定拟斩候,纂为定例。其原例云:"一、尊长争夺财产故杀弟侄之案,除被杀弟侄年已长成有与尊长争斗之情者仍依争夺财产旧例定拟外,如弟侄年在十二岁以下,幼小无知,并无争斗之情,尊长因图占财产辄行惨杀毒毙者,悉依凡人谋故杀律拟斩监候。"详阅旧例,盖全指争夺财产而言,并无另有挟嫌之说。至嘉庆六年,始将此条并入期亲尊长争夺财产、官职条内。其例文云:"期亲尊长因争夺弟侄财产、官职,及平素仇隙不睦,有意执持凶器故杀弟侄者,如被杀弟侄年在十一岁以上,将故杀之尊长拟绞监候。若弟侄年在十岁以下,幼小无知,尊长因图占财产、官职挟嫌惨杀毒毙者,悉照凡人谋故杀律拟斩监候。如无争夺、挟仇情节,无论年岁,仍照本律例定拟。"细绎例意,其于"平素仇隙不睦"一层,隶诸十一岁以上,盖年已稍长,容有仇隙之事。若十岁以下,幼小无知,从何而生仇隙?例谓因图占财产、官职挟嫌惨杀毒毙,盖挟嫌非别为一项,当即承图占财产、官职而言。下云如无争夺、挟嫌情节,则复统承上二项。不然故杀期亲弟侄分别年岁,旧倒本不言及挟嫌,岂容无端加入?原任刑部尚书薛允升,近世号称专精刑律者,其所著《读例存疑》一书,于此条颇有微词。大致谓,争夺财产、官职谋杀弟侄分别年岁问拟斩绞办理,尚无歧误。至"仇隙不睦"一层,是否专指胞弟及胞侄之年未及岁者而言,碍难悬拟。盖非素有嫌隙,决不致蓄谋致死。如胞侄年未及岁,与该犯有何嫌怨？其为挟死者父母之嫌,不问可知。若死者已属成人,被该犯挟嫌谋毙,亦照此例定拟,是谋故杀胞侄即应拟绞,不用拟流之律矣。盖旧例有故杀期亲弟妹照故杀大功弟妹律拟绞之文,故于胞弟之年未及岁者,尚未深论。然其意不以"挟嫌"一节为然,固显而易见也。上年法律馆修改现行刑律,于《读例存疑》之说,采取独多。亦以律设大法,其随时纂入之例,苟与本律违忤,或律外加重者,概从删并。即如故杀弟妹,律本拟流,例则拟绞,其删例而从律,宜也。至功服以下尊长杀死卑幼二条,期亲尊长故杀弟侄一条,现行例修并为一。其于功服条下仅取图奸一项,而强盗卑幼资财放火杀人,仍依亲属相盗本律办理,不照凡人谋、故杀问拟也。现行律,凡人谋、故杀拟绞,功服以下尊长故杀卑幼亦拟绞。例既不以年岁为断,即挟其父兄、伯叔素无资助之嫌,迁怒故行杀害情节,亦不比强盗放火杀人为重,故例不著其文也。至期亲尊长条下亦删去"平素仇隙不睦"一语,则以仇隙初无界限案,而至于谋、故,正不必以寻常仇隙生轻重也。故此条既广为期、功以下通例,例内第云"如系因争夺财产、图袭官职挟嫌惨毙及图奸等项者,不论年岁,俱照凡人谋、故杀问拟"。盖争夺财产、图袭官职,其积嫌有素,其蓄谋甚深,其势不杀不止,自前明以来即重之。窃谓必挟此争夺、图袭之嫌方可照凡人谋、故杀定拟,论文气固属相承,谓事理亦非过当。若必以挟嫌自为一项,则故杀容出一时气忿,谋杀则无非挟有夙嫌,而又不论年岁,将功服以下例本拟绞者无不照凡人实矣,期亲尊长律止拟流者无不照凡论抵矣。不惟与律重服制之义不符,即揆诸删除故杀期亲弟妹拟绞之条,不几求轻而反重乎。故赵憘憘一案,以赵憘憘与赵九成等虽同父异母，而其为期亲兄则一也。赵九成年甫七岁，赵火成年甫五岁，死虽幼稚，然新例既不以年岁论，则自不能以此加重也。至其起衅之由，赵愭愭因贫起意，窃取伊父衣服，固非争夺财产可比，迨赵九成喊阻，声言告知其母，赵愭愭始触起继母冯氏挑唆分出之嫌，将其故行杀毙。迹虽涉于挟嫌迁怒，然旧例亦第为功服以下而设，期亲并不在内。该抚将赵愭愭依故杀弟妹旧例拟绞，尚无错误。第所引例文业经删除，而赵愭愭挟伊继母之嫌故杀胞弟，并不在旧例同凡之列。若以为无论何嫌俱应引用挟嫌惨毙之条，则以旧例专指功服以下尊长之案而科及期亲，轻重失伦，恐非此次修例之本意。惟例内挟嫌惨毙一语，是否于争夺财产图谋官职外别为一项？抑或兼承上文而言？例由法律馆修并，按语未有明文。应请饬交将此条详细诠释通行，以免歧异。等因。

查此条现行例文，法部谓"挟嫌惨毙"一语即本旧例"挟嫌迁怒"而来，大理院则谓"挟嫌"非别为一项，两议不同。自应详考旧例源流及此次修改之本意，庶归允当。大理院原奏于此例历次修改之处，缕述剖析，已极详明。兹复再三寻绎，此例本于前明，而明例无"仇隙不睦"之语，其为专指谋夺财产、官职而言，本自明白。其原文云"问罪者乃仍科以本律之流罪"，其分别边卫充军，边外为民者，则明代军戍之办法，不过于寻常罪中略示区别，未尝于律外加至极典。国朝康熙十九年题准现行则例，凡兄欲争夺弟之财产及夺官职平素仇隙不睦有意欲杀，执持刃枪、小刀、木棍等凶器故杀者，拟绞监候，秋后处决。如无此等情由，仍照律拟罪。凡有亲伯叔夺兄弟之子房产田地及夺官职等情由挟仇故行杀害者，照此例拟罪，等语。虽添入"仇隙不睦"及"挟仇"字样，而其文意紧接上文，其仇即由财产、官职而来，本非别为一事。迨二十二年，刑部将此条分作二条，题准例文。其一条云："凡亲兄因争夺财产、官职及挟仇持金刃等凶器故杀弟命，拟绞监候云云"，始将"及"字移在"官职"之下。然其又一条云："凡亲伯叔争伊侄财产及夺官职挟仇故杀者，亦照例拟绞监候"，"挟仇"二字仍紧接上文，不别为一项。在兄之于弟，与伯叔之于侄，情谊相同，例文自不得有异疑。编辑时偶未检对，致有参差之处。雍正三年，将现行例二条修并于《问刑条例》之内，其文云："凡兄及伯叔因争夺弟侄财产、官职并平素仇隙不睦，有意执持凶器故行杀害者，拟绞监候云云。"其改"及"字为"并"字，按语中虽无明文，而并字之义，《读律佩觿》所谓罪应齐等，情应共视者。有如同姓亲属相殴律并以凡人论，殴祖父母、父母律并令归宗，皆承上文言。此条"并"字之义，亦当如是核，与"及"字迥不相同。推其改定之意，殆因两条并为一条，故用"并"字以总承之也。乃乾隆五年修律，又改"并"字为"及"字，无按语可考，不能详其修改之故。然乾隆元年，又定故杀期亲弟妹照故杀大功弟妹律拟绞之例。自是之后，凡寻常因仇隙谋、故杀期亲弟妹之案，援引此条者多，而援引争夺财产、官职条内之仇隙不睦例文者少。盖以两例皆系绞候，罪名本无出入也。迨乾隆五十六年，又定图占财产惨杀年十二岁以下弟、侄依凡人谋、故杀拟斩之例，其修律按语云："财产究属祖宗所遗，在尊长混行争夺，固属不合，在卑幼毫无退让顾恤之情，亦属有乖名义。故虽杀出有心，亦罪止缳首，不与凡人同科。至若幼小无知弟、侄并无与该犯争斗之情，辄因图占财产无辜惨杀，即属恩义断绝，应以凡人谋、故杀本律定拟云云。"是此条同凡之例为死系幼小无知而设，亦专指图占财产一事，寻常仇隙并不在内，甚为明显。嘉庆六年，将争夺财产官职、图占财产两条修并为一，其文曰："若弟、侄年在十岁以下，幼小无知，尊长因图占财产官职挟嫌惨杀毒毙者,悉依凡人谋、故杀律拟斩云云。"此条"因图占财产、官职挟嫌惨杀毒毙"一句,实本于旧例"因图占财产辄行惨杀毒毙"之文,但改"辄行"为"挟嫌"耳。"挟嫌"承上文一串说下,并非别为一项例文,原自明显。修律按语中亦不言"挟嫌"别为一项,尤其明证也。旧例,功服以下尊长杀死卑幼凡两条。一云:"如系图谋卑幼财产杀害卑幼之命,并强盗卑幼资财放火杀人,及图奸谋杀等案,悉照平人谋、故杀律,问拟斩候,不得依服制宽减。其余寻常亲属相盗,及因图诈、图赖他人财物谋故杀卑幼之案,仍依服制科断。"一云:"因其父兄、伯叔素无资助及相待刻薄、挟有夙嫌,将其十岁以下幼小子女、弟侄迁怒故行杀害图泄私忿者,悉照凡人谋、故杀本律拟斩监候,不得仍依服制科断。其挟嫌谋杀卑幼年在十一岁以上,并其余谋、故杀卑幼之案,仍照律拟绞监候。"各等语。此二条并是同凡之例,前条专指图产等项,后条专指素无资助、相待刻薄、挟嫌迁怒,而其余案件均不在内,分别亦极为明显。互证参观,则"挟嫌"乃通常之语,不得自为一项,毫无疑义。故《秋审条款》谋、故杀期亲以下卑幼各案,如图诈、图赖、争继、争产、畏累、憎嫌并因钱债、田土、口角细故逞凶残杀或非理欺陵者,俱入情实一条。所称图诈等项,并在挟嫌范围之内。可见通常挟嫌之案,历来办法不用同凡之例,确有明证。此考诸旧例源流,而知"挟嫌"二字不得别为一项者也。

至本馆此次修改现行刑律,奏明以减轻为宗旨,凡例之于律外加重者,大多删后定之例而仍用本律。期亲服制最近,是以律内卑之犯尊,罪名綦重,而尊之犯卑,并无死法,以恩与义并重,非大功以下可比,律文亦与大功以下分列两条。明例此条仍问本罪而屏之远方,初未格外加重。古人谨守律义而不敢逾越者,亦惧立一重法而诸重法因之以生,极有关系。故杀期亲弟侄,律止流二千里,而遽照大功拟绞,已属律外加重,若更等于平人,则重而又重,实非定律之本意。故此次修律,按语谓期亲与大功服差一等,治罪亦各不同。今殴死期亲弟妹,照本律加等拟流,尚与殴死大功弟妹之应满流者有别,若故杀同拟绞候,并无等差可分,非惟与律意不符,亦似过于严厉。将此条议准删除,此后遇有谋、故杀之案,自应概照本律办理,不当再于律外加重。若以通常挟嫌之案而与平人同论,则视旧例反重,不转失此次修改之宗旨耶?争夺财产、图袭官职等项,情节较重,此次存而未删,而将期亲一条,与功服两条修并为一。按语谓功服多强盗放火杀人、图奸两层,期服多争夺官职一层,除强盗放火杀人一项,已于亲属相盗门改从亲属相殴相盗并凡斗杀伤从重问拟外,图奸与争夺官职均系本宗亲属常有之事,不宜各以期、功为限,致令互见之案转失依据,自应荟列各项,改为期、功通例云云。其条列各项极为详悉,而独不及挟嫌一项,可见此条所云"争夺财产、图袭官职挟嫌惨毙",即袭用旧例"图占财产、官职挟嫌惨杀毒毙"之文,而旧例又本于原例"图占财产辄行惨杀毒毙"一语,并非本旧例"挟嫌迁怒及平素仇隙"而来。其文气一串说下,"图奸"上又以"及"字隔断之,则挟嫌之非自为一项,亦甚明显。此修改之本意,亦未尝以挟嫌别为一项也。

窃谓挟嫌者,杀害之原因。举凡通常故杀之案,间或有起于一时之忿怒而谋杀之案,从未有毫无嫌隙而蓄意杀害者。故其范围所包者广,情节重大固谓之嫌,即寻常细故亦不得不谓之嫌。嫌者,通常之语,非若财产、官职等项皆有事实可以指数。挟嫌由事实而生,舍事实而空言挟嫌,则无论情之轻重,事之大小,皆可以"嫌"字概之,亦将不论轻重大小而概以凡人论乎?况挟嫌迁怒一条,以迁怒为事实,今不出迁怒字样,而谓已该于挟嫌之内,恐亦无此等解释。律例中一、二紧要字眼,关系罪名之生死出入,不得有此含糊笼统之词也。然则解释此条例文,当以大理院之议为是。至赵憘憘一案,由于其继母冯氏不能容前妻之子,挑唆其夫,将赵憘憘分出另度,后来之惨祸,皆由此酝酿而成。赵憘憘固罪无可逃,而冯氏实当分任其过。自来家庭多故,往往由于后母之不良,特为法令之所不能及耳。其当场起衅之由,系因窃取伊父衣服,此乃亲属相盗,在旧例功服以下尊长亦仍依服制科断,何论期亲。其情之惨,在兄弟二命,旧例杀死功缌卑幼二命有加重绞决之条,而期亲无之。其情之重,在挟继母之嫌杀害两弟,旧例功服以下有因素无资助、相待刻薄、挟嫌迁怒同凡之例,而期亲亦无之。其事既非争夺财产、官职等项,则又与同凡之旧例不甚吻合。是即按旧例科断,亦只可照故杀大功弟拟绞,不得照平人故杀拟斩也。虽死者年均幼稚,情节实属惨忍,而例内分别年龄一层既经删去,又无他条可以依据,是即欲从重问拟,而比附无由,则办法只可如此。若舍本律而牵就新例,转恐未能允协也。谨议。

附说

谋、故杀人,旧说谓其元有害心,故论情独重。古法但问其为谋为故,而不问其谋、故之为何事,原以事之轻重于罪名无关系也。国朝律例,凡寻常谋、故杀,惟图财、因奸别有加重之条,而其余案件并无区别,独于服制之谋、故杀案件,有分别其事实以为轻重者。其原起于明例之争夺财产、官职一条,其后例文日增,遂有期亲亦同凡论之例。究而言之,谋、故之所重者,在其用心之险恶,初不系乎其事实之何如。财产、官职亦不过谋、故中之事实，何必显示区分。至若素无资助、相待刻薄等项，尤为亲属中常有之事。世风衰薄，族谊日疏，此等情形，实由其父兄、伯叔有以致之，不得全归罪于行凶之人。现在谋、故杀亦改绞候，大功以下尊长同凡、不同凡罪名相等，但秋审有实、缓之分耳。

故杀期亲弟妹，律止流二千里，旧例同凡改为斩候，加至数等，本属过重，矧案情不一，关于财产、官职之事，往往有由卑幼肇衅者。乾隆五十六年修律，按语谓："财产究祖宗所遗，在尊长混行争夺，固属不合，在卑幼毫无退让顾恤之情，亦有乖名义。"所论最为平允。然则此条，现行例文论功服以下则治罪从同，论期亲则过于严厉，实亦在可以删除之列。惟幼小无知之弟侄无辜被杀，实属义乖情惨，与其余谋、故之案不同。在凡人谋杀十岁以下幼孩有加重绞决之条，而服制则概行删汰，遇有此等案件，遂滋疑议，如赵憘憘一案是也。在功服以下尊长罪已至死，秋审时亦无不入实，尚无出入，而期亲若仍依本律流二千里，与通常谋、故之案毫无区别，不足以惩薄俗而餍人心。似应将现行例此条删除，而另纂期亲尊长谋、故杀十岁以下弟、侄加重专条，庶有遵守。惟现行刑律甫经颁布，此时未便修改。且见案而改例从重，亦非所宜。姑存鄙说可也。

法学盛衰说

孔子言道政、齐刑而必进之以德、礼，是制治之原，不偏重乎法，然亦不能废法而不用。虞廷尚有皋陶，周室尚有苏公，此古之法家，并是专门之学，故法学重焉。自商鞅以刻薄之资行其法，寡恩积怨而人心以离，李斯行督责之令而二世以亡，人或薄法学为不足尚。然此用法之过，而岂法之过哉。汉改秦苛法，萧何修律，虽以李悝之法为本，而秦法亦采之。然惠帝除夷族之法，文帝除诽谤妖言之法，除肉刑，景帝减笞法，其时人民安乐，几致刑措。用法而行之以仁恕之心，法何尝有弊。尝考法学之盛衰，而推求其故矣。

按法家者流，出于理官。自李悝著法经，其后则有商鞅、申不害、处子、慎到、韩非、游棣子诸人，并有著作，列在《汉志》法家。是战国之时，此学最盛。迨李斯相秦，议请史官非《秦记》皆烧之，非博士官所职，天下敢有藏《诗》、《书》、百家语者，悉诣守尉杂烧之，若欲学法令者，以吏为师。自是，法令之书藏于官府，天下之士，陋于闻见。斯时，朝廷之上，方以法为尚，而四海之内，必有不屑以吏为师者，而此学亦遂衰。

汉兴，虽弛秦厉禁，而积习已久，未能遂改，外郡之学律令者，必诣京师，又必于丞相府。《文翁传》："乃选郡县小吏开敏有材者张叔等十余人，亲自饬厉，遣诣京师，受业博士，或学律令。"《严延年传》："延年少学法律丞相府，归为郡吏。"此其证也。叔孙通秦时以文学征为博士，而在汉时益律所不及《傍章》十八篇。于定国学法于父。可以见汉人不皆以吏为师。《郑崇传》："为高密大族。父宾，明法令，为御史。"亦必非师于吏者。丙吉治律令，黄霸少学律令，莫能详其所从学。然当时此学之未尽歇绝，犹有李悝之流风余韵也。其后叔孙宣、郭令卿、马融、郑玄诸儒章句十有余家，家数十万言，合二万六千二百七十二条，七百七十三万二千二百余言。郑氏括囊大典，网罗众家，犹为此学，尤可见此学为当时所重。故弟子之传此学者，亦实繁有徒。法学之兴，于斯为盛。

其后晋之杜预与贾充等定律令，预为之注解，其奏语谓所注皆网罗法意。是其参取汉代诸家章句,而又不专主一家,故能撷其精要。同时张斐亦为之注,其表之所列,胥律义之要旨。自是,杜、张二家律注,遂行于世。下逮宋、梁、陈,南朝言法律者王植、蔡法度之徒,咸遵守之。北朝法学源流莫考,观于北齐新令采用魏、晋故事,则亦源于魏、晋。北齐河清中,法令明审,科条简要,又敕仕门之子弟常讲习之,故齐人多晓法律。隋《开皇律》不承用周而参取齐。《唐律》本诸《开皇》,世咸以为得中,后之治律者咸宗之。溯自魏、晋以下,流派递衍,至是而集其成。此法学之所以盛也。

宋承《唐律》,通法学者代有其人。盖自魏置律博士一官,下及唐、宋,或隶大理,或隶国学,虽员额多寡不同,而国家既设此一途,士之讲求法律者亦视为当学之务,传授不绝于世。迨元废此官,而法学自此衰矣。明设讲读律令之律,研究法学之书,世所知者约数十家,或传或不传,盖无人重视之故也。本朝讲究此学而为世所推重者不过数人。国无专科,群相鄙弃。纪文达编纂《四库全书》,政书类法令之属仅收二部,存目仅收五部。其按语谓刑为盛世所不能废,而亦盛世所不尚,所录略存梗概,不求备也。夫《四库目录》乃奉命撰述之书,天下趋向之所属,今创此论于上,下之人从风而靡,此法学之所以日衰也。

夫盛衰之故,非偶然矣。清明之世,其法多平。陵夷之世,其法多颇。则法学之盛衰,与政之治忽,实息息相通。然当学之盛也,不能必政之皆盛,而当学之衰也,可决其政之必衰。试观七国之时,法学初盛之时也,乃约纵连横,兵连祸结,而并于秦。汉末之时,法学再盛之时也,桓、灵不德,奄寺肆虐,而篡于魏。北齐之时,法学亦盛,而齐祚不永。几疑法学之无裨于世。然而秦尚督责,法敝秦亡;隋逞淫威,法坏隋灭。世之自丧其法者,其成效又如是。

然则有极善之法,仍在乎学之行、不行而已。学之行也,萧何造律而有文、景之刑措;武德修律,而有贞观之治。及其不行也,马、郑之学盛于下,而党锢之祸作于上;泰始之制颁于上,而八王之难作于下。有法而不守,有学而不用,则法为虚器,而学亦等于卮言。此固旷观百世,默验治乱之原,有足令人太息痛哭者矣。

吾独不解,斁法之人,往往即为定法之人。梁武诏定律令,缓权贵而急黎庶。隋文诏除惨刑,而猜忌任智,至于殿庭杀人。稽诸史册,不胜枚举。法立而不守,而辄曰法之不足尚,此固古今之大病也。自来势要寡识之人,大抵不知法学为何事,欲其守法,或反破坏之,此法之所以难行,而学之所以衰也。是在提倡宗风,俾法学由衰而盛,庶几天下之士,群知讨论,将人人有法学之思想,一法立而天下共守之,而世局亦随法学为转移。法学之盛,馨香祝之矣。

考 释 学 断（卷四）

考

比部考

比部官名，始于曹魏，所掌何事，史弗能详。《唐六典》云："比部郎中，魏氏置。历晋、宋、齐、后魏、北齐，皆有郎中。后周天官府有计部中大夫，盖其任也。梁、陈、隋并为侍郎，炀帝曰比部郎。自晋、宋、齐、梁、陈，皆吏部尚书领比部，后魏、北齐及隋则都官尚书领之，皇朝因焉。武德三年，加中字，龙朔三年，改为司计大夫，咸亨元年复故。"所叙沿革甚详，亦不及魏氏所掌之事。玩其语意，谓后周计部中大夫盖其任，龙朔改为司计大夫，是所掌者仍司计之事，而非刑事。《汉书·张苍传》："迁为计相。"注：文颖曰："臣能计，故号曰计相。"师古曰："专主计籍，故号计相。"《周官》司会隶于大宰，故后周计部亦隶天官府也。惟《宋书·百官志》言三公比部主法制，《隋志》言北齐比部掌诏书、律令、勾检等事。第宋之刑狱，领于都官，北齐断罪，掌于三公，似法制非专属刑狱之法制，律令亦但为司检之一端，当是立法之事，而非司法之事。周时司寇掌刑，而刑典建自大宰，古时司法、立法殆亦未尝混合为一欤？唐比部掌勾会之事，官既隶于刑部，而所掌非刑，宋代承之。

寻绎比字之义，《小司徒》"三年大比"，校比也；《王制》"必察小大之比"，比例也。二义本相引申，而相承又各为一义。比部如以刑法得名，当为比例之比；如以勾会得名，当为校比之比。《韵会》四支："比，相次也。又比部，官名。"四纸："比，校也，唐比部官名。"凡比较者，必相次而始见。《大司马》注："比，校次之也。"校、次二义本属相生，是旧说比部乃三年大比之比，而非小大比之比，与唐、宋职掌其义正合。《正字通》谓比部官名，取校勘、亭平之义，即今刑部。其说不知何本？校勘与亭平各为一义，不可强合。校勘尚是校比之意，亭平诂比字，如何可通？望文生义，不足为据。后人称刑部为比部，殆因其尝主法制及勾检、律令，遂袭其名。稽诸旧说，初不如是。至比字之音，《小司徒》释文"毗志反"，《大司马》释文"必履反"或"毗志反"，原有上、去二音。《韵会》有平声，当别有所本。自来韵书之训，皆本经传，无杜撰者。《正字通》以音皮为非，盖泥于校比之比必读上声，而未考《韵会》之本有此音。《王制》释文："比，必利反，例也。"《后汉书·陈忠传》："奏上二十三条，为决事比。"注："比，例也。"是比例之比，古读去声，今人则多作上声读矣。

释

释贷借

贷、借二字，义本有别，后来沿用，每相混淆。新译《簿记学》分别出资者为贷,受资者为借。或以为非,而未可遽非也。考《说文》贝部有贷、贳二文。"贷,施也。""贳,从人求物也。"一施一求,义相对待。《玉篇》:"贷,施也。"又云:"以物予人,更还主也。"《释名·释姿容篇》:"贷者,言以物贷予。"《广雅·释诂三》:"贷,予也。"《老子》:"贷具善成。"范应元注:"贷,施也。"《庄子·天运》释文:"贷,施与也。"《汉书·元帝纪》:"赀不满千钱者,赋贷种食。"颜注:"赋,给与之也。贷,假也。"《食货志》:"诸贾人末作贳贷。"颜注:"贷,假与也。"《货殖传》:"惟毋盐出捐千金贷。"颜注:"贷谓假与之。"凡此并为贷之本义。《左传》文十六年:"宋饥,竭其粟而贷之。"襄九年:"输积聚以贷。"又二十九年:"宋饥,出公粟以贷。使大夫皆贷,司城氏贷而不书,为大夫之无者贷。"此并是贷之事。又如"恩贷",《汉书·王䜣传》。"贷赡",《郎𫖮传》:"贷赡元元。""出贷",《史记·田完世家》:"以大斗出贷,以小斗收。"亦皆施义也。《周礼·地官·泉府》:"凡民之贷者,与其有司辨而授之,以国服为之息。"注:"有司,其所属吏也。与之别其贷民之物,定其贾以与之。郑司农云,贷者谓从官借本贾也。"疏:"贷者,即今之举物生利。"说者据此,谓贷亦有求意。第此经之言贷,乃古者王政之一,故《左传》屡言贷事。上之施于下者谓之贷,于是下之受于上者亦谓之贷,一事不便二名,自不得不定其专名曰贷。疏谓举物生利,正施之事,亦即先郑《小宰》注"贷子"之义。母以生子,不可以贳言也。《孟子》:"又称贷而益之。"称贷,即《周礼·小宰》之"称责"。郑司农云:"称责谓贷子。""子",今本作"予"。阮氏校勘记云,当作"子"。疏:"称责谓举责生子。彼此俱为称意,故为称责。于官于民,俱是称也。"先郑云责谓贷子者,谓贷而生子者,若今举责。即《地官·泉府》职云"凡民之贷者"。据此,而称贷乃民事之一。亦一事不便二名,不可以贳言。汉《吴仲山碑》:"千金举僦。"《隶释》云,即贷字。举贷即称贷也。此贷之义本为施,而受此施者,亦遂谓之贷矣。

貣之义为求。释玄应《一切经音》十五字林:"貣,求也。"《说文》:"从人求也。"《玉篇》:"貣,从人求。"并无物字。《汉书·司马相如传》:"从昆弟假貣。"《韩王信传》:"乞貣蛮夷。"《陈汤传》:"家贫,匄貣无节。"颜注并音吐得反。此为求之义。而凡义之属于求者,其字当作"貣"。桂氏馥《说文义证》云:"贷、貣形与音皆相近,故《说文》施也,求也,相对立文,以区别之。而群书之借贷为貣,亦以此也。"此说洵为通论。《隶辨》:"螣,《唐公房碑》'去其螟螣。'按《说文》作'蟘',从虫从贷,引《诗》云'去其螟蟘'。今《诗》作'螣'。《释文》云:'螣,《说文》作蟘。'其字从貣,与此碑同,与今本《说文》异。《五经文字》亦作'蟘'。《尔雅·释虫》:'食叶蟘。'《左传》隐四年疏引《尔雅》作'螣'。从贷,从貣,相混已久。"据《隶辨》此说,则典籍中贷、貣二字,亦必有相混者,非必尽出于通借也。诸家之为许学者,于贷、貣二字皆无异说。惟段氏玉裁云:"代、弋同声,古无去、入之别。求人、施人,古无贷、貣之分。由貣字或作贷,因分其义,又分其声。如求人曰乞,给人之求亦曰乞,今分去讫、去既二者。又如假、借二字,皆为求者、予者之通名,唐人已有求读上入、予读两去之说。古皆未必有是。貣别为贷,又以改窜许书,尤为异耳。经史内貣、贷错出,恐皆俗增人旁。蟘字《释文》、《五经文字》皆作'蟘',亦其证也。《周礼·泉府》'凡民之贷者',注云:'贷者,从官借本价也。'《广韵》二十五德:'貣谓从官借本价也。'其所据《周礼》正作'貣'。而《周礼》注中借者、予者同用一字,《释文》别其音,亦可知本无二字矣"。

今按弋声、代声固为同部,从弋、从代究属殊形。形殊声同,不必便为一字。如气从乞声,而忾、忔不同。袁从袁声,而园、圜、辕、辕不同。肖从小声,而朴、梢不同。岁从分声,而粉、棼不同。潘从番声,而蕃、藩不同。类此者甚多,不得以代、弋同声,遂谓本无二字。施、求二义,《说文》分别甚明,经史亦多如此,不得以后来之贷、贳相混,遂疑许书。《玉篇》贷、贳亦分施、求二义,盖亦本于《说文》。玄应所引《说文》,贳字亦曰"从人求",可见古本《说文》与今不异。段氏此说,非确论也。

借,假也。《说文》大徐本新增十九文之一,小徐本无此字。张次立依大徐增入,非也。古字多作"藉"。《诗·抑篇》:"借曰未知。"《汉书·霍光传》作"藉曰未知"。《大戴礼·卫将军文子篇》:"使臣如藉。"卢注:"藉,借也。如借力然也。"《家语·弟子行篇》作"借"。王注:"言不有其臣,如借使之也。"《史记·留侯世家》:"臣请藉前箸为大王筹之。"《汉书·张良传》"藉"作"借"。注:张晏曰:"求借所食之箸用指画也。"此"借"作"藉"之明证。《周礼·甸师》:"而耕耨王藉。"注:"藉之言借也。"《礼记·王制》:"古者,公田藉而不税。"注同。《谷梁传》:"古者什一,藉而不税。"疏:徐邈曰:"藉,借也。谓借民力以治公田。"《周语》:"不藉千亩。"韦注:"藉,借也。借民力以为之。"《说文》耒部:"耤,帝耤千亩也。古者使民如借,故谓之藉。"王氏筠曰:"'借'当作'藉'。《孟子》'助者,藉也。'即所谓使民如借也,而字不作借。"今按以《大戴》"使臣如藉",《家语》作"借"例之,王说是也。经典中,惟《论语》有"马者借人乘之",《谷梁传》"借道乎虞"作"借",他不多见。《春秋》作"假"。桓元年"郑伯以璧假许田"是也。《左传》多作"假"。桓十三年:"而告诸天之不假易也。"杜注:"言天不借贷慢易之人。"僖二年:"假道于虞。"《谷梁》作"借道"。襄九年:"假钟磬焉。"十四年:"范宣子假羽毛于齐而弗归。"定四年:"晋人假羽旄于郑。"《礼记·王制》:"大夫祭器不假。"《表记》:"凡乞假于人。"《孟子》:"久假而不归。"并为求义。《内则》:"不敢私假,不敢私与。"假、与对言,其专属于求,尤为明显。是经典"借"又多作"假"也。又《左传》成二年:"惟器与名不可以假人。"疏:"不可以借人也。"《老子》:"国之利器,不可以假人。"《说苑》作"借人"。此又于施义为近。此犹贷义本为施,后来亦有作求义用者。大抵古人转注之法,字之对待者,或相通用。治、乱对待,而乱亦训为治,乃其例也。又或对文则别,单文则通,如此之类,尤难枚举。是以贷之本义为施,而求义亦时通用;假之本义为求,而施义亦时通用。《广雅》释"贷"为"予",而又释为"借"。《释诂一》:"贷,借也。"《仪礼》注"假"训为"借",而《汉书》注又训为"给与"。《辕固传》注:"假,给与也。"然究不得以通用之义,即为本义也。

至"假"之本字,则作"叚"。《说文》"叚,借也。"假者,同声叚借字也。《左传》庄十八年疏,假、借同义,取者,假为上声,借为入声;与者,假、借皆为去声。是唐时"叚"字已不行,而假、借义亦相混,但以声分别之。然借为入声,则犹是藉之本音也。郑氏珍《说文逸字》云:"段氏谓许君叙云'六曰假借',又部'叚'下云借也,当有'借'。按《说文》'叚'训'借',此假之最初字,古'借'亦止当作'昔'。耒部'耤'云,古者使民如借,故谓之耤。则耤旁昔即是借字,故耤从之。'叚'既加'人'作'假','昔'亦应加'人'。后人因许书写脱,遂谓古止作耤、藉,非。"今按此说实附和段氏,而段说王氏《释例》已驳之。谓:"大徐补'借'字,段氏和之,特以'借'字盛行于今耳。《墨子》有'假藉',而《薛宣、朱博传》赞作'假借',武梁祠石刻有'借'字,然则汉人作'借'也。补之,是以隶生篆也。《说文》序例说解用汉字多矣,不列于篆者多矣。如'叡'下曰'妙也',段氏改之;大徐补'借',段氏又依之,不知其两无当也。惟鼎臣补之,而云资昔切,不云子夜切,犹可恕也。"据此说,则"借"非古字,而"叚"者其本字,非最初字。《说文》"假"下有"非真也"、"至也"二义,而无借义。凡经典训"借"之"假",当作"叚",其多用"假"者,乃同声叚借字。迨"叚借"字行,而本字遂废。篆、隶变类,此者多矣。"昔"之本义训"干肉",引申之为"今昔"之"昔",与"借"义相去绝远。乃以"叚"之加"人"为"假",遂谓"昔"亦加"人"为"借","借"当作"昔",是不知"假"之训"借",已非本义,而妄谓"借"之去"人",乃其本字,凭臆虚造,毫无根据,其说乌可信也。《吕氏春秋·士容篇》注:"假犹请也。"《礼记·王制》注:"请,求也。"《唐律》有"假请"之文,"假"有"求"义。借,假也,故亦有求义也。"贷"、"借"二文,考之古义,其分别也如此。

　　《唐律·厩库门》曰假请,曰借,曰贷,分为三事。"假借官物不还"条:"诸假请官物事讫,过十日不还者,笞三十,十日加一等,罪止杖一百。"《疏议》曰:"假请官物,谓有吉凶,应给威仪、卤簿,或借帐幕、毡褥之类。"此罪之轻者,专以求言。"监主借官奴畜"条:"诸监临主守,以官奴婢及畜产私自借,若借人及借之者,笞五十。计庸重者,以受所监临财物论。驿驴加一等。按:此罪止徒二年。即借驿马及借之者,杖一百,五日徒一年。计庸重者,从上法。按:徒一年半。即驿长私借人马、驴者,各减一等,罪止杖一百。""监主以官物借人"条:"诸监临主守之官,以官物私自借,若借人及借之者,笞五十。过十日,坐赃论减二等。"《疏议》曰:"监临主守之物,谓衣服、毡褥、帷帐、器玩之类,准坐赃论减二等,罪止徒二年。"此二条并罪之稍重者,亦以求言。借人虽近于施,然由转借而来,仍属于求也。"监主贷官物"条:"诸监临主守以官物私自贷,若贷及贷之者,无文记,以盗论。有文记,准盗论。"按:罪止流三千里。此罪之重者,兼施与求言。宋本律文"自贷、贷之"作"自贳、贳之",其分别之义与《说文》合。孙氏《律音义》以"贳"为俗,是未考《说文》也。《唐律》贷、借二字,确有分别。凡货财之类,贷之以济缓急,或有息,或无息,而不必以原物还主者,谓之贷。《左传》所载诸贷事是也。凡物之偶然借用,而仍以原物还主者,谓之借。《论语》有马借人是也。此其所以分别者,以事物而非以字义。惟以贷、贳为施与求之分别,则古义也。《唐律》之分别也如此。

《明律·钱债律》曰"私放钱债及典当财物",曰"监临官吏于所部内举放钱债典当财物",而无贷借之文。《仓库门》"库秤雇役侵欺"曰"侵欺借贷移易"。"钱粮互相觉察律"曰"若知侵欺盗用借贷"。"守掌在官财物律"曰"若有侵欺借贷者"。《受赃门》"在官求索借贷人财物律"曰"求索借贷财物"。此各律借贷并以求言,初不分别。盖因上下文之侵欺、移易、盗用、求索皆系两字连文,故不得不用骈文以配之。若"私借钱粮"、"私借官物"及《厩牧门》"私借官畜产"、"公使人等索借马匹"、《邮驿门》"私借驿马"各律,皆单用"借"字。可见"贷"字之非用本义,而义之属于求者,必用"借"字,《明律》全部皆同。此虽非古义,而盛行于世,相沿已久。此考之《明律》又如此。

然则贷、借二字之解释,当综今古而折其衷矣。方今修订民律,其中债权一编,名词必须确定,斯义例分明。即如贷、借二者,为此编中重要之端,论其人,既有债权、债务之分,论其事,又有一施、一求之判,若并为一词,将何者为施?何者为求?无复区别。义例即不分明,非完全之法律也。今世法律之学,日趋精密,譬诸牛毛、茧丝，剖析厘毫，无微不至。故同此字义，苟按之事实，合之而无关出入者，合之原亦无妨；若事实有彼此之殊，合之而为彼为此，无从辨别，则窒碍殊多。是以法律名词，泥古不可，徇今亦不可。贷、贳二文之对待，字义最为分明，即叚、假亦皆可参取。第贳、叚久不通行，假字俗亦罕用，编入条文，恐未能尽人通晓，虽有许书可考，《唐律》可遵，未可守拘墟之见而高陈古说也。此不可泥者也。经云"称责"，俗云"放债"，私放、举放，著在律文。然偏举一端，难该两造。若用借贷连文，仿唐人读法，以上、去、入三声分之，于一字之中，包含施与求对待二义，旧律似此者固多，而援引易涉混淆，既多不便，亦非义例之所当如此也。此今说之不可徇者也。

然则贷、借二文，不得不用《簿记学》之说矣。出资者为贷，即古义之施也，引申之则曰与也。受资者为借，即古义之求也，引申之则曰取也。凡关于施者，定其名曰贷。关于求者，定其名曰借。施之义本于《说文》，言古义则不背。求之义出于唐、明《律》，言今义亦可通。一贷、一借，彼此之界画分明，不相混合，庶义例秩然，俾读此律者不至生游移之见，多辨释之劳，免疑误而利推行，又乌必泥古而徇今也哉。夫今日法律之名词，其学说之最新者，大抵出于西方而译自东国，亦既甄其精意，编为条文，不独难以古义相绳，即今义亦未能悉合。此不可不破除成见，片言决定。若再拘文牵义，是作茧自缚也。况此贷、借二文，乃中国固有之解释，犹欲以古义相净，或且谓今义之未符，是亦虑之过矣。谨博稽众说，以质世之讲求律学者。

释虑囚

《汉书·隽不疑传》："每行县录囚徒还。"注：师古曰："省录之,知其情状有冤滞与不也。今云虑囚,本录声之去者耳,音力具反。而近俗不晓其意,讹其文,遂为思虑之虑,失其源矣。"《字典》心部"虑"下注:"按师古此言近于识字,而实未通韵,惟未通韵,亦未为识字之源也。盖每字原具四声,如虑字,从平声起韵,闾、吕、虑、录,则闾字为虑之平,吕字为虑字之上,录字为虑字之入也。虑本训谋思,然兼有详审之义,故《汉书》录囚亦即虑囚也。虑字原具入声,有录音,岂必专属去声为得字之源乎。"

按:录囚汉制,太守任之,乃常事,非赦也。虑囚唐制,故师古曰今云虑囚。然唐之虑囚有二:一大理卿之职,若禁囚有推决未尽,留系未决者,五日一虑。此无关于赦。一特赦。《唐书·高祖纪》:"武德三年六月,虑囚。八月庚午,虑囚。"此后帝纪书虑囚者不可悉数。此赦事之一也。历代虑囚、录囚之事,别详考成篇,兹不具录。惟虑字之义,师古谓非思虑之虑,此唐人说唐制,其说最是。《唐六典》李林甫注:"虑谓检阅之也。"《六典》为林甫奉敕撰定之书,此以定制之人说定制之意,其说自不可易也。

惟师古之言,尚有未尽。《唐纪》作"虑",《志》作"录",《旧纪》作"录",固可为虑、录通用之证,而无关于字之源也。考《说文》:"虑,谋思也。"《方言》同。段注:"言部,虑难曰谋,与此为转注。口部曰,图者,画〔也〕,计难也。然则谋、虑、图三篆义同。《左传》曰虑无他,《书》曰无虑,皆谓计画之纤悉必周,有不周者非虑也。"是谋思为虑之本义。其他,度也,《齐策》"愿王熟虑之"注。议也,《广雅·释诂四》。计也,《秦策》"子为寡人虑之"注。旅也,《释名》:"虑,旅也。旅,众也。《易》曰一致而百虑。虑及众物,以一定之也。"情然而心为之择谓之虑,《荀子·正名》。并从谋思之义引申而出。

《周礼·朝士》:"令邦国都家县鄙虑刑贬。"郑注:"虑谓谋也。谓当图谋缓刑。"实与许义相合。师古省录,林甫检阅之解,亦从谋思引申而出。此虑字之源也。《说文》:"录,金色也。"其他,存视也,《汉书·董仲舒传》注。第也,《吴语》注。具也,《广雅·释诂三》。领也,《庄子·渔父》注。谓总领之,《后汉书·和纪》注。检束也,《荀子·修身》注。并与录之本义无关,乃出于后来之通借。此录字之源也。然"虑囚"之字,本当作"虑",而不当作"录"。《集韵》九御良据纽下:"录,宽省也。"《太玄》:"蹂于犴狱,三岁不录。"王涯说通作"虑"。并与虑囚之事合。古音虑从虍声,在第五部,录从录声,在第二部,其相叚借者,二字同属来字母,为双声叚借。师古不知"录"当作"虑",而以虑为录之去声,未为得字之源。《字典》但以四声为说,而不考《说文》,亦岂为通其源哉。至若元人作《刑统赋》,解释者皆误为思虑之虑,是未闻师古之说者。

释规避

律例内"规避"二字,解之者不一说。《琐言》曰:"规者,为圆之法。规避者,谓圆转委曲,巧以避罪也。《疏议》训规为规利之意,则增减官文书条曰规避死罪。死罪何利而规求之耶?"《管见》曰:"规避之规,或训作求,或作规矩之规。《琐言》又训作圆转委曲。然规以为圆而已,何以言转而委曲乎?盖本文从《唐律》。按《韵会》,规亦训蔽。《唐书》"规影徭赋",即《户律》所谓隐蔽差役者也。此规避之规,亦当训蔽尔。"《集解》曰:"规与窥同,古字通用。规有所求探,避有所回避。二字活看,不可以规专为求,避专于脱罪。"《辑注》曰:"规者,有所窥求之意。避者,有所脱卸之谓。

求取贿赂曰规,脱免罪名曰避。规与窥同,古字通用。"《字典》:"规避,违法以方为圆也。"

按:律文"规避"二字,本于《唐律》。《唐律》"诈为官文书增减"条"准(取)〔所〕规避"《疏议》曰:"规避者,假有于法不应为官,诈求得官者,徒二年。又诈为官文书及增减而规官不解,加本罪二等,合徒三年。避者,或有本犯徒三年,诈为增减以避此罪者,合加二罪,流二千五百里。"是分规、避为二事。此条下文又有"自有所避,各加所避罪。增减以避稽等语。"《职制律》亦有规求之文。又"诈为官私文书增减"条:"诸诈为官私文书及增减,欺妄以求财赏及避没入、备偿者。"《疏议》曰:"欺妄以求钱财或求赏物,及缘坐资财及犯禁之物合没官而避没入,或损失官私器物而避备偿,如此之类,增减诈为方便规避者。"可见规避之义,本兼二事而言。规,谋也,《淮南子·主术训》高诱注。《后汉书·赵熹传》章怀太子注。图也,《文选·东京赋》薛综注。并可以证规求之义。《琐言》、《字典》以规圆为说,近于穿凿。《集解》、《辑注》谓规、窥通用,于古无征。且律文亦无窥探之意。《管见》取规蔽之训,仅见《韵会》,他书无闻。且规避舆隐蔽事亦不同。恐《唐书》规影之规,亦当作图谋解,言图谋影射徭赋也。诸说仍不如《疏议》之说为有据也。惟自来沿用规避,但为一事。如《宋史·选举志》之"规避遐远独孤",及《答杨贵处士书》之"规避之户",皆指一事言。则二字又当串说,言图谋有所避也。若元稹诗之"谏猎宁规避,弹毫讵嗫嚅。"以"嗫嚅"对"规避",又似用为骈语矣。

"规避死罪"乃《明律》之文,《唐律》所无。似唐时"规避"二字平列,指二事言。《北史·齐纪》论魏武帝规避权逼,二字似亦平列,"规"贴"权"说,"避"贴"逼"说。《北史》固初唐文字也。后来习俗相沿,但指一事,规避即当串说。元稹诗亦指一事,古人对偶不尽拘墟也。

释闸

《明律》漏用钞印有"不行用心检闸。"万历本。陈省、范永銮二本均作"检闸",高举本作"点闸"。《纂注》:"点闸,点检查看之意。"按:凡蓄水处,以木板截流谓之闸。今江浙人凡结算账目谓之闸。盖必截数而结算之,账目方清。故俗用闸,检闸、点闸,盖即此意。

学 断

后魏刘辉之狱

《魏书·刑罚志》:神龟中,兰陵公主驸马都尉刘辉,坐与河阴县民张智寿妹容妃、陈庆和妹慧猛、奸乱耽惑,殴主伤胎。辉惧罪逃亡。门下处奏:"各入死刑,智寿、庆和并以知情不加防限,处以流坐。"诏曰:"容妃、慧猛恕死,髡鞭付宫,余如奏。"尚书三公郎中崔纂执曰:"伏见旨募若获刘辉者,职人赏二阶,白民听出身进一阶,厮役免役,奴婢为良。案辉无叛逆之罪,赏同反人刘宣明之格。又寻门下处奏以,'容妃、慧猛与辉私奸,两情耽惑,令辉挟忿,殴主伤胎。虽律无正条,罪合极法,并处入死。其智寿等二家,配敦煌为兵。'天慈广被,不即施行,虽恕其命,窃谓未可。夫律令,高皇帝所以治天下,不为喜怒增减,不由亲疏改易。案《斗律》:'祖父母、父母忿怒,以兵刃杀子孙者五岁刑,殴杀者四岁刑,若心有爱憎而故杀者,各加一等。'虽王姬下嫁,贵殊常妻,然人妇之孕,不得非(一夕生)〔子。又依〕永平四年先朝旧格:'诸流刑及死,皆首罪判(官)〔定〕,后决从者。'事必因本以求支,狱若以辉逃避,便应悬处,未有舍其首罪而成其末愆。流死参差,或时未允。门下中禁大臣,职在敷(癸)〔奏〕。昔邴吉为相,不存斗毙,而问牛喘,岂不以司别故也。案容妃等,罪止于奸私,若擒之秽(举)〔席〕,众证分明,即律科处,不越刑坐,何得同宫掖之罪,齐奚官之律?案智寿口诉,妹适司士曹参军罗显贵,已生二女于其夫,则他家之母。《礼》云妇人不二夫,犹曰不二天。若私门失度〔罪在于夫〕,峄非兄弟。昔魏晋未除五族之刑,有免子戮母之坐。何曾净之,谓'在室之女,从父母之刑;已醮之妇,从夫家之刑。'斯乃不刊之令轨,古今之通议。律,'暮亲相隐'之谓凡罪。况奸私之丑,岂得以同气相证?论刑过其所犯,语情又乖律宪。案律,奸罪无相缘之坐。不可借辉之愆,加兄弟之刑。夫刑人于市,与众弃之,爵人于朝,与众共之,明不私于天下,无欺于耳目。何得以非正刑书,施行四海。刑名一失,驷马不追。既有诏旨,依即行下,非(理)〔律〕之案,理宜更请。"

尚书元修义以为:"昔哀姜悖礼于鲁,齐侯取而杀之,《春秋》所讥。又夏姬罪滥于陈国,但责征舒,而不非父母。明妇人外成,犯礼之愆,无关本族。况出适之妹,峄及兄弟乎?"右仆射游肇奏言:"臣等谬参枢辖,献替是司,门下出纳,谟明常则。至于无良犯法,职有司存,劾罪结案,本非其事。容妃等奸状,罪止于刑,并处极法,准律未当。出适之女,坐及其兄,推据典宪,理实为猛。又辉虽逃刑,罪非孥戮,募同大逆,亦谓加重。乖律之案,理宜陈请。乞付有司,重更详议。"诏曰:"辉悖法之罪不可纵,厚赏悬募,必望擒获。容妃、慧猛与辉私乱,因此耽惑,主致非常。此而不诛,将何惩肃?且已醮之女,不应坐及昆弟,但智寿、庆和知妹奸情,初不防御,招引刘辉,共成淫丑,败风秽化,理深其罚。特敕门下结狱,不拘恒司,岂得一同常例,以为通准。且古有诏狱,宁复一归(诏狱)〔大理〕。而尚书治本,纳言所属,弗究悖理之浅深,不详损化之多少,违彼义途,苟存执宪,殊乖任寄,深合罪责。崔纂可免郎,都坐尚书,悉夺禄一时。"

宋安崇绪之狱

《通考》:一百七十。端拱元年,广安军民安崇绪录禁军,诉继母冯尝与父知逸离,今来占夺父赀产,欲与己子。大理定崇绪讼母,罪死。太宗疑之。判大理寺张佖固执前断,遂下台省集议。徐铉议曰:"伏详安崇绪辞理虽繁,今但当定其母冯与父曾离与不离。如已离,即须令冯归宗。如不曾离,即崇绪准法诉母处死。今详案内,不曾离异,其证有四:崇绪所执父书,只言遂州公论,后母冯自归本家,便为离异,固非事实。又知逸在京,阿冯却来知逸之家,数年后知逸方死,岂可并无论诉遣斥,其证一也。本军初勘,有族人安景泛证云:'已曾离异,诸亲具知。'及欲追寻诸亲,景泛便自引退。其证二也,知逸有三处庄田,冯却后来自(古)〔占〕两处,小妻高占一处,高来取冯庄课,曾经论讼,高即自引退,不曾离,其证三也。本军曾收崇绪所生母蒲勘问,亦称不知离绝。其证四也。又自知逸入京之后,阿冯却归以来,凡经三度官司勘鞫,并无离异状况。不孝之刑,教之大者,崇绪请依刑部、大理元断处死。"右仆射李昉等四十三人议曰:"据法寺定断,以安崇绪论嫡母冯罪,便合处死。臣等深为不当。若以五母皆同,即阿蒲虽贱,乃是安崇绪之亲母。崇绪本以田业为冯强占,亲母衣食不充,所以论诉。若从法寺断死,则知逸负何辜而绝嗣?阿蒲处何地而托身?臣等参详,田业并合归崇绪,冯亦合与蒲同居,终身供侍,不得有阙。冯不得擅自货易庄田,并本家亲族亦不得来主崇绪家务。如是,则男虽庶子,有父业可安,女虽出嫁,有本家可归,阿冯终身又不乏养。所有罪犯,并准赦原。"诏从昉等议,铉、佖各夺一月俸。

宋檀偕之狱

《通考》:一百七十。宋绍兴四年,诏:"宣州奏檀偕杀人疑虑案,令刑部重行拟断,申尚书省。"初,宣州民叶全二者,盗檀偕窖钱,偕令耕夫阮授、阮捷杀全二等五人,弃尸水中,当斩,尸不经验,奏裁。诏授、捷并杖脊流三千里,偕贷死,杖脊配琼州。孙近为中书舍人,驳之。命更拟。始近之提点浙东刑狱也,绍兴民俞富捕盗而并杀盗妻,近奏:"富与盗别无私仇,愿贷死。"诏从之。法寺援以为比,执前拟不变。近又言:"富执本县判状捕劫盗,杀拒捕之人,并及妻,偕乃私用威力,被杀者五人,所犯不同。"乃诏御史台看详。侍御史辛炳等言:"偕系故杀,众证分明。"以近降申明条法,不应奏。辅臣进呈,朱胜非曰:"疑狱不当奏而辄奏者,法不论罪。缘近以宣州有观望,欲并罪之。"上曰:"宣州可贷。今若加罪,则后来实有疑虑者,亦不复奏陈矣。"乃诏偕论如律,法寺当职丞评、刑部郎官各赎金有差。

按：此狱有难明者数端。全二为盗，则偕所欲杀者全二耳，何以授等竟杀五人？其四人者，全二之徒党欤？抑平民欤？此难明者一也。使此四人者，非偕所欲杀之人，而授等杀之，则与偕何欤？罪坐偕，非法也。此难明者二也。偕造意杀人，是为谋杀，身虽不行，仍以为首论，何以辛炳言系故杀？此难明者三也。尸不经验奏裁，宋法如是，尚系罪疑惟轻之意，故偕得贷死，授等减流。何以朱胜非谓不当奏而奏？此难明者四也。窃意全二为盗，而四人者非盗，因全二而并杀四人，视俞富案为重，故当时以贷死为轻。特史文不详，难悬断耳。

宋阿云之狱

《宋史·许遵传》：及为登州，执政许以判大理，遵欲立奇以自鬻。会妇人阿云狱起。初，云许嫁未行，嫌婿陋，伺其寝田舍，怀刀斫之，十余创不能杀，断其一指。吏求盗弗得，疑云所为，执而诘之，欲加讯掠，乃吐实。遵按云纳采之日，母服未除，应以凡人论，谳于朝。有司当为谋杀已伤。遵驳言："云被问即承，应为按问。审刑、大理当绞刑，非是。"事下刑部，以遵为妄。诏以赎论。未几，果判大理。耻用议法坐劾，复言："刑部定议非直（非），云合免所因之罪。今弃敕不用，但引断例，一切按而杀之，塞其自守按："守"疑"首"之讹。之路，殆非罪疑惟轻之义。"诏司马光、王安石议。光以为不可，安石主遵。御史中丞滕甫、侍御史钱（觊）〔颛〕皆言遵所争戾法意。自是廷论纷然。安石既执政，悉罪异已者，遂从遵议。虽累问不承者，亦得为按问。或两人同为盗劫，吏先问左，则按问在左；先问右，则按问在右。狱之生死，在问之先后，而非盗之情，天下益厌其说。

按：纳采在母服中，固为失礼，然究未成昏，未便以居丧嫁娶论。惟许嫁未行，则是未昏妻也。今例未昏与已昏同，杀夫应入十恶。而按之古义，必庙见方成为妇。即不得以杀夫论，当时以谋杀已伤定议，尚为持平。许遵妄思翻案，而安石助之，甚可怪也。《唐律》云："犯罪未发而自首者，原其罪。《疏议》曰："若有文牒言告，官司判令三审，牒虽未入曹司，即是其事已彰，虽欲自新，不得成首。"知人欲告及亡叛而自首者，减罪二等坐之。"《疏议》曰："犯罪之徒，知人欲告及按问欲举而自首陈，各得减罪二等坐之。"寻绎律意，罪未发，是未告官司也。案问欲举，是官吏方兴此议，而罪人未拘执到官也，故得原其悔过之心，以自首原减。若阿云之事，吏方求盗勿得，是已告官司；疑云，执而诘之，乃吐实，是官吏已举，罪人已到官，未有悔过情形，按律本不成首。许遵删去"欲举"二字，谓被问即为按问，安石又从而扬其波，将天下无不可原减之狱。卤莽减裂，噫甚矣！

《通考》：神宗熙宁元年，诏："谋杀已伤，按问欲举，自首，从谋杀减二等论。"初，登州言有妇云于母服嫁韦，恶韦寝陋，谋杀不死，按问欲举，自首。审刑、大理论死，用违律为婚奏裁。贷之。知州许遵言当减谋杀罪二等，请论如敕律。乃送刑部，刑部断如审刑、大理。遵不服，请下两制议。诏翰林学士司马光、王安石同议。二人不同，遂各为奏。光言："凡议法者，当先原立法之意，然后可以断狱。按律，其于人损伤，不在自首之列。释谓犯杀伤而自首者，得免所因之罪，仍从故杀伤者。盖以与人损伤既不在自首之列，而别因有犯，如为盗劫囚、略卖人之类，本无杀伤之意而致杀伤人者，虑有司执文并不许首，故申明因犯杀伤而自首者，得免所因之罪。

然杀伤之中,自有二等。其处心积虑,巧诈百端,掩人不备,则谓之谋。直情径行,略无顾虑,公然杀害,则谓之故。谋者重,故者轻。今因犯他罪致杀伤人,他罪得首,杀伤不原,若从谋杀则太重,若从斗杀则太轻,故参酌其中,从故杀伤法也。其直犯杀伤,更无他罪者,惟未伤可首,已伤不在首限。今许遵欲以谋与杀分为两事。按谋杀、故杀皆是杀人,若以谋与杀为两事,则故与杀亦为两事也。彼平居谋虑,不为杀人,当有何罪而可首者?以此知谋字止因杀字生文,不得别为所因之罪。若以劫斗与谋皆为所因之罪,从故杀伤法,则是斗杀自首,反得加罪一等也。云获贷死,已是宽恩,遵为之请,欲天下引以为例,开奸凶之路,长贼杀之源,非教之善者也。臣愚以为,宜如大理寺所定。"安石言,"《刑统》杀伤罪名不一,有因谋,有因斗,有因劫囚、窃囚,有因略卖,有因被囚禁拒捍官司而走,有因强奸,有因厌魅咒咀。此杀伤而有所因者也。惟有故杀伤则无所因,故《刑统》因犯杀伤而自首,得免所因之罪,仍从故杀伤法。其意以为,于法得首,所因之罪既已原免,而法不许首,杀伤刑名未有所从,唯有故杀伤为无所因而杀伤,故令从故杀伤法。至今因犯过失杀伤而自首,则所因之罪已免,唯有伤杀之罪未除。过失杀伤,非故杀伤,不可亦从故杀伤法,故《刑统》令过失者从本过失法。至于斗杀伤,则所因之罪常轻,杀伤之罪常重,则自首合从本法可知。此则《刑统》之意,唯过失与斗当从本法,其余杀伤得免所因之罪,皆从故杀伤罪科之,则于法所得首之罪皆原,而于法所不得首之罪皆不免,其杀伤之情本轻者自从本法,本重者得以首原。今刑部以因犯杀伤者谓别因有犯,遂致杀伤。窃以为律但言因犯,不言别因。则谋杀何故不得为杀伤所因之犯?又刑部以始谋专为杀人,即无所因之罪。窃以为律谋杀人者徒三年,已伤者绞,已杀者斩。谋杀与已伤、已杀自为三等刑名。因有谋杀徒三年之犯,然后有已伤、已杀绞、斩之刑名,岂得称别无所因之罪?今法寺、刑部乃以法得首免之谋杀,与法不得首免之已伤合为一事,其失律意明甚。臣以为云谋杀已伤,按问欲举自首,合从谋杀减二等论。然窃原法寺、刑部所以自来用例断谋杀已伤不许首免者,盖为律疏但言假有因盗杀伤,盗罪得免,故杀伤罪仍科,遂引为所因之罪止谓因盗杀伤之类。盗与杀伤为二事,与谋杀杀伤类例不同。臣以为律疏假设条例,其于出罪,当举重以包轻。因盗伤人者斩,尚得免所因之罪,谋杀伤人者绞,绞轻于斩,则其得免所因之罪可知也。然议者或谓谋杀已伤,情理有甚重者,若开自首,则或启奸。臣以为有司议罪,惟当守法,情理轻重,敕许奏裁。若有司辄得舍法以论罪,则法乱于下,人无所措手足矣。"御史中丞滕甫犹请再选官定议。诏选翰林学士吕公著、韩维、知制诰钱公辅。于是公著等言:"安石所论,敕、律悉已明备,所争者惟谋为伤因不为伤因而已。臣等以为,律著不得自首者凡六科,而于人损伤不在自首之例。释谓犯杀伤而自首者,得免所因之罪,仍从故杀伤法。盖自首者但免所因之罪,而尚从故杀伤法,则所因之谋罪虽原免,而伤者还得伤之罪,杀者还得杀之刑也。且律于器物至不可备偿则不许首,今于人损伤尚有可当之刑,而必使偿之以死,不已过乎?古初立法,杀人者死,伤人者抵罪。后世因劫杀而伤者,则增至于斩,因谋杀而伤者,则增至于绞,倘有不因先谋,则不过徒杖三等之科而已,岂深入于绞、斩乎?若首其先谋,则伤罪仍在,是伤不可首,而因可首,则谋为伤因,亦已明矣。律所以设首免之科者,非独开改恶之路,恐犯者自知不可免死,则欲遂其恶心,至于必杀。今若由此著为定论,塞其原首之路,则后之首者,不择轻重,有司一切按文杀之矣,朝廷虽欲宽宥，其可得乎！苟以为谋杀情重，律意不通其首，则六科之中，当著谋杀已伤不在自首之例也。编敕所载，但意在致人于死，并同已伤及伤与不伤情理凶恶不至死者，许奏裁。今令所因之谋，得用旧律，而原免已伤之情，复以后敕而奏决，则何为而不可也。臣等以为宜如安石所议便。"制曰："可。"大理寺、审刑、刑部法官皆释罪。于是法官齐恢、王师元、蔡冠卿等皆以公著所议为不当。又诏安石与法官集议。安石与师元、冠卿反覆论难，师元等坚其说。明年二月庚子，诏："自今谋杀人已死，自首及按问欲举，并奏取敕裁。"而判部刘述、丁讽奏庚子诏书未尽，封还中书。于是安石奏以为："律意因犯杀伤而自首，得免所因之罪，仍从故杀伤法。若已杀，从故杀法，则为首者必死，不须奏裁。为从者自有编敕奏裁之文，不须复立新制。"与唐介等数争议于帝前。卒从安石议。是月甲寅，诏："自今谋杀人自首及按问欲举，并以去年七月诏书从事。其谋杀人已死，为从者虽当首减，依嘉祐敕凶恶之人情理巨蠹及谋杀人伤与不伤奏裁。收还庚子诏书。"刘述又奏以为："不当以敕颁御史台、大理寺、审刑院及开封府，而不颁之诸路，入误引刑一司。敕请中书、枢密院合议。"中丞吕诲、御史刘琦、钱颛皆请如述等下之二府。帝以为律文甚明，不须合议。而曾公亮等皆以博尽同异、厌塞言者为无伤，乃以众议付枢密院。文彦博以为："杀伤者，欲杀而伤也，即已杀者不可首。"吕公弼以为："杀伤于律不可首。请自今已后，杀伤依律。其从而加功自首，即奏裁。"陈升之、韩绛议与安石略同。时富弼入相，帝令弼与安石议。弼谓安石以谋与杀分为二事，以破析律文，曷从众议？安石不可。弼乃辞以病。八月，遂诏："谋杀人自首及按问欲举，并依今年二月甲寅敕施行。"诏开封府推官王尧臣劾刘述、丁讽、王师元以闻，述等皆贬。

司马光言："阿云之狱，中材之吏皆能立断，朝廷命两制、两府定夺者各一敕，出而复收者一，收而复出者各一，争论纵横，至今未定。夫执条据例者，有司之职也。原情制义者，君相之事也。分争辨讼，非礼不决，礼之所去，刑之所取也。阿云之事，陛下试以礼观之，岂难决之狱哉？彼谋杀为一事，为二事，谋为所因，不为所因，此苛察缴绕之论，乃文法俗吏之所争，岂明君贤相所当留意耶！今议论岁余而后成法，终为弃百代之常典，悖三纲之大义，使良善无告，奸凶得志，岂非徇其枝叶，而忘其根本之所致耶！"不报。安石议行，司勋员外郎崔台符举首加额曰："数百年误用刑名，今乃得正。"安石喜其附己，明年六月，擢大理卿。

邱濬《大学衍义补》：一百八。按宋朝刑制，有律有敕。阿云之狱，既经大理、审刑、刑部，又经翰林、中书、枢密，名臣如司马光、王安石、吕公著、公弼、文彦博、唐介，法官如刘述、吕诲、刘琦、钱顗、齐恢、王师元、蔡冠卿，议论纷纭，迄无定说。推原所自，皆是争律、敕之文，谋与杀为一事，为二事，有所因，无所因而已。由是以观，国家制为刑书，当有一定之制。其立文之初，当须斟酌稳当，必不可以移易，然后著于简牍，使执其文而施之，用者如持衡量，然轻重多寡，不可因人而上下，斯为得矣。然则阿云之狱，何以处之？曰司马氏固云分争辨讼，非礼不决。臣请决之以礼。夫夫妇，三纲之一，天伦之大者，阿云既嫁与韦，则韦乃阿云之天也，天可背乎？使韦有恶逆之罪，尚在所容隐，今徒以其貌之丑陋之故，而欲谋之，其得罪而悖于礼也，甚矣！且妻之于夫，存其将之之心固不可，况又有伤之之迹乎。诸人之论，未有及此者。司马氏始是刑部，其后有弃常典、悖三纲之说，然隐而未彰也。臣故推衍其义，以断斯狱。

《历代通鉴辑览》御批云："妇谋杀夫，悖恶极矣，伤虽未死，而谋则已行,岂可因幸而获生以逭其杀夫之罪？又岂可以按问即服遂开以自首之条？许遵率请末减,已为废法,即科以故出而罢之,亦不为过。刘述身为刑官,执之诚是。安石乃祖遵而诋述,且定谋杀首原之令,不特凶妇因曲宥以漏网,非所以饬伦纪,且使奸徒有所恃而轻犯,尤不足以止辟。安石偏执妄行,不复知有明罚。敕法公议而贬逐正人,尤逞其无忌惮之心。小人肆毒,乃至是哉！"

按：此狱两议相持,争论不已,安石以怙势而胜,不足为训。苟使明乎按问欲举之义,知首陈当在未举之先,更推寻夫因字、故字之义,岂难决定哉。按问欲举之义,前已论之详矣。因者,由也,谋之所由生也。所由必有事,世有无事而造谋者乎？即如阿云之狱,嫌夫貌陋,其事也因也。有嫌夫之心,而始造杀夫之谋,谋非所因,明甚。故者,有心之谓也,有心为恶,即不准首。律之意如此,言故而凡有心者概之矣。谋杀为有心为无心乎？此皆不待智者而知之也。许遵等强分谋与杀为二,竟不问由于何事,而必以谋为因。安石并谓杀伤皆有因,惟故杀伤无因。夫谋也,故也,斗也,误也,戏也,擅也,过失也,等杀伤也,杀伤其总名,谋、故等皆各为一端。乃必谓谋与杀为二事,故与杀为一事,此其说之难通者一也。天下非痴狂无知,未有无事而杀人者,则故杀必有事。为奸为盗,故杀之事亦至不一,即故杀之因也。乃欲分谋与杀为二,而遂谓故杀无因,此其说难通者二也。律言仍从故杀伤法,言仍者,仍其本罪也。谋与故皆有心,言故而谋已包举在内。乃必以谋为杀之因,而故非杀之因,同此有心,待歧而二之,此其说之难通者三也。温公谓以斗为因,从故杀反加一等,其论甚是。安石亦知其说之不可通也,谓斗杀合从本法。顾律文但言过失杀听从本，而不及斗杀者，原以有心、无心为别，言故则无不该也。今独云斗杀合从本，若本是故杀或误杀、擅杀、戏杀，将何从乎？此其说之难通者四也。又如拒捕杀人，拒捕其事也，因也或因奸，或因盗，其事不一，其杀也为谋，为故，为斗，为误，亦不一，将不以奸、盗为因，而以谋、故、斗、误为因乎？此其说之难通者五也。安石又云，斗杀伤所因之罪常轻，杀伤之罪常重。是其意亦谓斗有别因，而不得即以斗为因。斗不为因，而谋必为因，此其说之难通者六也。许遵破析律文，安石力排异己，吕申公等独从其议，何哉？吕申公等谓杀伤有可当之刑，偿死已过，舍律而言情，固自有理。然谓犯者自知不免，至于必杀，则未为通论。凡人谋杀之心，未有不欲其速死，若伤而不死，或其人晕绝认为已死而歇手，或其时遇有别故而未能杀讫，或其人被毒而经救得生，其不死，幸也，非谋之本心也。则遂其恶心，岂在得首不得首哉？综而论之，阿云谋杀未昏夫，刀斫十余创之多，并断其一指，情形极为凶恶，杀而不死，乃不能，非不为也。初无追悔之心，未有首陈之状。许、王所议，显与律意相违。此狱关系伦纪，当日刘述诸人龂龂辨论，实非得已。邱文庄衍温公之说，固足以断斯狱。伏读御批，义正辞严，洵为千秋定论。故谨备录于上云。

又《宋志》嘉祐编敕："应犯罪之人，因疑被执，赃证未明，或徒党就擒，未被指说，但诘问便承，皆从律按问欲举首减之科。若已经诘问，隐拒本罪，不在首减之例。"按此敕从《疏议》推广而出，与自首之义本不甚符。云之事，乃欲讯掠而吐实，亦与但问便承有异。故当时议者，不主此说也。

笺 补 书 答 问（卷五）

笺

妇女离异律例偶笺

户律婚姻

男女婚姻

凡男女定婚,若再许他人,未成婚者女家主婚人杖七十,已成婚者杖八十,女归前夫。前夫不愿者,倍追财礼,给还其女,仍从后夫。男家悔者,亦如之。仍令娶前女,后聘听其别嫁。

笺曰：女归前夫,法也。不愿而从后夫,情也。然此指已成婚者言之。若未成婚者,似不得听其不愿而断从后夫也。男家悔者,仍令娶前女,后聘听其别嫁,法也。然后定者已成婚,而必令离异,亦非人情。故《总注》谓未成婚则断娶原聘,听后聘者另嫁,已成婚则断与后娶完聚,听原聘者另嫁,亦情也。律意情法两尽,未可执法而不原情也。

其未成婚男女有犯奸盗者,男子有犯,听女别嫁,女子有犯,听男别娶，不用此律。

笺曰：此因其犯奸盗而断离，然止云奸盗，则别项罪名不在此限。

若为婚而女家妄冒者杖八十，男家妄冒者加一等，未成婚者仍依原定，所妄冒相见之无疾兄弟姊妹及亲生之子为婚。如妄冒相见男女先已许聘他人，或已经配有室家者，不在仍依原定之限。已成婚者离异。

笺曰：此因其妄冒而断离，使不得遂其奸伪之愿，然亦据法而言。《总注》谓若女子不愿别嫁，亦应免其离异。盖女子既已失身，必令离异，亦非所以全其节也。《辑注》谓若妄冒之人或非本家男女，其门第不同，贫富各异，有不情愿，亦当听之。盖婚姻适两家之好，亦从所愿，强合于始，必隙末于终，亦非人情也。

若卑幼或仕宦或买卖在外，其祖父母、父母及伯叔父母、姑、兄姊自卑幼出外之后为定婚，而卑幼不知自娶妻已成婚者，仍旧为婚。尊长所定之女听其别嫁。未成婚者，从尊长所定。自定者从其别嫁。违者杖八十。仍改正。

笺曰：若尊长在外，卑幼在家，两有聘定者，亦依此断。卑幼当听命于尊长，法也。已成婚者仍旧，情也。以上各律，皆所以正婚姻之始，或离或不离，必斟酌乎情法之平，未尝专论法而不论情也。

典雇妻女

凡将妻妾受财典雇与人为妻妾者,本夫杖八十,典雇女者,父杖六十,妇女不坐。若将妻妾妄作姊妹嫁人者,杖一百,妻妾杖八十。知而典娶者,各与同罪。并离异。女给亲,妻妾归宗。不知者不坐。仍离异。

> 笺曰:典雇与人,则败伦伤化,妄作姊妹,则兼有欺骗之情,在本夫则已义绝,在典娶者则失人道之始,故并应离异。《据会》云,家贫卖妻,依不应重,妇人仍归后夫。此事之出于不得已者,故原之不离。

妻妾失序

若有妻更娶妻者,亦杖九十,后娶之妻离异。归宗。

> 笺曰:并耦匹嫡,乱之本也,故应离。

逐婿嫁女

凡逐婿嫁女,或再招婿者,女断付前夫,出居完娶。

> 笺曰:断付前夫,与后夫离异矣。若前夫以女失节,不愿完娶,而仍与后夫离异,必令再行改嫁,不又失节乎?此亦当据情酌断。《辑注》谓仍与后夫离者,但以法论耳。情与法须相济也。

居丧嫁娶

凡居父母及夫丧而身自嫁娶者,杖一百。若男子居丧而娶妾妻,女嫁人为妾者,各减二等。若命妇夫亡,虽服满再嫁者,罪亦如之,追夺诰敕并离异。知而共为婚姻者,各减五等。不知者不坐。但离异。

笺曰:居三年之丧而忘哀戚之心,不孝不义之大者也。命妇非凡妇之比,当守从一而终之义,故并应离异。看"身自"二字,则奉有父母之命者不在此限。或云有主婚者,男女即科为从,并不离异亦无碍。盖因离异之事于民情不便,有难行故耳。《琐言》云此不言妇居舅姑丧,恐有夫已先亡,舅姑并没,无所依归,势不能存立者,听其改嫁,故律无禁。《辑注》云,若男女系亲在之日定婚,于居丧之时嫁娶,则是有父母之命者,止坐罪,不离异。《示掌》云,鹥身殁夫,应援《据会》因贫卖妻之议,止问不应重,免离,毋庸泥律断离。此三者皆原其情,未可以法绳之也。

若居祖父母、伯叔父母、姑、兄姊丧除承重孙外。而嫁娶者,杖八十。不离异。妾不坐。

笺曰:期服非三年丧之比,故不离。此法之通乎情者,亦可以见法之不可以固执也。固执必难行。

其夫丧服满,妻妾果愿守志,而女之祖父母、父母及夫之祖父母、父母强嫁之者,杖八十;未成婚者,追归前夫之家,听从守志,已成婚者给与完聚。　例:其孀妇自愿守志,母家、夫家抢夺强嫁以致被污者,妇女均听回守志,若妇女自愿完聚者,照律听其完聚。

笺曰:听从守志,全其贞也。给与完聚,则以其业已失身也。若妇女不愿完聚,自应仍听其守志。例所以补律之未备。

同姓为婚
凡同姓为婚者,离异。　律注:为婚兼妻妾言,礼不娶同姓,所以厚别也。

笺曰:此乖礼经厚别之义,故应离异。然乡愚无知,娶同姓者事所常有,若概绳之以法,转失妇人从一而终之义,似亦当援情酌断。

尊卑为婚
凡外姻、有服尊属、卑幼共为婚姻,及娶同母异父姊妹,若妻前夫之女者,各以亲属相奸论。其父母之姑舅两姨姊妹及姨,若堂姨母之姑、堂姑、己之堂姨及再从姨、己之堂外甥女,若女婿之姊妹及子孙妇之姊妹,并不得为婚姻,违者各杖一百。若娶己之姑舅两姨姊妹者,杖八十。并离异。妇女归宗。

笺曰:此有乖伦理,故令离异。末一条听从民便,有例。

例:前夫子女与后夫子女苟合成婚者,以娶同母异父姊妹律条科断。

笺曰：此因其苟合而离之。然愚民不知礼法，鳏夫再娶，寡妇再嫁，往往有将子女苟合者，似亦应酌量科断。《旧说》云，非苟合应免离异。前人于离异一事甚慎之也。《示掌》云，如前夫子女与后夫子女异父异母者，若从尊长主婚，毋概拟离，应援名分不甚有碍例科之。

娶亲属妻妾

凡娶同宗无服之亲及无服亲之妻者，各杖八十。若娶缌麻亲之妻及舅、甥妻，各杖六十徒一年。小功以上，各以奸论。其曾被出及已改嫁而娶为妻妾者，无服之亲不与。各杖八十。若收父、祖妾及伯叔母者，不问被出、改嫁。各斩。若兄亡收嫂、弟亡收弟妇者，不问被出、改嫁俱坐。各绞。妾各减一等。若娶同宗缌麻以上姑侄姊妹者，亦各以奸论。除应死外并离异。

笺曰：此渎乱无纪，视尊卑为婚为尤甚。

娶部民妇女为妻妾

凡府州县亲民官任内娶部民妇女为妻妾者，杖八十。若监临官娶为事人妻妾及女为妻妾者，杖一百。妻妾仍两离之，女给亲。两离者，不许给与后娶者，亦不给还前夫，令归宗。其女以父母为亲，当归宗。或已有夫，又以夫焉亲，当给夫完聚。强娶者，各加二等，女家不坐。妇还前夫，女给亲。若为子孙、弟侄、家人娶者，罪亦如之。《总注》云，愿为夫妇者听，不愿者离之。

笺曰：此有乖于临民之体制，故两离之，娶者违律，前夫义绝也。若子孙、弟侄、家人，究与己身不同，故愿为夫妇者听，不愿者离。此情法两尽之道也。

娶逃走妇女

凡娶犯罪逃走妇女为妻妾，知情者与同罪，至死者减一等，离异。不知者不坐。若无夫，会赦免罪，不离。一有不合仍离。

笺曰：有罪妇女他人不得娶，故离。一有不合，谓或有夫，或未赦也。《旧说》云，若女一无至亲可归，虽不会赦，不离。离者法，不离者情也。

强占良家妻女

凡豪势之人强夺良家妻女奸占为妻妾者，绞，妇女给亲。妇归夫，女归亲。配于子孙、弟侄、家人者，罪亦如之。仍离异给亲。

笺曰：此情凶势恶，法所必惩者。

娶乐人为妻妾

凡官吏娶乐人为妻妾者，杖六十，并离异。归宗，不还乐工。若官员子孙娶者，罪亦如之。

笺曰：此有关行止。

僧道娶妻

凡僧道娶妻妾者，杖八十，还俗。女家同罪，离异。若僧道假托亲属或僮仆为名求娶而僧道自占者，以奸论。妇女还亲。

笺曰：此不守戒律。

良贱为婚姻

凡家长与奴娶良人女为妻者，杖八十，其奴自娶者，罪亦如之；因而入籍为婢者，杖一百。若妄以奴婢为良人而与良人为夫妻者，各离异改正。谓入籍为婢，婢女改正复良。

笺曰：此严良贱之分。

出妻

凡妻无应出及义绝之状而出之者，杖八十，虽犯七出有三不去而出之者，减二等，追还完聚。若犯义绝应离而不离者，杖八十。若夫妻不相和谐而两愿离者，不坐。情既已离，难强其合。若夫无愿离之情，妻背夫在逃者，杖一百。从夫嫁卖因逃而改嫁者，绞。其因夫逃亡三年之内不告官司而逃去者，杖八十，擅改嫁者，杖一百。妾各减二等。有主婚媒人，有财礼，乃坐。无主婚人，不成婚礼者，以和奸、刁奸论。其妻妾仍从夫嫁卖。若婢背家长在逃者，杖八十，因而改嫁者，杖一百，给还家长。若由期亲以上尊长主婚改嫁者，罪坐主婚，妻妾止得在逃之罪。

笺曰：以前十四门所称离异，皆不得夫妇之正者也。此条则既为夫妇之后,名分已定,必实有义绝之状而始离之。否则虽犯七出,而尚有追还完聚之律。律之于离异,慎重也如此。若不相和谐而两愿离,亦以其情难强合,而法亦准乎情。至背夫在逃改嫁,及因夫逃亡而逃去改嫁,则并有义绝之状,故离。

例:一、妻犯七出之状有三不去之理,不得辄绝。犯奸者不在此限。

笺曰:此以补律之未备。妇人最重名节,犯奸则失节,故应离。

例:一、期约已至五年,无过不娶,及夫逃亡三年不还者,并听经官告给执照,别行改嫁。

笺曰:此亦补律之未备。

嫁娶违律

其违律为婚各条称离异改正者,虽会赦犹离异改正。离异者,妇女并归宗。

笺曰:此断罪之通例。

户役

收留迷失子女

凡收留人家迷失子女而卖为妻妾者,若得迷失奴婢而卖者,被卖之人给亲完聚。

笺曰：此应送官司召人认领者也。子女、奴婢皆无罪之人，故给亲完聚。

钱债

违禁取利

若准折人妻妾子女者杖一百，强夺者加二等，因而奸占妇女者绞，人口给亲。

笺曰：此法所必惩者。

兵律军政

纵军掳掠

例：一、凡出征官员兵丁，除有不遵纪律，欺压良民，肆行掳掠子女，仍按律治罪外，其于凯旋回营之日，沿途遇有良民子女，并非逃失，该官兵等强行携带者，即照已附地面掳掠人口律治罪。若携带逃失良民子女，照收留迷失子女律治罪。其携带人口有亲属者，追出给还完聚，无亲属者，交地方官妥为抚恤。

笺曰：此军法之不可不禁者。

刑律贼盗

谋叛

例：一、凡内地汉回在回疆地方如有擅娶回妇者，离异。

笺曰:此虑其勾结生事,故严其法。

略人略卖人

凡设方略而诱取良人,及略卖良人为奴婢者,皆杖一百流三千里。为妻妾子孙者,杖一百徒三年。被略之人不坐,给亲完聚。若假以乞养过房为名,买良家子女转卖者,罪亦如之。若和同相诱及相卖良人为奴婢者,杖一百徒三年。为妻妾子孙者,杖九十徒二年半。被诱之人减一等。仍改正给亲。

笺曰:此情法必应完聚者。完聚与离异,主义迥乎不同。完聚,当合者也,本无离异之可言。离异,不可合者也,然亦时有完聚之事。一准之于情法而已。

人命

杀死奸夫

凡妻妾与人奸通而本夫于奸所杀死奸夫者,奸妇依律断罪,当官价卖,身价入官。

笺曰:律内称当官价卖者惟此一条。此因其无耻而离之,而又不准其归宗,所以惩之也。

斗殴

奴婢殴家长

例:若契买家奴及户下陈人将女私聘与人,未成婚者给还本主,已成婚者追身价银四十两，无力者量追一半给主。

笺曰：此因其私聘，故未成婚则离而已，成婚则不离，不令女失节也。

妻妾殴夫
凡妻殴夫者，杖一百，夫愿离者听。

笺曰：《旧说》云："妻以夫为天，妻而殴夫，是自绝于天矣，法当离异。然离者法，不离者情，缘情立法，不容执法以违情。故离否，听之于夫，不绳以定法也。"此说甚得律意。妻于夫，有义绝之状尚不强之使离，不使法胜情也。

其夫殴妻，非折伤勿论。至折伤以上，减凡人二等。先行审问，夫妇如愿离异者，断罪离异。不愿离异者，验罪收赎。仍听完聚。

笺曰：《旧说》云："夫妻本以义合，殴至折伤以上，则义绝矣，故法听离异。若不愿离异者，验所伤，应得之罪全准收赎，听其完聚。虽有可绝之义，而无愿离之心，则其情犹孚合，不但听其完聚，并许赎其罪犯，不欲重伤其情也。"又云："如夫愿而妻不愿，妻愿而夫不愿，皆不许离异。"此说发明律意，可谓亲切。律于离异一事，慎之至也。

殴祖父母父母

若非理殴子孙之妇致令废疾者杖八十,笃疾者加一等,子孙之妇并令归宗。

  笺曰:子孙之妇,本以义合,殴至笃疾,则义绝矣,故归宗。若子孙之妇不愿归宗,或无宗可归,又当衡情酌断,未可泥于法也。

犯奸

犯奸

其和奸、刁奸者,奸妇从夫嫁卖,其夫愿留者听。若嫁卖与奸夫者,奸夫、本夫各杖八十,妇人嫁卖归宗。

  笺曰:此犯奸之妇而亦不强之使离,所以顺人情也。

纵容妻妾犯奸

凡纵容妻妾与人通奸,抑勒妻妾与人通奸者,妇女并离异归宗。

  笺曰:此无耻之事,义不可以合者。

若用财买、休卖、休和娶人妻者,妇人离异归宗。

  笺曰:此有乖伦理,买者贪色,卖者贪财,故离异归宗。若因贫难无力养赡以至卖妻者,其情可悯,难用此律,当临时酌断。

若买休人与妇人用计逼勒本夫休弃,其夫别无卖休之情者,妇人给付本夫,从其嫁卖。

笺曰:此本夫无愿离之状,故从其嫁卖。

买良为娼

凡娼优乐人买良人子女为娼优,及娶为妻妾,或乞养为子女者,子女归宗。

笺曰:此亦严良贱之分。

督捕则例

口外逃人娶妻

一、凡口外蒙古人逃进内地娶妻者,将所娶之妻断归母家。其公主属下人役在逃走处娶妻者,拿获审明,断给逃人完聚。

笺曰:此不应进口之人在口内娶妻,故离之。公主属下人役则应进口者也,逃有罪,娶妻非其罪,且已成之夫妇也,故不离。

逃人外生之女

一、凡逃人将外娶妻所生之女聘给与人,不论已婚、未婚。断给伊夫完聚外,若将带逃之妻外生之女私聘与人,未婚者追还财礼,将女断给伊主,已婚者不拘年限,俱免其离异,向私娶之人追银四十两给主,如贫难无力,量追一半。

笺曰:外生之女,非主家娶妻所生者,即非应追给伊主之人,故不论已、未婚,皆不离。若带逃之妻所生,则应追给伊主者。已婚者免离,全其节也。

逃人原娶之妻

一、凡逃人逃回原籍,在伊原娶之妻家居住被获者,审明,将逃人之妻断给逃人完聚。

笺曰:故妻准完聚,全夫妇之情也。

统观律内离异之条,如男女婚姻、典雇妻女、妻妾失序、逐婿嫁女、同姓为婚、尊卑为婚、娶亲属妻妾、娶部民妇女为妻妾、娶逃走妇女、娶乐人为妻妾诸条,皆不得夫妇之正者也。居丧嫁娶,则有关十恶者也。强占良家妻女、僧道娶妻、收留迷失子女、连禁取利、略人略卖人,则有干法纪者也。良贱为婚姻、人户以籍为定、奴婢殴家长、买良为娼,则严良贱之分也。内地汉回擅娶回妇等条,则以杜乱萌也。杀死奸夫、犯奸、纵容妻妾犯奸诸条,则败伦伤化者也。殴祖父母父母一条,则义绝自尊长者也。出妻、妻妾殴夫二条,则义绝自夫妇者也。缘情定法,律意至深,若欲于此外加严,事同变法,苟非情法两尽,殆有未可轻议者欤!

光绪□年,晋抚题杜存殴伤潘广录身死一案,将案内之潘杜氏比例拟流收赎。刑部律例馆议,以杜氏理应离异。而山西司主稿燕训卿郎中起烈,独不以馆议为然,另具说帖呈堂。然卒从馆议具奏。其时议者纷如,究莫衷一是。因将律例内离异各条,汇录如下,加以笺说。律意精深,虽未能穷其奥穾,似亦得其大凡矣。司狱者于离异一端,当慎之又慎也。

节录律例馆奏稿

伏思事无害于伦常,民间可听其自便。义有时而断绝,门内难掩以私恩。案情百出不穷,往往有律例未尽赅载,全在司谳者准情酌理,折衷至当。所以《春秋》比事,不废属辞,汉、唐引经,用断疑狱,盖自古为然也。况案关父仇,事值伦变,若拘泥例无明文,而不厘正其失,则因仍苟且之间,即乖明刑弼教之道。今潘太之父,被杜氏之父殴死,则杜氏乃仇人之女。潘广录之死,杜氏虽不知情,实由杜氏而起,则杜氏亦潘太之仇。以仇人之女为妻不可,以仇为妻更不可。《春秋公羊传》曰:"仇仇不处婚姻。"《谷梁传》曰:"仇仇之人,非所以接婚姻也。"夫鲁忘仇为齐主婚,《春秋》犹非之,而况自为妻乎?文姜孙齐,《春秋》削其姜氏,左氏曰"绝不为亲"。夫母尚可绝,又何有于其妻乎?汉时梁人有后妻杀夫,其子又杀之。孔季彦议以非司寇而擅杀。夫因父仇杀母,尚以擅论,又何有于离异其妻乎?

《唐律·户婚篇》云:"诸凡义绝者离之。"长孙无忌等《疏议》谓:"若夫妻、祖父母、父母、外祖父母、伯叔父母、姑、姊妹自相杀,皆为义绝。"《唐律》集秦汉以来法书大成,最为尽善,明言应离,更属可则。又考之《隋史》:"南阳公主适宇文士及,士及兄化及行逆,公主为尼。士及请见,公主不许曰:'我与君仇家。今所以不手刃君者,谋逆之日,察君不与知耳。'诃令速去。"夫妇女有从夫之义,尚可以仇而绝夫,而谓夫不可以绝妻,其义安在?

宋元丰中,寿州民杀妻之父母兄弟数口,州司以不道缘坐其妻,刑曹驳之曰:"殴妻父母即是义绝,况是谋杀,不当坐其妻。"又莆田民杨讼其子妇不孝,官为逮问。前,妇之父为人殴死,杨亦与焉,坐狱未竟,遇赦免,妇仍在家摄守。陈振孙谓:"两下相杀,义绝之大。初问杨罪时,合勒其妇休离。当离不离,则是违法,即有相犯,并同凡人。此妇不合收坐。"斯二案皆义绝之事,邱濬载入《大学衍义补》,其按语谓:"生身之恩,重于伉俪之义。女子受命于父,而后有夫,因夫而后有舅姑。异姓所以合者,义也,义既绝矣,恩从而忘。"名儒之论,足维世教,正可于此对观,然犹异代事也。

国朝道光十一年,山东两令约为婚姻,尚未迎娶,后因事婿父杀女父死,女不忍事仇,自经死,诏旌其孝。此女卓绝之行,善处变以全节,固不可望之乡间愚妇。而当时议者,咸谓女即不死,其义已绝,后有此比,宜请断离。由是以推,则潘太之不应以杜氏为妻也,明甚。或谓妇女一与之齐,终身不改,中道断离,设有无所归者,改适则失节,不嫁则无依,亦堪矜悯。岂知床笫之间,变成仇敌,即不离异,未见其能相久安。设有椎鲁无知,仍能顺处,是敦夫妇之爱,薄父子之恩,于情为逆,于理为悖,即治以违法,亦非过刻,而顾可从而遂其私乎?至离后妇女再醮,原所不禁,若能守贞不二,为山东令女,则又有旌表之例在,固未可狃小节而沦大纲也。

总之,仇不共天,法尚宽其报复。道由人合,礼原酌其去留。杜氏无罪,已不当与潘太完聚。杜氏有罪,潘太更不应与之合和。潘太终为杜氏之夫,必使潘太无父而后可。潘太既为潘广录之子,必不以杜氏为妻而后可。稽诸古训,证以往行,似应以断离为是。

再，此案风化所关，例所不及，是以改题为奏，以昭慎重，合并声明。

燕训卿议杜氏不应离异说帖

为立法不求过甚，度理尤贵准情。窃读馆员断离杜氏之议，而不能已于言焉。杜氏以乡曲愚妇，不能善事其翁，屡被殴詈，归向其父杜存泣诉。其父不知责以妇道，令其委曲承欢，遽向氏翁潘广录理论。其子闻之，邀同族叔杜四追往劝解。口角争斗，致杜存与杜四同将潘广录殴毙。维时氏与其夫潘太均以外出摘豆，未值其事。报验讯详，将杜存拟抵。适因殴有致命重伤之杜四在监病故，遂以命有一抵，杜存得援例减等拟流。而杜氏比照因贫不能养赡致父自尽之例，拟流收赎。经该抚具题到部，由司呈请交馆。馆议以罪名俱可照准，惟杜氏系仇人之女，理应离异。因例无专条，相应奏请遵行。职伏思杜氏之应离异，于理诚不可易也，惟于情窃以为未安。且恐此例一开，后之以斗殴而涉姻亲，皆将援义绝而两离之，必多窒碍之处。谨就原议所及，更详辩之。

《春秋》王姬下嫁，命鲁为齐主婚。夫齐、鲁仇仇在先，主婚在后，故《公羊》、《谷梁》非之，本与杜氏之先婚姻而后仇仇者迥别。迨后文姜孙齐，削氏以示贬，左氏曰"绝不为亲"。在书法恶其淫滥杀夫，绝之以为天下万世戒则可，而谓庄公以子绝母则不可。且绝者，绝齐不许其为亲也，竟作离异解，得乎？梁人以父仇杀母，此天伦之奇变。以今法较之，科以擅杀本轻，但与离异绝不相涉。

《唐律·户婚篇》"诸凡义绝者离之"，长孙无忌等《疏议》谓凡以骨肉相残者皆为义绝，自是推广之词，不可将离异并在一处。如谓合并言之，则其所指夫妻、祖父母各项残杀，其重则已罪不容诛，何有于离异？若其罪不至死，则此数项内究竟何人与何人离异？

殊觉费解。且当日明指出夫妻、祖父母、父母、外祖父母、伯叔父母、姑、姊妹,皆就服之极重、情之极亲者而言,寻常姻亲斗杀,似难牵混。隋南阳公主以夫兄化及行逆,摈不与夫见,此自公主引义以断恩,而非当日援法以绝之也。至于寿州民妇之不当缘坐,莆田民妇之听其在家,皆不及离异之事,乌得以一时之空言,而变今日之成宪? 若国朝山东令女之不事仇,自经以全节,系在未迎娶之先,更不可与杜氏相提而论。

总之,罪有其应得,而节目不可不疏。事取其相安,而烦苛不能无扰。今谓事有关于伦常,则杜氏之因不能养赡而拟流,正以重伦常也。谓义难掩以私恩,则杜氏与父均已各伏其辜,而未尝幸逃法网也。至必谓杜氏不得以仇而为潘太之妻,则如此案之由杜氏起衅固已,设其翁与父不因杜氏而以他事互殴致毙,亦将以其妻为仇而绝之乎? 设如氏之祖父母杀其翁,氏之伯叔父母、兄弟等杀其翁,亦将以氏为仇人之孙女、侄女及为仇人之姊若妹而概弃之乎? 又如杜氏素本孝顺,并无违犯,偶以缺养,致其翁意外自尽,听之则吾仇也,去之则已甚也,遵法乎? 抑将执义乎? 且杜氏诉诸父而致父杀翁,并使父转罹于法,不祥之女,强令归宗,能相安于母家? 谓其可以改适,而矢志不改者,将安之乎? 谓其矢志不改,即可请旌,以之施于未出嫁之令女则可,而谓杜氏可沿以为例乎?

夫人情之所便者,圣人所不禁也。耰锄箕帚,时起争端,执梃刃而寻仇者,难保非谊关姻娅。据法以断之足矣,法外不深求也。《婚姻门》如两姨姑舅姊妹不准为婚,后亦弛禁。父母因禁嫁娶,断罪而不离异。犯七出者,《辑注》谓礼可以出,非谓必出。律所已及,尚不加严,律所未及,又何必过刻乎? 且杜氏聘娶多年,忽遭惨变,亦非意料所及。今必舍法以就义,则潘太之绝其妻犹可言也,不并使所生者绝其母乎？设令其无所生，而又贫不能再娶，不竟使其绝嗣乎？大抵宪典所施，不能概绳之门内。潘太不幸而有此妇，致父死于非命，以后之所以处之者，则在其人之自为。倘长此饮恨其妻，终身薄待，即生不同衾，死不同穴，可也。孝子、仁人之苦衷，不得议其不情者也。或由此而杜氏涕泣悔过，自赎前愆，潘太念其国法已伸，格外优容，亦属勉强处变之道，未必遂为清议所不容恕也。

善乎卓茂之言曰："律设大法，礼顺人情。"本为律之所无，揆以情之所顺，则杜氏似仍以不断离为是。又伏查《斗殴门》内，妻殴夫，愿离者听；其夫殴妻至折伤以上，先行审问，夫妇愿离者，断罪离异，不愿者，验罪收赎。潘太之于杜氏，何妨照此办理。然窃料当日之断是狱者，或已早问及矣。案关例外加重，似不厌反复推详。且兹事不独于人情不便，而于政体亦大有关。可否再行斟酌之处，谨僭议以闻。

本按：此案馆议词严义正，似无可议。同曹徐乃秋兆丰亦主馆议，作判词一通，大旨谓仇人之女不可为妻。其词极华美，惜未留稿，今不复记忆矣。燕议推究事情极为周到，亦未可议。今两存之，以待法家之研究。

不能养赡者，人子之责，未可以责子妇。杜氏当日被翁殴詈，有无违犯教令之事，原讯未及，就纸上情形而论，比例科断，未为吻合。特该省定案时，因例无可科，而不科以罪，尸亲心不输服，拟流收赎，数少易办，此其隐情也。否则此等供词，必俱删削，以免部驳矣。或当时别有起衅情节，该省避重就轻，但云屡被殴詈，或殴詈时牵詈妇之父母，乡愚无知，事所难免，故妇父怒往理论，皆未可知。满流罪名已重，又议勒令离异，此燕君之所以议其例外加重也。

窃谓馆议据理而言，所以教孝也。第就案办案，原无窒碍，特恐因此案而他案援以为据，则窒碍多矣。妇之父杀夫之父，亦斗殴案中常有之事。若因他故致死，与妇无涉，将离之则妇乃无罪之人，不离则俨然仇人之女也。同为仇人之女，若一离一不离，法即两歧。此窒碍者一。杀其翁者，为妇之期亲服属，如燕议所称妇之祖父母、伯叔父母、兄弟等非疏远者也，推而论之，妇固仇人至近服属之人，不离则同是仇人，何所区别？离之则天下将添出无数离异之妇，事极纷扰，于民不便。此窒碍者二。妇若有哺乳之子女，尚不能离其母，而又贫不能雇人哺乳也，将坐视此呱呱者之饿死而竟离之？抑将并子女而弃之乎？此窒碍者三。妇离必有宗可归，苟无宗可归，则将嫁之乎？是抑令失节也，于理既不顺。设妇不甘失节，矢志不肯再醮，将何以处之？于事亦必穷。此窒碍者四。妇有违犯，翁姑之殴詈，宜也。世固有孝顺之妇，毫无违犯，而为之翁姑者听信谮人，加以非理之殴詈，而妇终一味顺受，绝无怨诉之迹者，设妇父因他事杀其翁，则此妇者不离，则明明仇人之女也，离之不大可哀乎？此窒碍者五。

大抵骨肉之间，难论曲直。糠锄箕帚，何理可言。孟子曰："责善则离，离则不祥莫大焉。"故苟能相忍，亦相与忍之而已。若时时事事以善相责，将必有不能相安者。处常且尔，况处变乎哉？古人立法多疏节阔目，是以施行之间，窒碍尚少。今人修法，多求其密，密则必至有抵牾之处，往往立一例而有无数之例相因而生。持有限之科条，驭无穷之情伪，谓必能无事不相中也，能乎？迨律无正条，而复以律外苛求之，此法之所以日益纷繁也。晋刘颂有正文名例所不及皆勿论之请，唐赵冬曦有勿用加减比附之议，并有见于律外科刑，必至有恣意轻重之弊。今东西各国刑法，凡律无正条者，不得处罚，职是故也。

补

补洗冤录四则

光绪戊寅正月初二日，余在刑部直隶司当月，准提督衙门咨，送青海扎萨克台吉丹怎绰克多布于上年十二月三十日在东黄寺因疯自刎身死一案。东黄寺在德胜门外，例不由刑部相验，惟死系台吉，职分较大，由本部会同理藩院相验，以昭慎重。当于初四日，会同理藩院司员诣东黄寺，验得已死头等台吉丹怎绰克多布，问年二十二岁，仰面，色微变，口、眼闭，项上偏左伤一处，宽二寸，深至食、气嗓俱断，肉卷缩，左起手重，右收手轻；偏右伤一处，皮破，宽一分，深一分，右起手重，左收手轻。两手皆能弯曲至伤处，余无别故。取凶器薙刀比对相符，委系先用左手自刎，伤轻，复用右手自刎，伤重身死，故两手皆能弯曲至伤处。当传同来之贝勒、台吉二人及死者之跟随人，问得死者原系喇嘛，承袭台吉，因患疯病，未曾来京。上年疯病痊愈，因该年班并初次袭爵来京，引见，蒙恩赏戴翎支碰头，谢恩时将翎支抠落在地，自拾未得，经伯王拾起代为戴上，心生畏惧，疯病复发。回庙后即将屋门关闭，不准跟随人进去。三十早晨，听闻屋内喊嚷，同来人等撞门进内，见其业已自刎身死。取具供结完案。

查《洗冤录》云："凡自割，喉下只是一出刀痕。"盖以一刀之后,疼痛难忍,立时昏迷,不能复割也。又云:"如割干不深及不系要害,虽两三处未得致死。"《旧说》谓:"设遇此等两三伤之案,必当辨其轻重,验定自割、被杀,方可定断。未便固执喉下只一刀痕,致有遗误。"今此案自刎身死,确是两伤,口、眼俱闭,亦与自刎情形相符,案情亦无疑。似是《洗冤录》"自割喉下,只是一出刀痕"二语未可拘泥。故特录此案,以备司谳之研究焉。

直隶天津县郑国锦因奸商同奸妇王氏谋杀本夫刘明身死一案。缘郑国锦与刘明先不认识。王氏系刘明之妻,刘明带同王氏并子刘黑儿在天津县城寄住,郑国锦亦在天津扎针治病。嗣王氏患病,刘明延郑国锦给王氏看病,医治痊愈,刘明即令黑儿认郑国锦为师,时常往来。郑国锦乘间与王氏通奸,刘明并不知情。光绪十八年二月间,郑国锦至刘明家内,捏称有病不能出外行走,王氏即留郑国锦在伊家住歇。因房屋无多,同炕睡宿,刘明、王氏一边睡歇,郑国锦与刘黑儿另睡一边。每逢集期,刘明一早出外赶集,郑国锦即与王氏续奸,被刘黑儿看破。刘明生气得病,即向王氏声称,病痊全家回籍。郑国锦恋奸情热,起意将刘明谋害,向王氏商允,乘刘明患病,假以针治为名,将其致死。遂与王氏向刘明劝说,给其针治,刘明不允。三月十七日四更时,郑国锦料知刘明病中无力,可以用强针治,时刘黑儿睡熟,郑国锦即起身骑压刘明两胺,一手揿住上身,刘明不能动转,王氏在旁看视,郑国锦在刘明脐上一寸部位禁针之水穴内连扎三针。刘明声喊,刘黑儿惊醒睁看,刘明曾说郑国锦与王氏将其害死。郑国锦将针拔出,刘明移时殒命。郑国锦将尸棺殓,捏称病故,通知尸兄刘长清来津。刘长清信实,带同刘黑儿将尸棺搬回原籍埋葬。郑国锦与王氏私自成为夫妇,一同过度。旋经天津县访拿,审供详由,臬司扎委天津府检验。余时承乏天津,率同静海县知县史善诒、候补知县李应培,驰赴静海所属之杨官店村。督同李、史二令,饬令尸兄刘长清、尸子刘黑儿指明已死刘明坟冢,眼同掘去坟土,起出尸棺,舁至尸场,开棺查看。该尸身皮肉销化无存,饬令仵作侯永等将骨殖逐一检出,用温水刷洗净尽,如法检验。已死刘明骨殖,仰面顶心骨,骨缝浮出,用丝棉试验,能挂。囟门骨近左现红色,向日光照视,如瓜子大一点,明透。骨缝浮出,系应伤。又上下牙齿生成二十八个,脱落二十一个,内一个系旧日脱落无存,余俱存,斅朽三个。其正中牙根并近左第一、二、三各牙骨俱现红色,亦系应伤,委系虚怯处所受伤身死。检查郑国锦原供,称在死者水分穴扎三针。据医书内载,水分为禁刺之处,其为因此致死无疑。当即提同尸兄、尸子及犯、证人等,逐一明白指示,并令仵作按件给予看明。郑国锦及郑王氏即刘王氏虽供词翻异,而顶心骨之浮出,囟门骨及牙根骨之现红色,当场饬令伊等细看。伊等不能狡混,随与到案人证一同具结。由府详司旋经省局将王氏、郑国锦照律拟罪结案。

按用针死者,《洗冤录》但有重竭逆厥之名,而无验尸检骨之法。此案余奉扎后,即念事隔数年,势须检骨,而如何检法,无例案可凭,颇觉为难。因思凡人下体虚怯处受伤身死者,必有应伤见于上。《洗冤录》云:"凡伤下部之人,其痕皆现于上。男子之伤,现于牙根骨里。"又《备考》云:"肚腹小腹,乃中焦、下焦皮骨易溃之所。案经日久,无凭验视,惟检头顶骨、囟门骨居中至正处,确有圆围三四分许红赤色。"又《疑难杂说》:"将人致死,经久尸肉腐烂,无迹可凭。但检囟门骨,必浮出脑壳骨缝之外少许,其骨色淡红,皆因罢绝呼吸,气血上涌所致。"此数说者,以理推测,当可援以为据。当经咨调京师仵作侯永到津,先向讨论,该仵作亦持此说。迨经检验,则牙根及头顶骨之红赤色,囟门骨之浮出,与所推测者一一相符,得以定案。可见事理贵能会通,未可以古书所未及而遂忽略之。此案验法为《洗冤录》所未载,故并案情详录之,以备参考,庶检察官不至无所适从焉。

附记

刘明所埋之地,在村外半里许。开检时系正月下旬,雪后冻未解,而坟内独未冻。询之土人,言此坟当下雪时,旋积旋化,群以为异。开棺时,有蛇一条蟠蛰其中,殆其地气独暖故也。

刘黑儿曾供称:"伊父死后,伊拾得小纸包一个,内系水银。伊先不认识,郑国锦告知,是药虿之用。"故承审官或疑是毒死。开棺时先用银钗在尸骨胸前土内搅翻良久,细验胸前各骨,并无颜色,可决其非毒死也。

博野县王林氏,自服洋火,毒发身死。验得:仰面,面色青黄,两眼胞微开,两眼睛全,两鼻窍有血水流出,上下唇吻微青,上下牙齿全,口微开,有血水流出。用银针插入喉内,移时取出,作青黑色,用皂角水擦洗不去。两血盆骨青紫,两胳膊伸,两手微握,心坎微紫,肚腹发胀,合面两臂膊微青,十指甲微青。下身经尸夫拦验。光绪二十五年案。按自来火创自西洋,中含磷质,为中国旧日所无,服之死者,无成案可考。余守保定时,适见此案,录其所验之情形如此。

《洗冤录》:"自残若用左手,刃必起自右耳后过一二寸。用右手,必起自左耳后。其痕起手重,收手轻。若无左右深浅之别,必为人所勒。"同治己巳,湖北汉阳伍万氏自戕一案,县令濮君文昶验之:目瞠齿噤,咽喉一伤,长寸五分,宽三分,皮肉卷缩,食、气嗓俱透,伤之左右略无轻重,不知孰为下刃处。检《洗冤录》,无可证。既而得遗鬲于侧,血班然。视其手皆血污,试引之,均可弯曲至伤处。恍然曰:"是以两手握鬲鬲喉死也。"谳遂定。按此喉下一伤,而无起手、收手之轻重可分者,颇滋疑惑。若非凶器是双股之鬲,又验有两手血污,皆可弯曲至伤处情形,即难定案。其目瞠齿噤,必忿恨而自刎者。世情万变,未可执一而论也。

书

与戴尚书论监狱书

何君《监狱说》,细读一过,区画周备,煞费苦心,甚善甚善。然谓如此即可令远人心服,则未敢以为然。欧洲各国监狱为专门之学,设立万国协会,穷年研究,精益求精,方进未已。即日本之监狱,虽极意经营,尚不完美,彼都人士方以为憾。中国从未有人讲求此学,则际此更张之始,自应周咨博考,择其善者而从之。若仍墨守己见,不思改图,恐无以关国人之口,遑论远人哉!

鄙见所及,已详于奏请改良一折及调查清单,兹不赘述。但就表面而论,尚有不可缓者数端,为我公陈之。历次召对,慈训屡以监狱应改相诏,如仅敷衍了事,何以仰答宫廷殷殷求治之至意。此不可缓者一。法部设典狱司,为监狱改良之枢纽。今直省如天津,如保定,皆设有罪犯习艺所,可容数百人,民政部所设之习艺所,亦可容数百人，而法部转瞠乎其后，相形之下，无乃见绌。此不可缓者二。顺天州县与直隶各府州同为一省，今直隶各府州，军流以下人犯，皆已照章收所习艺，而京师及顺天所属州县之军流人犯，因无所可收，仍照旧发配。是同为一省之人，而办罪两歧。此不可缓者三。

此时建筑，必须以能容五百人者为度，其地非见方六、七十丈，不敷各种房屋之布置。今北监地势，东西长而南北狭，不及二十丈。殊不合用。至参取西式，以扇面形、十字形为最善，天津及民政部已仿而营之。本部监狱当为天下之模范，岂可因陋就简，故弟有别购空地之议也。今日倘能请款五、六万金，别购地一区，斟酌一极善图式，为天下监狱模范，此上策也。若以巨款一时难筹，先就北监旧屋，去其障蔽，添设工场，有三、二千金即可兴办。俟筹有的款，再议大举。此中策也。倘不出此，而必举旧有之监房悉取而改筑之，需费必在一、二万金，不中不西，势难完美。后之人或以为未善，又议别图，则此一、二万金者，几同虚掷。此策之下者也。何君谓改法不善，不如不改，改而又改，为害滋多。数语洵是通论，惟我公熟思而审计之。此事不必太速，与其速而未尽善，不若迟回以有待也。高明以为然否？

答戴尚书书

昨奉手教，询及新刑律草案一事，适有客在座，不及作答，仅将书二本藉呈，亮蒙澄察。李参议原奏未见，闻其大旨，欲将杀害祖父母、父母及期亲等项，移置于前，作为第二章，自系从名教起见。惟此次法律馆所定律文次序，亦颇参以学说，原奏内业已叙明大意。若一改移，则次序凌乱，于全体甚不相宜。

查《唐律》谋杀期亲尊长在第十七卷《贼盗门》内，而无谋杀祖父母、父母之文，盖已包于殴詈祖父母、父母一条之内。其殴詈祖父母、父母一条，则在第二十二卷《斗讼门》内，列于寻常斗殴之后。《大清律例》谋杀祖父母、父母系《刑律·人命门》第三条，亦列于谋杀人、谋杀制使及本管官二条之后。今分则内凡杀尊亲属者一条，列于通常杀人之后，实与《大清律例》宗旨相符。考之于古，证之于今，原定次序，并无悖谬。唐代赦款，叛逆可免，而恶逆多不免，其于恶逆，视叛逆尤重，而律文不列于前者，律有广、狭二义，狭义多从广义推演而出，故广义在前，而狭义居后，此自然之序也。辱承下问，故举法律之渊源，约略陈之。

答问

答王仁山问笃疾废疾

问曰：刑律废疾。《辑注》云："废疾者，或折一手，或折一足，或折腰脊，及侏儒、聋哑、痴呆、疯患、脚瘸之类。笃疾者，或瞎两目，或折两肢，损人二事，如瞎一目又折一肢，及颠狂、瘫癫之类。"夫以侏儒为废，说已支离。疯患、颠狂，何从区别？至以损一事为废，二事为笃，较然明白矣。然人固有损二事而疾轻，损一事而疾重，其说究欠明确。《唐律·名例疏议》："《周礼》三赦，三曰戆愚。笃疾，戆愚之类。"按"戆愚"，《周礼》作"蠢"。郑注："蠢愚，生而痴骏童昏者。"夫曰"痴骏童昏"，则于肢体之残废无涉，其为属于精神病无疑。称笃者,言病甚而精神瞀乱也。《唐律疏议》于《斗讼》注又用损二事之说,前后自相矛盾。未知此说然否?

答曰:古人文简,未尝概立义例,故或一名而兼数义,或一义而得数名,或析言之而各有专称,或浑言之而可以通称,论转注、假借之用广,由于文字少也。迨后来文字日繁,立法者不能不详定义例,一义必有一名,一名不兼他义,泛言之或可通称,切言之必有专称,条理分明,斯遵行画一,此古今文词之所以不能尽同也。

笃疾、废疾,此后来之义例,定以专称。古时则不甚分别,凡疾之甚者,皆曰笃。《史记·范雎传》:"应侯因谢病,请归相印。昭王强起,应侯遂称笃。"《后汉书·和熹邓后纪》:"后愈称笃疾。"《吴志·吕蒙传》:"会蒙疾发,后更增笃。"李密《陈情表》:"则刘病日笃。""笃,困也。"《后汉书》注引《尔雅》。今《尔雅》无此文。疾至于困,并泛言疾之甚,不论其为何等疾也。凡疾之废于人事者曰废。《王制》:"废疾,非人不养者,一人不从政。"郑注:"废,废于人事。"夫疾至非人不养,非寻常之轻疾可知。《左传》襄七年:"公族穆子有废疾,晋侯使掌公族大夫。"尚能掌公族之事,其疾之未甚重可知。乃皆称为废疾,是则废疾者,但指趋事不能如常人者而浑言之,不分别其疾之轻重。

《周礼·小司徒》:"以辨其贵贱、老幼、废疾。"郑注:"废疾谓癃病。"唐石经、宋本、岳本"废"作"痰"。《说文》:"痰,固病也。"《月令》:"季冬行春令,国多固病。"郑注:"生不充性,有久病也。"固者,坚久之意,字又作"痼"。《文选》刘桢赠五官中郎将诗:"余婴沈痼疾。"李善注引《说文》:"痼,久也。"今《说文》无"痼"。字又作"锢"。《汉书·贾谊传》:"失今不治,必为锢疾。"注:师古曰:"坚久之疾。"《淮南子·览冥训》:"平公癃病。"高诱注:"癃病,笃疾。"《说文》："癃，罢病也。"段氏玉裁注："罢者，废置之意。凡废置不能事事曰罢癃。《平原君传》曰，躄者自言'不幸有罢癃之病'。"然则疲疾皆得谓之罢癃也。夫躄、乃损二事者，而自谓罢癃。郑既以疲疾为癃病，高又以癃病为笃疾，论转注之义，笃疾、废疾可以通论，古人原不甚分别。《急就章》："笃癃瘝废迎医匠。"颜师古注："笃，重病也。废，四肢不收。"王应麟补注："《尔雅》：笃，困也。"此笃、废并列，似为二事，而未有轻重之殊。然则以笃、废分轻重者，乃后来之义例，定以专称者也。

《礼运》："矜寡孤独废疾者，皆有养。"《管子·入国篇》："凡国都皆有掌养疾。聋盲、喑哑、跛躄、偏枯、握递注：两手相拱，著而申者，谓之握递。不耐自生者，荣按：耐，古能字。上收而养之疾，官而衣食之，殊身而后止，此之谓养疾。"《后汉书·光武纪》："建武六年诏曰：'其命郡国有穀者，给禀高年、鳏寡、孤独及笃癃无家属贫不能自存者，如律。'"注："《尔雅》曰：'笃，困也。'《苍颉篇》曰：'癃，病也。'"此养疾之政，自周迄汉，皆常行之。《光武纪》曰如律，则《汉律》必有笃癃之文。《周礼·大司徒》："五曰宽疾。"郑注："宽疾，若今癃不可事不算卒，可事者半之也。"正义曰："云宽疾若今癃不可事不算卒者，汉时癃病不可给事，不算计以为士卒，若今废疾者也。云可事者半之也者，谓不为重役，轻处使之，取其半功而已，似今残疾者也。"是郑所称者，亦《汉律》之文。可见汉代律文，但曰"笃癃"，而不曰废疾；但以可事、不可事分轻重，而未尝以笃、废分轻重。此显有可征者。

《晋律》："其年老小、笃癃、病及女徒皆收赎"《御览》六百五十一。此又《晋律》之文，亦但曰"笃癃"，尚与汉无异。《〔后〕汉书·光武纪》："元狩六年诏：'存问鳏寡、废疾无以自振业者，贷与之。'"律曰"笃癃",而诏曰"废疾",亦可见笃、废但浑言之,未有分别也。《隋书·食货志》:"后周太祖作相,制六官。司赋掌功赋之政令。凡人自十八以至六十有四与轻癃者皆赋之。"此言"轻癃",以别于"笃癃"。癃之中自分轻重,而不及废疾。《南齐书》:"诏被水之乡,赐痼疾、笃癃口二斛。"此笃、废并言,痼即废。然不分轻重。《皇甫谧疏》:"久婴笃疾,(半身)〔躯半〕不仁,右脚偏小。"《晋书》本传。此笃疾之专指肢体残废而又损二事以上者。《问丧》:"然则秃者不免,伛者不袒,跛者不踊,非不悲也,身有锢疾,即废疾。不可以备礼也。"此废疾之专指损一事者。以上二证,虽非以笃疾分轻重,而隐与后来之说相合。笃疾明言肢体,自不可专属之精神。《北齐律》:"侏儒、笃疾、癃残非犯死罪,皆讼系之。"《隋唐·刑法志》。癃残似即谓废疾,乃后来分别笃、废之本。北齐时,人多明律学,其所定义例,必有可观,惜久亡矣。

《唐律·名例四》:"诸年老七十以上、十五以下及废疾犯流罪以下,收赎。八十以上、十岁以下及笃疾犯反逆、杀人应死者,上请。"始以废疾、笃疾为分别轻重之等差。而如何分别,《疏议》未详。《斗讼》一:"诸斗殴折人肢体及瞎其一目者,徒三年。即损二事以上及因旧患令至笃疾者,若断舌及毁败人阴阳者,流三千里。"《疏议》:"即损二事以上者,谓殴人一目瞎及折一支之类。及因旧患令至笃疾,假有旧瞎一目为残疾,更瞎一目成笃疾;或先折一脚为废疾,更折一脚成笃疾。"此律文明言损二事以上为笃疾。其损一事之为废疾,自不待言。《唐律》本于隋《开皇律》,而其原出于魏《太和律》,《太和律》用郑氏章句。然则《唐律》之分笃、废为轻重,其说当有所本。《唐类函》引《户令》:"诸一目盲、两耳聋、手无二指、足无大拇指、秃疮无发、久漏下重、大瘿肿之类,皆为残疾。

痴癃、侏儒、腰折、一肢废，如此之类，皆为废疾。癫狂、两肢废、两目盲，如此之类，皆为笃疾。"此唐时所定义例，谓之三疾，分析甚明。律文不及残疾，观《疏议》之言，则残、废同等，故从略。从来各家注释，大抵祖此说，不过小异耳。今律文"废疾"下注云"瞎一目、折一肢之类"，"笃疾"下注云"瞎两目折两肢之类"，系顺治初年就《明律》增入，沿用已二百数十年，且唐以来法家之义例如此。古通称而今专称，此古今文词之不同，不必强为附会也。

惟来说以《周礼》之"蠢愚"为即今之所谓精神病者，其义甚是。但精神病专属癫狂之类，固在蠢愚之内，而蠢愚不止精神病一端。聋哑等人，其精神必有缺陷之处，故智识亦不完全，凡似此类，皆可以愚蠢该之。《唐律疏议》谓"笃疾，戆愚之类者"，系以"笃疾"当"蠢愚"，故言"之类"，以相比附，并非与后说自相矛盾。《汉律》狂易杀人，其初无得减之律，自不在笃癃之内。陈忠始定得减重论，《后汉书·陈忠传》。在安帝永初之后，必当自为一条，而不与笃癃相合。是就《汉律》之笃癃而论，未可遂以精神病当之，审若今之精神病，征诸古说，其名亦不一。《左传》昭元年："医和曰：'是谓近女室。疾如蛊，非鬼非食，惑以丧志。'"注："蛊，惑疾。"正义曰："蛊者，心志惑乱之疾。若今昏狂失性，其疾名之为蛊。"又曰："晦淫惑疾。明淫心疾。女阳物而晦时，淫则生内热惑蛊之疾。"注："晦，夜也。为晏寝过节，则心惑乱。明，昼也。思虑烦多，心劳生疾。"又宣八年《传》："晋胥克有蛊疾。"注："惑以丧志。"又襄二十四年《传》："其有惑疾。"正义曰："有迷惑之疾。"此称蛊疾、惑疾、心疾者。《晋语》："董安于曰：'今臣一旦为狂疾。'"韦昭注："犹人有狂易之疾。"《汉书·王子侯表》："乐平侯䜣，病狂易，免。"注师古曰："病狂而改易其本性也。"《国语》宋庠《补音》引姚察以为病狂而易常性也。《御览》：六百四十六。"《廷尉决事》曰：河内太〔守〕上民张太有狂病。""魏武帝丁幼阳令，以忧恚得狂疾。"此称狂疾亦曰狂病。亦曰狂易。者。《列子》："秦人逢氏有子，少而慧，及壮而有迷罔之疾。"此称迷罔疾者。《说文》："瘨，病也。"《广雅》："瘨，狂也。"王氏《疏证》云："瘨之言颠也。《素问·腹中论》：'石药发瘨。芳草发狂。'王冰注：'多喜曰瘨。多怒曰狂。'《字通》作'颠'。《急就篇》：'疝瘕颠疾狂失响。'颜师古注：'颠疾，性理颠倒失常也。'"此称瘨疾者。《一切经音义》十三。声类："瘨，风病也。"风病盖即今例文之疯病。考《广韵》、《类篇》尚不收"疯"字。《集韵》："疯，头病。"《正字通》、《字典》并引《集韵》，尚别无"疯颠"一解。是今例文"疯病"乃沿用俗字，古当作"风"也。《左传》成十八年："周子有兄而无慧，不能辨菽麦。"注："菽，大豆也。豆麦殊形易别，故以为痴者之候。不慧，盖世所谓白痴。"《说文》："痴，不慧也。"《周礼》"蠢愚"，郑注："生而痴騃童昏者。"《广韵》："騃，痴也。"《国语》："胥臣言八疾，童昏不可使谋。"韦注："童，无知。昏，暗乱也。"综而言之，蛊疾、惑疾、心疾、狂疾、迷罔疾、瘨疾、风病，皆所谓精神病，而瘨狂其总称也。《唐令》已列笃疾之内。痴騃童昏非病而类乎病，亦由于精神之失常，谓之精神病可，谓之笃疾亦可，然古时皆未尝名之为笃疾也。

　　《王制》："瘖聋、跛躄、断者、侏儒、百工各以其器食之。"郑注："侏儒，短人也。"侏儒与跛躄并言。《晋语》"八疾"，侏儒与矇瞍、聋聩并言。可以见古人重视之意。《汉书·刑法志》："孝景后三年，诏：'其著令：年八十以上、八岁以下、及孕者未乳、师、朱儒当鞫系者，颂系之。'"注：师古曰："师，乐师盲瞽者。朱儒，短人不能走者。"《梁律》尚承汉法。《隋书·刑法志》。古人于侏儒常施矜恤之政者,殆以其形体短小,不及常人,与形体不具者无异。北齐时亦有侏儒、笃疾颂系之律。侏儒实与笃疾同论。《唐令》列于废疾,盖已斟酌尽善。《辑注》所言,非无本也。《辑注》所谓"疯患",当指麻风、羊痫疯之类,非谓疯迷。否则俗以癫狂为疯,尽人知之,《辑注》必不至如是之谬。至今日东西各国之刑法,以瘨狂为精神病,若有所犯,皆病使之然,故不为罪。其生而聋哑者,精神实不完备,故亦在宥恕减轻之列。其余形体虽不具,而知识无异常人,皆不得与前二者同论,与中律之笃疾、废疾一概可邀矜恤之仁者,不尽相同。此新学说之异于古说者。

答友人问夫亡守志例文书

来书称:"《户律》立嫡子违法门例载:'妇人夫亡守志者,合承夫分,须凭族长择昭穆相当之人继嗣。其改嫁者,夫家财产及原有妆奁并听前夫之家为主。'此条'妇人'二字,似非专指正妻。若妻亡而妾在,则遗产亦得承受。未知例意如此否?希见覆等语。"

查此条例文系为夫亡应行继嗣而言,并非承受遗产之专例。而遗产之应否承受,亦即以此例为衡。能守志,则妻固得承受,即妾亦得承受。不能守志,非惟妾不得承受,即妻亦不得承受。观下文改嫁一层,其义自明。律言嫡妻而此例浑言妇人,自系兼妾在内。若例文"合承夫分"等语,原以继嗣为重。或泥于此语,谓妾不能与妻并论。不知妻、妾之间,不过名分之区别,而服图,妻之于夫、妾之于家长,俱斩衰三年,并未稍有厚薄。夫亡而嫡妻在者,固应由嫡妻主持。若无嫡妻而又无期、功至近之亲,斯时之妾,岂能膜视而不顾。其应投明合族为家长立继,实属事之当然。此门律例内既无妾不准择继明文,礼部则例妾守志者又在应准旌表之列,自不得因其名分与妻不同,故分轩轾。如谓妾不合承夫分,则必妾不合为家长立继,一任他人争继争产,妾总不得过问,即遇强横之房族争产而不为其家长立继,妾亦不得过问,但坐视宗祧之斩绝,家业之销亡,口噤不言,束手待毙,恐天下无此情理,古今无此法令也。世又有妻亡而妾任家事者。方家长在时,一切财产妾为之经理,迨家长殁后,遂谓遗留之产妾不得与闻,非惟理之所不可,亦为势之所不能。又官员袭荫律载:"如委绝嗣无可承袭者,准令本人妻小依例关请俸给,养赡终身等语。"此律内妻小,旧说兼妾言。是国家之俸给尚得关给,岂有遗留之财产反不得承受者。以此互证参观,则妾之承受遗产,亦律例之所许者也。

总之,律设大法,礼顺人情,此等事只论守志,不论妻妾。至于择继之后,令该嗣子承祧受产,以奉养嗣父媵妾之天年,从权合经,庶于人情、律意两不相悖也。若夫佯称守志,实则阴利家财,或与嗣子积不相能,别生嫌怨,此乃家庭之变,是又在司谳者准情酌断,以剂其平而已。来书所称,与例相符,用特推阐其意,陈诸左右,惟指教为幸。

序（卷六）

重刻唐律疏议序

《唐律疏议》三十卷，唐长孙无忌等奉敕撰，国朝《四库全书》所收录，并附见于名家书目中。惟坊间传本甚希，读律之士，艰于购觅，叙雪同人，爰鸠赀重刻，以广传布。工既竣，而序之曰：

律者，民命之所系也，其用甚重而其义至精也。根极于天理民彝，称量于人情世故，非穷理无以察情伪之端，非清心无以祛意见之妄。设使手操三尺，不知深切究明，而但取办于临时之检按，一案之误，动累数人，一例之差，贻害数世，岂不大可惧哉。是今之君子，所当深求其源，而精思其理矣。自魏李悝著《法经》六篇，汉萧何、叔孙通、张汤、赵禹递相增益，马融、郑康成以海内巨儒，皆尝为之章句，岂非以律意精微，俗吏所不能通晓欤？魏、晋以降，渐趋繁密。《隋律》简要，而唐实因之。史称高祖诏裴寂等更撰律令，凡律五百，丽以五十（之）〔三〕条；流罪三，皆加千里；居作三岁至二岁半者，悉为一岁；余无改焉。太宗又诏房玄龄等复定旧令，议绞刑之属五十，皆免死而断右趾。既而又哀其断毁支体，除其法，为加役流三千里，居作二年。其后玄龄等遂与法司增损《隋律》，降大辟为流者九十二，流为徒者七十一。高宗又命长孙无忌等偕律学之士撰为《疏议》，即是书也。名疏者，发明律及注意，云议者，申律之深义及律所不周不达，若董仲舒《春秋决狱》，应劭《决事比》及《集驳议》之类。盖自有《疏议》，而律文之简质古奥者始可得而读焉。尝考元魏太和中置律博士时，儒说十余家，诏但用郑氏章句，不得杂用余家。《唐律》本隋，由魏而周而隋，渊源具在。然则《唐律》之《疏议》虽不纯本太和，而郑义多在其中，《汉律》虽亡，其意犹赖以考见，深可宝贵。况我朝定律，监古立法，损益归于大中，而所载律条与《唐律》大同者，四百一十有奇，其异者，八十有奇耳。今之律文与《唐律》合者亦什居三、四。沿波讨源，知其所从来者旧矣。则是书非即功令之椎轮，法家之津筏欤？至由是书而深求乎古今异同之原，讲明乎世轻世重之故，晰奇阐微，律无遗蕴，庶几傅古亭疑，情罪相准，无铢黍毫发之爽，是又在善于读律者。

光绪十有六年十二月，归安沈家本撰于秋曹之叙雪堂。时董成其事者，汉阴张麟阁郎中成勋，武进冯申甫郎中钟岱也。

重刻明律序

《易·系传》曰："变通者，趣时者也。"《记》曰："礼时为大，刑与礼相表里。"《书》曰："轻重诸罚有权，刑罚世轻世重。"惟其变之所适，而权必因乎时，时之义，大矣哉。明太祖平武昌，即议律令。吴元年，命左丞相李善长为律令总裁官，日具条目以上。十二月，书成，凡为令一百四十五条，律二百八十五条。洪武六年，又诏刑部尚书刘惟谦详定《大明律》。七年二月，书成，篇目一准于唐。采用已颁旧律二百八十八条，吴元年定律二百八十五条，而此多三条者，殆其后有所增也。续律百二十八条，旧令改律三十六条，因事制律三十一条，掇《唐律》以补遗一百二十三条，合六百有六，分为三十卷。九年，又厘正十三条。十六年，又定《诈伪律》条。二十二年，复命翰林官同刑部官取比年所增条例，以类附入。其篇目以《名例》冠首，而分吏、户、礼、兵、刑、工为六，自此始。考律书之篇目，自李悝造《法经》六篇，萧何增事律三篇，是为《九章之律》。魏、晋以下，篇目增多，而大纲不越乎此。北齐定为十二篇，隋《开皇律》稍变通之，唐、宋下迄明初，皆遵用其篇目。盖六部本属中书，故律书未尝以六部分。迨洪武十三年，惩胡惟庸乱政，罢中书省而政归六部，律目亦因之而改。千数百年之律书，至是而面目为之一大变者，实时为之也。律之外又有条例，洪武初即有之。三十年，又命刑官取《大诰》条目，撮要附载于律。弘治十三年，刑官言："法外遗奸，列圣因时推广之而有例，例以辅律，非以破律也。乃中外巧法吏，或借便己私，律浸格不用。"于是下尚书白昂等会九卿议，增历年《问刑条例》经久可行者二百九十七条。嘉靖二十九、三十四等年，复重修续增。万历十三年，刑部尚书舒化等重定为三百八十二条，附于律文之后。此有明一代律例随时增损之大凡也。

　　太祖惩元之时法度纵弛，刑用重典，故《明律》往往重于唐，其《大诰》诸峻令尤出乎律之外。然其初李善长等论历代之律，以《汉九章》为宗，而唐集其成，佥谓今制宜遵唐旧，太祖从其言。洪武元年，又命儒臣六人同刑官讲《唐律》，日进二十篇。是《明律》大旨亦本于唐，特其中有因时变通者耳。至三十年后，《大诰》诸峻令未尝轻用，太孙尝改定律七十余条，太祖善之。复谕之曰："我治乱世，刑不得不重。汝治平世，刑自当轻。"又尝谕省臣鞫狱当平恕。尚书夏恕尝引汉法，请著律，反者夷三族，却奏不行。前之偏于重者因乎时,后之由重而渐轻者亦因乎时。惠帝谕刑官曰:"《大明律》皇祖所亲定,命朕细阅,较前代往往加重,盖刑乱国之典,非百世通行之道也。朕前所改定,皇祖已命施行,然罪可矜疑者尚不止此。夫律设大法,礼顺人情,齐民以刑,不若以礼。其谕天下有司,务崇礼教,赦疑狱。"此盖其祖孙一堂讨论所及。至嗣位后为是言以诏天下,深得《易传》趣时之义,惜所谓罪可矜疑者,未详为何条?成祖务反惠帝之政,用刑惨毒,后之人亦遂无讨论及此者。世谓《明律》偏主乎重者,固非公论。而后之立法者尚以重为宗旨,岂得为知时者哉?

方今环球各国,刑法日趋于轻,废除死刑者已若干国,其死刑未除之国,科目亦无多。此其故,出于讲学家之论说者半,出于刑官之经验者半,亦时为之也。今刑之重者,独中国耳。以一中国而与环球之国抗,其优绌之数,不待智者而知之矣。当此时而讲求刑法,其亦惟寻绎《易传》趣时之义乎!余谬承修律之命,开馆纂辑,复奏办法律学堂,方将与讲律诸君子,参考古今,博稽中外。既广译东西各国法律之书,复甄录我国旧文。若《唐律疏议》,余于庚寅岁曾覆孙氏元至正本,弃其版于馆中。于宋,则《刑统》,访有天一阁藏本,远道传钞,甫至也。于元,则重印《元史·刑法志》,并假武林丁氏所藏《元典章》钞本,醵资重刻之。《明律》所见,有嘉靖本、隆庆本、万历本,皆旧刊不易得,无以应讲学者之搜讨也。此本为桐乡沈氏所藏,刻于万历三十八年,乃所见《明律》最后之本,假付手民,以公诸世。所愿诵是书者,寻绎乎变通趣时之义,而无惑乎偏重之说,斯可与知人论世矣。

宋刑统赋序

律书之传于今者，以唐为最古。其后，若《金律》见《永徽法经》，元制见《元史·刑法志》及《元典章》各书，《明律》传本尤夥，惟宋代《刑统》，仅见于《天一阁书目》，藏书家皆未著录。所著录者，仅傅霖《刑统赋》，而世亦罕觏。法家之学，讲求者少，故其书亦少流传。武进董绶金郎中康、如皋冒鹤亭郎中广生，并好法家之学，退食之暇，共勤搜讨，颇访获古书。绶金得璜川吴氏所藏钞本孟奎《粗解刑统赋》一卷及大兴徐星伯所录汉阳叶氏本。鹤亭从《刑书会据》中辑成二卷，与叶本同，乃东原郄某韵释，益都王亮增注本也。绶金录以见遗，余受而读之，《刑统》全书虽未得见，亦可识其大凡矣。此赋之注，晁氏《读书志》谓或人为之，《四库全书提要》谓霖自为注，与竹坨老人跋内所称霖自解其义者相合。第《玉海》引《中兴书目》亦云或人为注，《宋史·艺文志》则云不知作者。四库本与叶本大致相同，而《提要》又称此本于霖所自注竟削去之，已非完本，又似所谓霖自为注者，别有所据，而非即此本之注。此其故，今不能详矣。

刑统大略，尚有可考者。唐宣宗时，张戣以刑〔律〕分类为门，而附以格敕，为《大中刑律统类》，诏刑部颁行之。《唐书·刑法志》。后唐有《同光刑律统类》。周显德四年，中书门下以朝廷所行用者，律疏、令式之外，有《开成格》十卷，《大中统类》十二卷，《后唐至汉末编敕》三十二卷，格敕条目繁多，阅者疑误，命侍御史张湜等十人，训释删定为《大周刑统》二十卷，与律疏、令式通行，事详《玉海》

是《显德刑统》即《刑律统类》之省文。《宋刑统》又本之周。此刑统书名沿革之可考者也。《玉海》言:"《刑统》凡三十一卷,二百十三门,律十二篇,五百二条,并疏令、格式、敕条一百七十七,起请条三十二。"此刑统篇目总数之可考者也。《玉海》又言:"建隆三年,乡贡明法张自牧上封事,驳《刑统》之不便者凡五条,诏下有司参议而厘正之。四年,判大理寺窦仪言:'《刑统》科条繁浩,或有未明,请别加详定。'乃命仪与权大理寺卿苏晓等同撰,集并目录为三十一卷。'旧疏议节略,今悉备。文字难识者,音于本字之下。义似难晓并例具别条者,悉引注于其处。有今昔浸异,轻重难同,禁约之科,刑名未备,臣等起请总三十二条,削出令式、宣敕一百九条,增入制敕十五条,又录律内余条准此者凡四十四条,附于《名例》之次。其削出格令、宣敕及续降要用者凡一百六条,别为四卷,名曰《新编敕》。'"此《刑统》修订凡例之可考者也。王元亮《唐律纂例》五刑图列《刑统》五刑,其决杖、配役之法与唐制不同。此《刑统》刑制之可考者也。本《赋》注中所引律文之外,有服制令、公式令、户令、品官令。《容斋随笔》、《梦溪笔谈》时引《刑统》疏议之文,《随笔》又引《刑统》唐太和七年敕。此《刑统》令目、疏议、敕文之可考者也。至《刑统》律文,宋人说部中往往引之,与《唐律》颇有异同。即如此《赋》注所引《职制律》,枉法受财者,八十贯绞,《唐律》为十五匹绞。《诈伪律》,若有避罪自伤残害者徒一年半,若无罪因带酒自相残害者,无论有避、无避,俱科一年半徒,《唐律》无带酒一层。此可见宋代虽沿用《唐律》,而其文大有增损。倘以此《赋》之注,并刺取宋人著述所引之文,裒集成帙,精心校勘,必有可观。不独可以备一朝之法制,亦读律者考证之资也。

《刑统》原书,鄞县范氏天一阁所藏为卷三十,乌丝阑钞本。咸丰辛酉以前尚完好,群视为故纸无用之书,无人传写。辛酉兵火以后,已逸复归,虽有残缺,甚可宝贵。今遣人前往迻写,未知能如约否?若世所传宋本《律文》十二卷、《音义》一卷,仪征阮氏文选楼、昭文张氏爱日精庐、桐乡沈氏并有影钞本。蒋君寅昉所藏别有刊本,钱警石、邵蕙西跋语以为《宋律》。考《玉海》天圣七年判国子监孙奭言:"《律疏》与《刑统》不同,本疏依律生文,《刑统》参用后敕,虽尽引《疏议》,颇有增损。今据为定本,与《刑统》兼行。"是宋时律文原有单行之本。故陈振孙《书录解题》《律文》十二卷、《音义》一卷,与《刑统》三十卷各自为书。第阮文达《提要》、《揅经室外集》。顾千里《书后》《思适斋集》。并谓其书为《唐律》。近得江苏书局写样本,从桐乡沈氏影宋本出,以《唐律》校之,阮、顾之说良是,钱、邵跋语误也。世或未考及此,而以为《宋律》,故附订于此。光绪甲辰五月。

无冤录序

大辟之狱,自检验始。《礼·月令》:"孟秋之月,命理瞻伤察创,视折审断。"据蔡邕之说,皮曰伤,肉曰创,骨曰折,骨内皆绝曰断。瞻焉,察焉,视焉,审焉,即后世检验之法也,而其法不传。秦、汉已下,亦未闻有检验之书。宋嘉定中,湖南、广西刊印《正背人检验格目》,江西提刑徐似道言之于朝,四年,诏颁行于诸提刑司,名曰"检验正背人形图"。此为今尸格之所自始。宋时有《内恕录》等书,言检验之事,皆不传。至淳祐中,宋慈会粹诸书,为《洗冤集录》,此又"洗冤录"之名所自始也。其后又有《平冤录》及《无冤录》，法家谓之检验三录。顾《洗冤录》官司奉为鸿宝，而平冤、无冤二《录》传本独希者，盖二《录》多采宋《录》之说，世人视为重仅僿而忽略之。讵知二《录》递相祖述，后之所说，多可以补正前人之说，相辅而行，不可废也。

顾千里既为孙渊如摹刻元椠《洗冤录》，后又得平冤、无冤二《录》旧钞本，以语吴山尊学士。吴为之付刻，与《洗冤录》合为一编。《思适斋集》有《重刻三录后序》，其年为嘉庆庚午，距今百年矣。传本甚尠，许珊林盖有其书，故所作《洗冤录详义》颇采二《录》之说。余尝得《官常政要》一函，系前明崇祯己巳刻本，所集书凡十八种，内有《洗冤集录》及《无冤录》。《无冤录》仅一卷，无撰人名氏。考《四库全书》存目所录《无冤录》二卷，系浙江巡抚采进本，不著撰人名氏，亦无序跋。《提要》但据《永乐大典》所载及其自序，定为元王与撰，时在武宗至大元年戊申。又据卷中自称昔任盐官，知其尝为海盐县令。他亦无考。至《平冤录》，《四库》未收，殆当时未得其书。此可见二《录》者，并为罕觏之本矣。

今年夏，蕲州王君佑自日本归，出《无冤录》相示，云录自东京上野图书馆者。其书分二卷，上卷为官吏章程，下卷为尸伤辨别，与《提要》之言合。有自序及明羊角山叟序，又有朝鲜人崔致云等注释及序。此书盖由中土流入朝鲜，日本人又自朝鲜传钞而归，故其原书亦钞本也。其自序题东瓯王与，知其为东瓯人。《提要》称不知何许人，岂《大典》所收之自序无此题名欤？明焦竑《国史经籍志》有《平冤录》二卷，题东瓯王氏，恐即此书，误"无"为"平"耳。《平冤录》据王与之序，乃赵逸齐所撰。以宋慈称宋惠父例之，当亦是其人之号，其名则亦无可考。顾千里《重刻三录序》第云无名氏《平冤录》，东瓯王氏《无冤录》，似其所得钞本无王与自序，故所言亦不能详也。取崇祯本相校，乃知崇祯本有上卷而无下卷。殆以下卷采自《洗冤录》者为多，因与《洗冤集录》合刊，嫌其重复，故删之欤？然下卷所采亦有《平冤录》之文，并多驳正二《录》之语，极为精审，删之是无异于买椟还珠矣。明人刻书之病，往往如此，不独此书也。此本转展传钞，不免亥豕、帝虎之误。与崇祯本及《洗冤录》相校，互有得失，足资考订。朝鲜人注语，随文诠解，无所发明，于元代之官制政体未能详加考证，并多误会之处，未足宝贵。今重加校定，上卷以崇祯本为主，而以朝鲜本校正之，下卷以朝鲜本为主，而以元椠《洗冤集录》校正之，付梓以广其传。朝鲜人注语删之不录。或曰检验诸书前人不及后来之密。余曰，术愈研而愈精，理愈推而愈出，古疏今密，凡事皆然。然近时检验诸书，其援引此录以资考订者，不止一端，又乌可数典而忘其祖哉！宣统建元六月。

王穆伯佑新注无冤录序

宋理宗时，宋慈采《内恕录》诸书，撰《洗冤集录》，检验之事，始有专书。其后有《平冤》及《无冤录》，所谓检验三录也。《洗冤录》世多研稽，近来《洗冤录辨正》、《续辑》、《汇编》、《集证》、《集注》、《集说》、《附记》、《附考》、《摭遗》诸书，其名难偻指数。海昌许珊林太守梿之《详义》，世尤风行。盖《洗冤》一编，垂为令甲，凡职斯役者，莫不习之，非此书无以决难决之狱，是以群奉为圭臬焉。而平冤、无冤二《录》，传本甚稀。许珊林作《详义》，搜集二《录》，参互考订，颇采其说，是二《录》非竟不行于世也。余尝得前明崇祯中刻本《无冤录》，系与《洗冤录》合刻者，藏诸箧衍，未及校也。蕲州王穆伯，游学东瀛，讲求法医学，于东京之上野藏书楼见有《无冤录》二卷，为朝鲜人崔致云等注释本，日人钞自朝鲜者。王君喜其与法医学足相发明，遂手录一通，加以考订。今夏归来，出以相示。余以崇祯本校之，乃知崇祯本仅为此书之上卷，所言皆官吏章程。其下卷办别尸伤，采自宋《录》及《平冤录》者为多，而时有驳正之语，盖视二《录》益精审矣。

惟转展传抄，讹谬不少。王君校正之余，附以新说。如检尸法物条云："各国验伤检尸器具，皆不假于人民，其器具多先消去毒物，不作他用，与此言暗合。"食气颡辨条云："气系在前，食系在后，诚为确论。据英、奥学者巴尔铁列丙及骇眦格耳《解剖图说》、德国海满都《解剖图附录》、日本故今田束《实用解剖学》所言，皆谓气管在前，食管在后。可见此书所言，较《洗冤录》为确也。"检验文字条云："此意正与各国检查规则之不准用概括的语意同。所谓概括语意者，如伤痕只记大如拳、长约尺余，不详记长阔几寸几分是也。"又如辨亲生血属条云："以近时科学所言之理推之，热血滴入骨肉，无论何人，即非亲属者。皆可沁入。因骨含有电气在内，经擦热而吸热血入内。若所滴非热血，且非将骨擦热，虽亲属亦不能滴入。可见滴血之法不足信。"按《洗冤录详义》云："骨经日久，须先刷白，用炭火微烘，再刺血滴上，看其沁入有红印，方是与科学家所言颇合。"余亲见一戚，乱后寻其母尸，血滴不入，是未知烘热之法也。又妇人怀孕死尸条云："据生理学与胎产学所言，孕妇死无多时，而胎儿之所以不能出者，因母体已死而子宫收缩之机能已绝也。若经过半月或月余，其死胎落出于母之裤袴中者，因死胎已羸瘦枯缩故也。除此以外，卵膜之腐败破裂，羊水流出，即胎水。母体弛缓腐败，亦皆为死胎落出之原因。据此论之，则所谓因地水火风所致者不足信也。又据地质学家言,地壳外层四五尺之间甚冷,渐深则渐有温热。通常尸窖深不过三四尺,安有热度可言。据此,地水火风之说,又不足信也。"按:据此《录》所载二案,死胎之出,不因地水火风,其论甚是。至谓尸窖不过三四尺,则未知中国北方之葬,大多深四五尺,或有至七八尺者,若南方之葬,皆极浅,稍深则遇水。已葬之棺,有移出数丈外者,有欹侧者,亦间有烧毁痕者,使地中无风火,则孰移之?孰欹侧之?孰烧毁之?地质学家言,恐尚是一隅之见也。以上诸条,其精者足以明旧说之难诬,余亦足以互相印证。

总之,道理自在天壤,说到真确处,古今中外归一致,不必为左右袒也。向见为西学者,深诋《洗冤录》之无当于用,岂知《洗冤录》由数百年经验而成,《平冤录》及此《录》补其所未及。近人《详义》诸书,则更于旧《录》之固者通之,疑者析之,缺者补之,讹者正之,辨别疑似,剖析毫厘,并荟萃众说,参稽成牍,视故书为加详矣。大抵中说多出于经验,西学多本于学理。不明学理,则经验者无以会其通,不习经验,则学理亦无从证其是,经验与学理,正两相需也。所当保其所有而益其所无,庶斯事愈发明耳,乌可视为无当于用而置之高阁哉!王君独取此书,迻写之,辨正之,其用力之勤,用心之深,为弗可及矣。

此书原有小注,史传似此者不少,朝鲜人疑为古注,盖未识著书之体裁。崔致云官吏曹参议,奉其国王之命,与判承文院李世衡、艺文馆直提学卞孝文、承文院校理金滉注释音训,而集贤殿直提学柳义孙为之序。其注随文敷衍,鲜见发明,于元代制度未能考究,亦间有错误,似不足贵。义孙序称"正统三年",朝鲜世奉中朝正朔,当为明英宗年号,是注释时在前明中叶。或疑明代遗臣携往海外者,未确也。宣统建元冬仲。

秋审比较条款附案序

　　《秋审比较条款》,初定于乾隆三十二年。其时因各司定拟实、缓每不画一,改正较繁,酌定比对条款四十则,刊刻分交各司,并颁发各省。迨四十九年,四川总督以"秋审事件,本无一定律例可以依据,惟就本案情罪,参酌推敲,稍从其严,则不免失入之弊,稍从其宽,则不免失出之弊,奏请将秋审改案颁发各省,奉为楷模等因。"经本部以"案情万变,或同事而异情,心迹介在纤微,轻重即判然迥别,此省之案,不能遽符乎他省,今年之案,不能预合乎来年,要在司谳者逐案推勘,精详核定,未可刻舟求剑,致滋似是而非之病。每年审案二千余起,只讲求于驳改之数十案,仍不能隐括通晓。即就此数十案而论,亦必须详阅供招,细核尸格伤痕,姑能辨别轻重,删存略节。今若止将略节刊刷,而全案供招尸格无由查览,究不能得其所以改实、改缓之故,将使稍涉拘牵者,势必转致援引失当,纷滋辩论,不独挂漏无裨,亦与政体未协等因"议驳。惟将三十二年所刊条款,及三十二年以后续增各条,汇总通行。查是年通行内定例拟入情实二十八款,即系三十二年《实缓比封条款》。除笔内所举各款,计增者三,并者一,删者二,又酌量入实十三条,与三十二年部定款目不尽相符。阮吾山少司寇葵生《秋谳志稿》别有四十九年续增各条,亦与通行歧异。书阙有间,不可得而详矣。

　　三十二年条款虽已颁行,外间传本甚希。《秋谳志稿》于三十二年《条款》增入按语,甚为详尽。其书未经刊行,仅有传钞之本,讹脱在所不免。元和王白香有孚所辑《秋审指掌》。将两次条款悉行载入,而无吾山少司寇按语,盖所据乃颁发之本也。道光初年,来安戴兰江少司寇由刑部郎浡升直臬时,会稽谢信斋诚钧在幕中襄理,得其手录《秋谳条款》,奉为枕中秘。信斋复采取成案,附于各条之后,编为两册。意在由条款而参考比案,由比案而折中条款,意至善也。欲付梓而未果,其女夫陈仲泉观察受其本而藏之。光绪四年,始刻于吴中。其本盖编于嘉庆年间而道光初传钞之本也。

余家藏有先大夫手钞《秋审比案》,起道光中年,迄二十九年,各门皆载有条款,与谢本微有不同,则道光末年本也。同治十一年蜀中刻本与道光末年本相同,所据当是旧本。至同治五年京师刻本,颇有增修改订之处,与各本皆有异同,是为最后之本。然其中尚多应修而未修者,应并而未并者,应补而未补者,应删而未删者,历年因仍未改,或与新章有别,或与定例不符,自应考订详明,以免分歧而祛疑惑。至案情万变,初非条款所能赅。谢氏附比案于条款之中,非独互相印证,并可补条款所不及。

考历来成案,雍正以前,传者已鲜,乾隆档案,稍存崖略,余尝分门采录,编为二卷,尚可得其大凡。嘉庆以后,迄乎道光中年,有钞本八卷。道光二十二年至二十九年,有钞本七卷,二十年以前之案亦稍存一、二。同治十一年蜀臬刻本凡二十四卷,盖就道光七卷之本,益以咸丰、同治两朝,迄于同治八年。光绪七年续编十六卷,则迄于光绪三年。安徽排印本则举咸丰、同治两朝,亦迄于光绪三年,而咸丰、同治之案较蜀本为多。光绪十年京师刻本,起光绪四年,迄九年戊子、己丑之间。余尝与叙雪同人汇集各本,撷其精要,薙其繁芜,复益以光绪九年以后之案,编成巨帙。癸巳出守津沽,其书留存叙雪堂中，因循未及付梓，庚子之变，散失不全，良可惜也。今仿谢氏之书，采比案于各条之后，要在会通繁赜，剖析毫芒，事不厌于推求，言必归于平恕，未始非司谳者之一助，而世轻世重之故，亦可得而详焉。光绪癸卯十二月。

通行章程序

刑部《通行章程》，道光十三年以前，有江苏刊本，祝氏《刑案汇览》已分类编入。十四年至十七年，祝氏《续编》内亦采入无遗。道光十八年以后，距今五十年，通行各省案件，无岁不有。既已分布官司，而未有专书汇录，每虞其漏，钞胥又苦其疲。友人因相与搜罗编辑，起道光十八年，讫光绪十八年闰六月，除业经纂例无庸采入外，按年排比，次为四卷。又辑刑部《遵行章程》，共计六条，附于其内。既成而序之曰：

律者，一成不易者也。例者，因时制宜者也。于律、例之外，而有通行，又以补律、例之所未尽也。或绅绎例意，或申明定章，或因比附不能画一而折其衷，或因援引尚涉狐疑而申其议，或系酌量办理而有成式可循，或系暂时变通而非永著为例。更有经言官奏请，大吏条陈，因而酌改旧文，创立新例，尚未纂入条例者。凡此，剖析毫芒，决定疑似，重轻出入之际，皆反覆推详而议始成。稽比亭疑，咸当遵守。盖律、例之有通行，譬犹江沱汉潜，而非骈拇枝指也。夫天下之情伪万变，遇一狱立一例，谓庶足以尽之矣。他日一狱出，而与所立之例又不相当，将必更变其例，以定斯狱。是已定之例有定，而未定之狱终无定也。《书》曰"上下比罪"。《传》曰"议事以制"。是在决谳者之神而明之。

读例存疑序

商鞅改李悝之法为律,于是有律之名。自汉以来,律之外有令,有驳议,有故事,有科,有格,有式。隋则律、令、格、式并行。宋则律之外,敕、令、格、式四者皆备,而律所不备,一断以敕,初无所谓例也。晋于魏《刑名律》中分为《法例律》,亦但为律之篇目,而非于律之外别之为例。《王制》:"必察大小之比以成之。"郑注:"已行故事曰比。"《释文》:"比,必利反。例也。"《后汉书·陈忠传》:"父宠,上除汉法溢于《甫刑》者,未施行。忠奏上二十三条,为《决事比》。"注:"比,例也。"此其为后世例之权舆欤?明初有律,有令,而律之未赅者,始有条例之名。弘治三年定《问刑条例》,嘉靖时重定为三百八十条,至万历时,复加裁定,为三百八十二条。国朝因之,随时增修。同治九年修订之本,凡条例一千八百九十二条,视万历时增至数倍,可谓繁矣。其中或律重例轻,或律轻例重,大旨在于袪恶俗,挽颓风,即一事一人,以昭惩创,故改重者为多;其改从轻者,又所以明区别而示矜恤,意至善也。第其始病律之疏也而增一例,继则病例之仍疏也而又增一例,因例生例,孳乳无穷,例固密矣。究之世情万变,非例所可赅。往往因一事而定一例,不能概之事事。因一人而定一例,不能概之人人。且此例改而彼例亦因之以改,轻重既未得其平。此例改而彼例不改,轻重尤虞其偏倚。既有例即不用律,而例所未及,则同一事而仍不能不用律。盖例太密则转疏,而疑义亦比比皆是矣。

国朝之讲求律学者,惟乾隆间海丰吴紫峰中丞坛《通考》一书,于例文之增删修改,甄核精详。其书迄于乾隆四十四年。自是以后,未有留心于斯事者。长安薛云阶大司寇,自官西曹,即研精律学,于历代之沿革,穷源竟委,观其会通,凡今律、今例之可疑者,逐条为之考论,其彼此抵捂及先后歧异者,言之尤详,积成巨册百余。家本尝与编纂之役,爬罗剔抉,参订再三。司寇复以卷帙繁重,手自芟削,勒成定本,编为《汉律辑存》《唐明律合刻》《读例存疑》、《服制备考》各若干卷,洵律学之大成而读律者之圭臬也。同人醵资,筹诸枣梨,甫议鸠工,适值庚子之变,事遂中辍。辛丑春仲,家本述职长安,时司寇在里,复长秋官询,知所著书惟《汉律辑存》一种存亡未卜,余编无恙。迨銮舆将返,家本奉命先归,司寇初有乞休之意,故濒行谆谆以所著书为托。季秋遇于大梁,言将扈跸同行,约于京邸商榷此事。乃家本行至樊舆,遽得司寇骑箕之耗,京邸商榷之约,竟不能偿矣。《唐明律合刻》诸稿,方坤吾太守连轸携往皖江,惟此《读例存疑》一编,同人携来京师,亟谋刊行,家本为之校仇一过。秋署同僚,复议另缮清本,进呈御览,奉旨发交律例馆。今方奏明,修改律例,一笔一削,将奉此编为准绳,庶几轻重密疏罔弗当,而向之抵捂而歧异者,咸颗若画一,无复有疑义之存,司谳者胥得所遵守焉,固不仅群玉册府之珍藏为足荣贵也已。今夏刻既竣,为述其大略如此。展卷披读,惜司寇之不获亲见此书之成也。

薛大司寇遗稿序

班孟坚言,法家者流,出于理官。故身任理官者,始推求法家之学,习使然也。《四库》书浩如烟海,稗官小说悉入搜罗,独法家之书,所录者寥寥可数。岂世皆鄙弃斯学,竟无人讨论而著述欤?抑有讨论著述之书,世无人为之表章,遂湮没而不传欤?大司寇长安薛公,自释褐即为理官,讲求法家之学,生平精力,毕瘁此事。所著有《汉律辑存》、《唐明律合刻》、《服制备考》、《读例存疑》诸书。若是编,则仅有同官传钞之本,盖非公所甚注意者。甲辰岁,叙雪同人为公刊《读例存疑》,余实任编纂之役,已行于世。其时,醵资之事,段少沧观察任之,校雠之事,许俊人金事任之,凡此诸人之不惜心力以董其成者,岂独有私于公哉。良以法家者言,非浅学所能道,世间传述之书既不多觏,如此鸿篇巨帙,其饷遗我后人者,固非独为一人一家之事,而实于政治大有关系者也。当此法治时代,若但征之今而不考之古,但推崇西法而不探讨中法,则法学不全,又安能会而通之以推行于世。然则今之刻公书也,固将使世之人群讲求法家之学,以有裨于政治,岂独有私于公哉。公所著《汉律辑存》,庚子逸于京师,传闻为某舍人所获,秘不肯出。《唐明律合刻》、《服制备考》二书,有力任校刊者,又在若存若亡之间。自来著述之传不传,若有数存乎其间。公之书若无人为之表章而剞劂之,则亦将不传。乃有人表章之,剞劂之,而公之可传者尚不能尽传。此固公之憾,亦讲求法家之学者之群以为憾。是编二卷,虽非公精意所存,然前卷乃宪牍之圭臬,后卷亦一代之典章所系也。余故序而刊之,庶余心之憾可以少释。崔伯渊有言:"尝肉一脔,识镬中之味。"此亦一脔也。近时邵阳魏默深刺史之《元史新编》,其稿流落于仁和龚氏、独山莫氏者数十年,而终还归于魏氏,付刊行世。公书之流落人间者,安知不传于数十年之后,如《元史》之《新编》也乎!

刑案汇览三编序

　　《刑案汇览前编》六十卷，《续编》十六卷，纂订者会稽祝松庵，刊行者歙县鲍季涵也。《前编》所集，有说帖、成案、通行、邸抄以及《所见集》、《平反节要》诸书，而以说帖为最多，约居四之二，成案居四之一。《续编》所集，惟说帖、成案、通行、邸抄而无他书，成案居四之三，说帖仅十之一。其中有道光十三、十四等年交馆之案，当时核覆未具说帖者五十九件，此两《编》纂订之不同也。

　　从前刑部遇有疑似难决之案，各该司意主议驳，先详具说帖呈堂。如堂上官以司议为是，由司再拟，稿尾覆外省之语曰稿尾。分别奏咨施行。若堂上官于司议犹有所疑，批交律例馆详核，馆员亦详具说帖呈堂。堂定后仍交本司办稿，亦有本司照覆之稿。堂上官有所疑而交馆者，其或准或驳，多经再三商榷而后定，慎之至也。道光中，渐有馆员随时核覆不具说帖之事，去繁就简，说帖遂少。光绪庚辰以后，凡各司疑难之案，一概交馆详核。于是各司员惮于烦也，遂不复具说帖。馆员亦不另具说帖，径代各司拟定稿尾，交司施行。自是馆事日繁，而各司多不讲求，因有人才牢落之叹。虽经堂上官谆谆告诫，而积习相沿，未之能改。故说帖亦寥寥罕觏，所可采者，惟成案矣。

　　余官西曹三十年，癸未秋，在奉天司主稿，凡议驳之案，必先具说帖，或拟定稿尾，再请交馆。奉天辖东三省，该省官吏多不知刑名事，每年应驳之稿，有多至百余件者。余固不敢惮烦，而同司僚友，亦互相讲求，颇获切磋之益。夫刑名关系重要，其事之蕃变，每千头万绪,其理之细密,如茧丝牛毛。使身膺斯责而不寻绎前人之成说,参考旧日之案情,但凭一己之心思,一时之见解,心矜则愎,气躁则浮,必至差以毫厘,谬以千里。往往一案之误,一例之差,而贻害无穷,岂不殆哉。《汇览》一书,固所以寻绎前人之成说以为要归,参考旧日之案情以为依据者也。晰疑辨似,回惑祛而游移定,故法家多取决焉。顾或者曰:今日法理之学,日有新发明,穷变通久,气运将至,此编虽详备,陈迹耳,故纸耳。余谓:理固有日新之机,然新理者,学士之论说也。若人之情伪,五洲攸殊,有非学士之所能尽发其覆者。故就前人之成说而推阐之,就旧日之案情而比附之,大可与新学说互相发明,正不必为新学说家左袒也。

鲍之《续编》说帖,讫于道光十七年冬季,成案讫于道光十四年,通行讫于道光十八年秋季,邸抄讫于道光十八年九月。自是以后,无人续纂,以接其绪。鄂省刻有一编,所采仅咸丰、同治两朝,亦未完备,与鲍书不能相接。余尝得抄本《驳案集成》一书,起道光十八年,讫三十年,凡三十二卷,系律例馆原本,不知为何人所编,实可以接鲍书之绪。又得抄本道光十八年以后之《馆稿》八册,可以补《集成》之未备。光绪戊子秋,余承乏律例馆,复得衰集咸丰、同治、光绪年事,如是者五年。癸巳秋,擢守天津,不复与馆事,尔后见闻遂寡。间采通行数件,他未及也。丁酉夏,调守保定,省中诸幕僚见此书,咸怂恿付梓。因复手自校订,除繁去复,排比成书,凡一百二十四卷,颜之曰《三编》,志与鲍书相接也。官事冗迫,暇晷难得,灯炧饭罢,捐管吮毫,辄自笑曰:何不惮烦也。光绪己亥秋日。

此编抄撮于京邸,编订于天津、保定两郡署,见者谓宜公诸世。余方筹剞劂之资,旋值庚子之变,事遂中辍,忽忽又八九年矣。今日修订法律之命，屡奉明诏，律例之删除变通者，已陆续施行。新定刑法草案，虽尚待考核，而事机相迫，施行恐亦不远。此编半属旧事，真所谓陈迹故纸也。芟薙之功，待诸来日。姑记其缘起于此。丁未仲冬。

刺字集序

刺字，古墨辟遗意也。墨一名黥。《鲁语》："中刑用刀锯，其次用钻笮。"韦昭曰："笮，黥刑也。"班固《白虎通·五刑篇》："墨者，墨其额也。"高诱《战国策》注曰："刻其颡，以墨实其中曰黥。"韦昭《国语》注曰："刀墨，谓以刀刻其颡而墨窒之额额也。"此三说相同。许叔重《说文》："黥，墨刑。在面也。"郑康成《周礼》注曰："墨，黥也。先刻其面，以墨窒之。"此二说相同。《酉阳杂俎》引《尚书刑德考》曰："涿鹿者，凿人额也。黥者，马羁笮人面也。"然则古者墨辟有刻额、刻面之分矣。唐、虞、三代，墨居五刑之一。汉文帝除肉刑，当黥者髡钳为城旦春，而墨刑遂废。自后则有《晋令》："奴婢亡，加铜青若墨黥，黥两眼。后再亡，黥两颊上。三亡，横黥目下，皆长一寸五分，广五分。"此今刺逃人之意也。宋太始中，有劫窃遇赦，颊黥"劫"字之制。梁天监初，定律："劫身皆斩。遇赦降死者，黥面为'劫'字。"盖即昉于太始。此今刺强盗之意也，然第施之一事一时者耳。《唐律》十二篇不言刺字，殆尚无此制欤？石晋天福中，始有刺配之法。宋参用其制，凡应配役者傅军籍，用重典者黥其面。犯盗者刺环于耳后：徒、流、方；杖、圆；三犯杖，移于面。迨其后，科禁日密，刺配特繁，孝宗时增至五百七十条，臣僚多议其重，历请裁定。元承宋制，然颇疏略。亦越前明，其法加详。国朝因之，损益尽善矣。顾历久相沿之成式，暂时变通之章程，例文有未能悉备者，曹司遵用，仅有传钞之本。历年既多律例，屡经修改，而此书久未重编，援引每多窒碍。甘泉董氏，刻《刺字例辑》二卷，但就钞本复加增益，其中重貤疏谬，未遑删定。乾隆癸丑，震泽沈湘葵孝廉沾霖辑有《刺字便览》一卷，虽称简要，亦多阙略。岂以此属五刑之末，其见于条例、章奏者，散而难稽欤？将所谓品式备具，莫有苟且者，谓何也？

夫刺字亦国宪也，窃尝推原其旨。盖以凶蠹之徒，率多怙恶，特明著其罪状，俾不齿于齐民，冀其畏威而知耻，悔过而迁善。其间或有逃亡，既可逐迹追捕，即日后别有干犯，诘究推问，亦易辨其等差。是所以启其愧心而戢其玩志者，意至深也。独是良民，偶罹法网，追悔已迟，一肤黥刺，终身戮辱。善乎《宋志》之言曰："面目一坏，谁复顾藉。强民适长威力，有过无由自新。"然则手持三尺，可于此稍忽乎哉。况乎本律所未明言，他例所未该载，不深悉其同异而明究其源委，引用错谬，即干吏议；起除重补，惨等剥肤，亦司其事者之过也。家本云司承乏，沈理簿书，傅古亭疑，每深祗懔。因与同司郭存甫主事安仁参商，取旧本重编而类区之：曰通例，挈其纲也；曰条例，详其目也；曰免刺，条款示别也；曰备考，阙疑也。附以处分各例，又所以志警惕也。编既成，颜之曰《刺字集》。虽不足为律例之支流，其亦可以备法家之采择乎。至夫律义精微，管蠡未逮，例案繁博，见闻不周，则匡谬砭误，正有待于明律之君子。

历代刑官考序

官制之因革损益，代各不同，即一代之中，或亦先后不同。刑官之制，尤为纠纷，非枚举而详究之，不能得其变迁之故。日者钦奉明诏，改定官制，议局详议，纂为一编。在他官之当讨论者，尚不过名称之改易，案牍之区分，惟刑官之制，新旧大相径庭，其关系乎他日之政治者，得失是非，正非一言所可罄也。因述历代刑官之制，粗加考论，辑为二卷，得失是非，大略可睹矣。编既成，而序之曰：

《传》称："自颛顼以来，以民事命官。"《周礼》曰："设官分职，以为民极。"是则国家之设官，为民事设也。《家语·礼运篇》王肃注："官，职分也。"有一官即有一官之职分，故任是官者，必皆能各尽其职分，而后国家乃非虚设此官。此设官之本义也。稽之于古，未闻无是事而虚设一官者，亦未闻设一官而可以不事其事者；未闻任是官而不必问是官之职分当如何乃克尽者，亦未闻任是官而不必问职分之相当不相当可以漫居是官者。此理之易晓者也。则请更言其弊：进取之路，升转之阶，但为人谋，不以事计，遂有无一事而增数官者，其弊一。伴食之流，窃禄之辈，不亲公牍，世亦相容，遂有作此官而不作一事者，其弊又一。不考例案，未叙年资，应对偏工，奔走无误，遂有职分不必尽而升擢可邀者，其弊又一。甲署叙劳，乙署授秩，事非所习，位在人前，遂有职分不相当而冒昧从事者，其弊又一。凡此诸弊，与设官之本义实相刺谬。在他官皆不当如此，况安民和众其关系重要尤在刑官，而可以蹈常袭故不思变计乎。至于禄薄筹增，多一官即多一官之俸给，度支告绌，区画为难，此又关乎国用，不可不计及者也。古者士之仕也，以行道也，故为贫而仕者，必辞尊居卑，辞富居贫。委吏乘田，孔子为之。自此义不明，而急流竞进，利禄为心，用不必才，官失其守，此治道之所以日衰也，良可慨已！若夫刑官变迁之故，苟即是编而讨论之，得失是非，亦可了然。何者与古同，何者与古异，何者古当因，何者古当革，因时损益，必得其宜，是在主之者。

汉律摭遗自序

自商鞅变法相秦孝公而秦以强，秦人世守其法，是秦先世所用者，商鞅之法也。始皇并天下，专任刑罚，以刻削毋仁恩和义为宗旨，而未尽变秦先世之法，是始皇之所用者，亦商鞅之法也。鞅之法，受之李悝。悝之法，撰次诸国，岂遂无三代先王之法存于其中者乎？鞅之变者，牧司连坐之法，二男分异之法，末利怠贫收孥之法，余仍悝法也。然则商鞅之法，岂遂无三代先王之法存于其中者乎？迨李斯创焚书之议，敢偶语《诗》、《书》者弃市，是古非今者族，法之烦苛，莫此为甚。其后复行督责之令，民不堪命，而秦以亡，非尽由商鞅之法。商鞅之法，固李悝之法也。汉兴，约法三章，蠲削烦苛，然不足以御奸。萧何于是攈摭秦法，取其宜于时者，作律九章，其三章何所增，其六章即李悝之《法经》也。是汉法亦本于李悝而参之以秦法，非取秦法而全袭之也。今试以《周官》考之：先请原于八议，决事本于八成，受狱即士师之受中，案比即司徒之大比，读鞫者小司寇之读书也，乞鞫者朝士之听治也，过失不坐，三宥之法也，年未满八岁、八十以上非手杀人不坐，三赦之法也。其他之合于周法者，难偻指数。先郑、后郑注《周官》，并举汉法以为比况，可见《汉律》正多古意，非犹为三代先王之法之留遗者乎。历代之律存于今者唯《唐律》，而古今律之得其中者亦唯《唐律》，谓其尚得三代先王之遗意也。《唐律》之承用《汉律》者不可枚举，有轻重略相等者，有轻重不尽同者。试取相较，而得失之数可借以证厥是非，是则求《唐律》之根源，更不可不研究夫《汉律》矣。惜《汉律》久亡，其散见于史传者，百不存一。然使搜罗排比，分条比类，按律为篇，其大凡亦可得而考见焉。

同治、光绪之间，长安薛大司寇曾纂《汉律辑存》一书，业经写定，将付手民，庚子之变，为某舍人所得，匿不肯出，百计图之，竟未珠还，良可惋惜。巴陵杜贵墀有《汉律辑证》六卷，颇称详备，然尚阙遗。近富平张大令鹏一有《汉律类纂》一书，编次亦未分明。壬子之春，键户养疴，斗室枯坐，因取杜、张二书，重为编次，以律为纲，逐条分入。目之可考者，取诸《晋志》，事之可证者，取诸《史记》及班、范二书，他书之可以相质者，亦采附焉。诸书所引律、令，往往相混，盖由各律中本各有令，引之者遂不尽别白。如《金布律》见于《晋志》，而诸书所引则《金布令》为多。今于律、令二者亦不能详为区别，若二郑注之所称今时，固难定其为律为令也。龄稘气苶，时须卧息，穷竟日之力，所获无多。自春徂夏，今又秋气初悲，甫克毕事，凡得二十二卷。虽未足遂为三代先王之法，世有稽古之士，其或有取于斯。壬子立秋后三日，七十三叟沈家本。

大清律例讲义序

天下之学，必讲焉而后明，刻在专门，义博而科繁，安有不讲而能明者。讲读律令，旧载《吏律》。乾隆初，吏部以内外官员各有本任承办事例，律例款项繁多，难概责以通晓，奏请删除官员考校律例一条，上不允。诚以律例关系重要，非尽人所能通晓，讲读之功，不可废也。乃今之说者，谓律例当使官吏尽谙，颛愚共喻。信斯言也，必使人人皆能通晓，无待于讲焉而后可，必深辞古义非讲不明者，概加芟薙焉而后可。不然官吏尚未能尽谙，又安望颛愚之共喻哉？讲读之文，载在功令，乌可诬也。夫读者但记诵其辞，讲者必解说其意，举凡礼教之精微，事情之繁赜，一字一句，皆有至理存焉。是即讲之读之，尚恐有不能通晓者，属在官吏职当尽谙，而官吏之谙之者已不多觏，若欲颛愚之人莫不喻之，能乎？否乎？

在昔《汉律》，各为章句，叔孙宣、郭令卿、马融、郑玄诸儒，十有余家，家数十万言。凡断罪所当由用者，合二万六千二百七十二条，七百七十三万二千二百余言。魏世诏用郑氏章句，不得杂用余家。夫以康成一代大儒，其所以讲之者，犹如是之详且尽也。其后《唐律》，则有《疏议》三十卷。在唐初，律学专家颇有其人，奉敕纂修《疏议》，其所以讲之者，又如是之详且尽也。洎乎有明，说律之书，不下数十家，《琐言》《读法》《纂注》《笺释》诸书，世尚有传本。或自申己见，或汇集群言，其所以讲之者，又如是之详且尽也。使果人人皆能通晓，古之人何若是之不惮烦哉？《大清律例》承《明律》而损益之，雍正、乾隆以来，叠经修改，其条例视明代增千数百条,律文则因者多而革者少。顺治初,以律文有难明之义,未足之语,增入小注。雍正三年,又纂总注附于律后,并列圣垂训,命官撰集。岂非以礼教之精微,事情之繁赜,正有非官吏之所能尽谙,颛愚之所能共喻者乎?此其所以讲之者,又如是之详且尽也。

然则《律例》一书,将欲考其沿革,穷其义例,辨其同异,权其重轻,是非讲不为功。今试进司牧之自负能名,幕府之素称老手者,举律例而周谘焉。其阅历非不深也,其办案非不精核也,若夫历代之沿革,亦尝考订之乎?法经之义例,亦尝推阐之乎?律与律之同异,例与例之同异,律与例之同异,亦尝参稽而明辨之乎?律轻例重之故,律重例轻之故,古律与今律重轻之故,此律与彼律重轻之故,亦尝博综而审定之乎?将皆逊谢不遑曰,未也。夫不明沿革,必至修一例而贻害无穷。不明义例,必至断一案而情法失当。不明同异,必至援引不衷,于是甲罪用乙例,乙罪用甲例。不明重轻,必至权衡不得其平,重者失之轻,轻者失之重。夫孰非不讲之为害哉。

独是《律例》为专门之学,人多惮其难,故虽著讲读之律,而世之从事斯学者实鲜。官西曹者,职守所关,尚多相与讨论。当光绪之初,有豫、陕两派,豫人以陈雅侬、田雨田为最著,陕则长安薛大司寇为一大家。余若故尚书赵公及张麟阁总厅丞,于《律例》一书,固皆读之讲之而会通之。余尝周旋其间,自视弗如也。近年则豫派渐衰矣,陕则承其乡先达之流风遗韵,犹多精此学者。韩城吉石生郎中同钧,于《大清律例》一书,讲之有素,考订乎沿革,推阐乎义例,其同异重轻之繁而难纪者,又尝参稽而明辨之,博综而审定之,余心折之久矣。迨偕顺德伍秩庸侍郎奏请专设法律学堂,于丙午九月开学,学堂科目特设有《大清律例》一门,即延石生主讲。于今已阅五学期,所编讲义积成六册。其于沿革之源流,义例之本末,同异之比校,重轻之等差,悉本其所学引申而发明之,辞无弗达,义无弗宣,洵足启法家之秘钥而为初学之津梁矣。余奉命修律,采用西法互证参稽,同异相半。然不深究夫中律之本原而考其得失,而遽以西法杂糅之,正如枘凿之不相入,安望其会通哉?是中律讲读之功,仍不可废也。余嘉是编之成,幸斯学之未坠,而后来者有门径之可寻也,故乐为之序。宣统建元六月。

法学通论讲义序

余恭膺简命,偕新会伍秩庸侍郎修订法律,并参用欧美科条,开馆编纂。伍侍郎曰:"法律成而无讲求法律之人,施行必多阻阂,非专设学堂培养人才不可。"余与馆中同人佥赞其议,于是奏请拨款设立法律学堂,奉旨俞允。择地庀材,克日兴筑,而教习无其人,则讲学仍托空言也。乃赴东瀛,访求知名之士,群推冈田博士朝太郎为巨擘,重聘来华。松冈科长义正,司裁判者十五年,经验家也,亦应聘而至。于光绪三十二年九月开学,学员凡数百人,昕夕讲贯,晌经三学期矣。吾中国法律之学,其将由是而昌明乎。

日本之讲求法律,著书立说者非一家,而冈田博士之书,最鸣于时。其所撰《法学通论讲义》,吾学堂诸君子亦既面聆之而研究之矣,同人复怂恿付梓,以广流传。博士因裒集稿本,删订成书,而问序于余。余维《管子》之言曰:"不法法则事毋常,法不法则令不行。令而不行,则令不法也。法而不行,则修令者不审也。"又曰:"不明于法而欲治民一众,犹左书而右息之。"是则法之修也,不可不审，不可不明。而欲法之审，法之明，不可不穷其理。而欲穷其理，舍讲学又奚由哉。顾知讲学矣，而于诸法之繁赜，不能絜其纲领，析其条目，俾秩然而有序，犹未审也。且于诸法之要归，不能抉其精微，辨其疑似，俾昭晰而无遗，犹未明也。则讲学亦岂易言哉。博士天资超迈，于五洲法律之书，博学而详说之，故能由博反约，提要钩玄。先之以总说为一卷，次则宪法、行政法、民法、商法、刑法、编制法、诉讼法、国际私法、国际公法各为一卷，条分缕析，何其审且明也。方今环球学说，月异日新，苟非会而通之，又乌能折衷而归一。是世之读是编者，其亦深思夫会通之故，而勿视为一家之言焉，庶法律之学日益昌明乎。松冈科长之《讲义》亦将编定而公之世，以先睹为快。光绪三十四年六月。

裁判访问录序

光绪乙巳九月，修订法律馆奏请派员赴日本调查裁判监狱事宜，膺斯役者为郎中董绶金康、主事麦敬与秩严。馆事殷繁，于次年四月始克东渡，员外郎熙惟周桢亦相偕前往。抵东京后，适员外郎王书衡仪通奉学部命在彼，相助为理。日本政府因吾国司法初与交涉，由司法省特简参事官斋藤十一郎、监狱局事务官小河滋次郎导引诸人分历各处裁判所及监狱详细参观，并于司法省及监狱协会开会讲演。见闻所及，撮其大要，为《裁判》四章、《监狱》二十二章，缮具清单，进呈御览。董郎中复将辑译所得，编纂为书，先成《裁判访问录》。家本读竟而序之曰：

人不能无群，有群斯有争，有争斯有讼，争讼不已，人民将失其治安，裁判者，平争讼而保治安者也。顾古今中外风俗不尽同，裁判之事即不能尽同。不同者而必欲强之使同，其势必有所阂，由是阻力生焉。其在上古之世，风俗浑朴，科条简易。中古以降，风俗趋于浇漓，事日繁剧，若仍以简易之科条行之，能乎？是故自秦以来，裁判各自为法。汉有读鞫、乞鞫之律，而后世无文。《唐律》考囚不过三度，考满不承，取保放之，而今无此法。若是之类，非止一端。此古典今之不能同也。

西国司法独立，无论何人皆不能干涉裁判之事，虽以君主之命，总统之权，但有赦免，而无改正。中国则由州县而道府，而司，而督抚，而部，层层辖制，不能自由。从前刑部权力颇有独立之势，而大理稽察，言官纠劾，每为所牵制，而不免掣肘。西法无刑讯，而中法以考问为常。西法虽重犯亦立而讯之，中法虽宗室亦一体长跪。此中与西之不能同也。更有相同而仍不同者。古今无论矣，但即中、西言之裁判所凭者，曰供，曰证。中法供、证兼重，有证无供，即难论决。《唐律》狱囚取服辩，今律承之。可见中法之重供，相沿已久。虽律有众证明白即同狱成，及老幼不拷讯，据众聚证定罪之文，特所犯在军流以下者，向来照此办理，至死罪人犯；出入甚钜，虽有此律，不常行用，盖慎之也。西法重证不重供，有证无供，虽死罪亦可论决。此又中西之同而不同者也。

方今世之崇尚西法者，未必皆能深明其法之原，本不过藉以为炫世之具，几欲步亦步，趋亦趋。而墨守先型者，又鄙薄西人，以为事事不足取。抑知西法之中，固有与古法相同者乎。如刑之宣告，即周之读书用法，汉之读鞫及论，唐之宣告犯状也。狱之调查，即周之岁终计狱，弊讼登中于天府；宋之类次大辟，奏上朝廷也。至若大司徒所属之乡、遂大夫诸官，各掌乡、遂之政教禁令，而大司寇所属之乡士、遂士、县士分主国中、遂、县之狱,与乡、遂诸大夫分职而理,此为行政官与司法官各有攸司,不若今日州县官行政、司法混合为一,尤西法与古法相同之大者。夫古法之不同于今而不行于今,非必古之不若今,或且古胜于今。而今之人习乎今之法,一言古而反以为泥古,并古胜于今者而亦议之。谓古法之皆可行于今,诚未必然。谓古法皆不可行于今,又岂其然。西之于中,亦犹是耳。值事穷则变之时,而仍有积重难返之势,不究其法之宗旨何如,经验何如,崇尚者或拘乎其墟,而鄙薄者终狃于其故。然则欲究其宗旨何如,经验何如,舍考察亦奚由哉。

泰西裁判之制,英、美为一派,德、法为一派,大略相同而微有不同。日本多取诸德、法,然与德、法亦不尽相同。盖立法以典民,必视乎民以为法而后可以保民。即如陪审官,实创自英。英本以自治为国,故此职最重。法改民主之后,经人民要求,亦用此制,德亦仿行,然皆不若英之出于习惯之自然。故日本不用此制,而别设检事一官。此东与西之不同者。英、美无区裁判,而德有之,日本用德制也。此西与西之不同者。凡此不同之故,亦仍视乎其国之政教风俗,有不能强之使同者。因民以为治,无古今中外一也。

中国今者方议改裁判之制,而礼教风俗不与欧美同。即日本为同洲之国,而亦不能尽同。若遽令法之悉同于彼,其有阻力也固宜然。我法之不善者当去之,当去而不去,是之为悖。彼法之善者当取之,当取而不取,是之为愚。夫必熟审乎政教风俗之故,而又能通乎法理之原,虚其心,达其聪,损益而会通焉,庶不为悖且愚乎。日本斋藤参事所述裁判之制,颇称详备,凡所谓宗旨何如,经验何如,其大端已具于是。是在讲究斯法者,勿求之于形式,而求之于精神,勿淆群言,勿胶一是,化而裁之,推而行之,斯变通尽利,平争讼,保治安,阻力罔勿消,而势亦无所阂矣。古今中外之见,又何必存哉。

监狱访问录序

董君编裁判事宜毕,复将监狱事宜辑为二编,前编为总论,凡七章,后编为各论,凡十五章,颜之曰《监狱访问录》。展卷再四,因得一言以蔽之曰,监狱者,感化人而非苦人、辱人者也。

应劭《风俗通》云:"三王始有狱。夏曰夏台,言不害人,若游观之台。殷曰羑里,言不害人,若于闾里。周曰囹圄,囹令,圄举也,言令人幽闭思愆,改恶为善,因原之也。"寻绎此说,可以见古人设狱之宗旨,非以苦人、辱人,将以感化人也。自此义不明,而吏之武健严酷者,其惨毒之方,残刻之状,难以偻指。由是感化之地,变而为苦辱之场。其强者逾越逃亡,甚则劫囚反狱,防之每不胜其防。其弱者愁惨呻吟,强半填尸牢户。揆诸古人之宗旨,不大相径庭哉!

《小宛》之诗曰:"哀我填寡,宜岸宜狱。"汉宣帝诏曰:"今系者或以掠辜,若饥寒瘐死狱中,何用心,逆人道也。"言之可为痛切。汉时虽有以系囚课殿最之令,《晋令》亦有作任与衣,厚草蓐,给医药,种种优恤之政,乃千百年来此弊迄未能尽革者,何欤?谓非规制之未能尽善欤?

泰西监狱,初亦未得感化之宗旨,而惟以苦人、辱人为事。迨后有仁慈者出,目睹夫惨毒之方,残刻之状,同为人类,何独受此,于是倡为感化之说,播于欧洲。更有学人辈出,相与研究,定厥宗旨。举凡建筑之法，待遇之法，监督之法，莫不酌理准情，区画周至，而宗旨一以感化为归宿。考其政治，成效昭然。近今各国复立监狱协会，穷年矻矻，方进未已。日本制仿泰西，颇已改观，而彼都人士犹以为未臻尽善，仍刻意讲求。此其实事求是之心，又何可及哉。试举泰西之制而证之于古。囚人运动场，即古人游观之意也。衣食洁而居处安，即古人间里之意也。有教诲室以渐启其悔悟，更设假出狱之律，许其自新，又古人幽闭思愆，改善得原之意也。大凡事理必有当然之极，苟用其极，则古今中西初无二致，特患无人推究之耳。

小河滋次郎为日本监狱家之巨擘，本其生平所学，为我国忠告。我国之经营斯事者，诚即是编以考其得失，当恍然于苦辱之不足以为政，而深维乎感化之故。其得也者，可取以为资。其失也者，可引以为戒。无妄费，无怨囚，无旷职，事半功倍之效，愿馨香祝之也。或曰，习染既深，洗涤非易，必谓监狱之内可大收感化之功，恐言似动听而行难获效也。顾蚩蚩者氓，自非下愚不移，讵有不可感化之理。纵不能尽人而感化之，第使十人而得六、七人，或四、五人，或二、三人，则人之有害风俗有害治安者，必日见其少。积渐既久，风俗自日进于良，而治安可以长保焉。所虑者，但袭外观，不求内蕴，遂谓感化无期也。是果感化之不可期哉！

法学名著序

《管子》曰："不法法则事毋常，法不法则令不行。"此言国不可无法，有法而不善，与无法等。然则议法者欲明乎事理之当然，而究其精意之所在,法学之讲求,乌可缓乎。南齐孔稚珪《请置律学助教表》云:"寻古之名流,多有法学。故释之、定国,声光汉台。元常、文惠,绩映魏阁。"尔时稚珪提唱宗风,始标法学之名,以树之的,复特引名流以为重,其惓惓于法学之讲求,意何殷也。

夫自李悝著经,萧何造律,下及叔孙通、张汤、赵禹之俦,咸明于法,其法即其学也。迨后叔孙宣、郭令卿、马融、郑玄诸儒,各为章句,凡十有余家,家数十万言。凡断罪所当由用者,合二万六千二百七十二条,七百七十三万二千二百余言。法学之兴,于斯为盛。郑氏为一代儒宗,犹为此学,可以见此学为当时所重,其传授亦甚广。魏卫觊请置律博士,转相教授。自是之后,下迄唐、宋,代有此官,故通法学者不绝于世。洎乎元主中原,此官遂废,臣工修律之书,屡上于朝,迄未施行。明承元制,亦不复设此官。国无专科,人多蔑视,而法学衰矣。卫觊云:"刑法者,国家之所贵重,而私议之所轻贱。"斯言若伤于过激。然纪文达编纂《四库全书》,法令之书,多遭摈弃,并以刑为盛世所不尚,所录略存梗概而已。夫以名公巨卿,创此论于上,天下之士,又孰肯用心于法学? 其衰也宜也。

近今泰西政事,纯以法治,三权分立,互相维持。其学说之嬗衍,推明法理,专而能精,流风余韵,东渐三岛,何其盛也。各国法学,各自为书,浩若烟海,译才难得,吾国中不能多见。日本之游学欧洲者,大多学成始往,又先已通其文字,故能诵其书册,穷其学说,辨其流派,会其渊源。迨至归国之后,出其所得者,转相教授,研究之力,不少懈怠。是以名流辈出,著述日富。大抵专门之学,非博观约取,其论说必不能详,非极深研几,其精蕴必不能罄。此固非积数十寒暑之功候不能有所成就。若第浅尝而猎取之,遂欲折衷群言,推行一世,难矣。

今者法治之说,洋溢乎四表,方兴未艾,朝廷设馆,编纂法学诸书,将改弦而更张之矣。乃世之学者,新旧纷拿,各分门户,何哉?夫吾国旧学,自成法系,精微之处,仁至义尽,新学要旨,已在包涵之内,乌可弁髦等视,不复研求。新学往往从旧学推演而出,事变愈多,法理愈密,然大要总不外"情理"二字。无论旧学、新学,不能舍情理而别为法也,所贵融会而贯通之。保守经常,革除弊俗,旧不俱废,新亦当参,但期推行尽利,正未可持门户之见也。或者议曰,以法治者,其流弊必入于申、韩,学者不可不慎。抑知申、韩之学,以刻核为宗旨,恃威相劫,实专制之尤。泰西之学,以保护治安为宗旨,人人有自由之便利,仍人人不得稍越法律之范围。二者相衡,判然各别。则以申、韩议泰西,亦未究厥宗旨耳。

此编网罗法学之书,精译印行,其中作者并日本近世知名之士,经数十载之研稽,著为论说,卓然成家,洵足饷遗当世。彼都人士,交相推重,非虚语也。方今宪政推行,新法令将次第颁布,得是书而讲求之,法学之起衰,庶于是乎! 在窃愿拭目竢之。宣统三年夏五〔月〕。

政法类典序

昔邹衍之谈瀛海也,论者以为虚妄,盖惊于未见为怪也。今者五洲悬绝,梯航毕通,译寄象鞮,交错若织,列国政教之殊途,质文之异尚,使节所至,亦既见之,且往往能言之。此固天地气运日开,为前古未见之变局,人不得而诋为虚妄矣。惟是智力日出,方有进无已,天演物竞,强胜乎,弱胜乎,不待明者而决之。然则处今日之变,通列国之邮,规时势,度本末,幡然改计,发愤为雄,将必取人之长,以补吾之短。若者益,若者损,若者先,若者后,不深究其政治之得失,又乌乎取之?顾欲究各国之政治,必先考各国政治之书,非亲见之不能得其详,非亲见而精译之不能举其要。使节所至,见之矣,或不能译之,即能译之矣,而所译者不能举其要,则见与不见同,译与不译同。盖政治之要,非深于政治者不能知,译政治之书,非深于政治者不能通其义,则将欲取长以补短,又乌乎取之?且古治之盛也,政与学为一途,风教远暨,王泽下究。其时学者,多究心当世得失,立言类有师法。班固谓儒家者流出于司徒之官,道家者流出于史官,法家者流出于理官,名家者流出于礼官,农家者流出于农稷之官,墨家者流出于清庙之守,虽源流不同,大抵皆本一代之治以为学,即本一代之学以为治。降及后世,政与学分,所学非所用,所用非所学,治化不进,非无故也。泰西各国当中土周、秦之世,学术称盛,而希腊、罗马亦师儒相望,已为后世诸家专门之祖。十九世纪以来,科学大明,而研精政法者,复朋兴辈作,乃能有今日之强盛,岂偶然哉。

方今中国,屡经变故,百事艰难,有志之士,当讨究治道之原,旁考各国制度,观其会通,庶几采撷精华,稍有补于当世。东西政治之书,近数十年来,著译甚夥,虽不乏善本,然或非出专门之手,或其言庞杂,学者无所折衷。若搜讨众作,鉴别去取,门径秩然,诚未易见。章君宗祥、戢君翼翚慨念及此,爰勾集同志,纂为是编,分历史、政治、法律、经济四部,其辑录宏富,议论纯正,文辞可观。循是以求于今日列国之政教得失,洞若观火,洵所谓通其义而举其要者矣。考各国之政治者,其将于是取之乎。

新译法规大全序①

《管子》曰："立法以典民则祥，离法而治则不祥。"又曰："以法治国，则举错而已。"又曰："先王之治国也，使法择人，不自举也。使法量功，不自度也。"其言与今日西人之学说，流派颇相近，是法治主义，古人早有持此说者，特宗旨不同耳。

将欲明西法之宗旨，必研究西人之学，尤必编译西人之书。说者谓西文"法"字，于中文有"理"、"礼"、"法"、"制"之异译，不专指刑法一端。则欲取欧美之法典而尽译之，无论译者之难其人，且其书汗牛充栋，亦译不胜译。

日本则我同洲同种同文之国也，译和文又非若西文之难也，然鸿编巨帙，正非一手足之力所能竟厥功。日本旧时制度，唐法为多。明治以后，采用欧法，不数十年，遂为强国，是岂徒慕欧法之形式而能若是哉？其君臣上下，同心同德，发愤为雄，不惜财力以编译西人之书，以研究西人之学，弃其糟粕而撷其英华，举全国之精神，胥贯注于法律之内，故国势日张，非偶然也。

古来法制之书，莫详于《周官》。其后唐之《通典》，元之《至元条格》，明之《会典》，皆备载一朝之制作。我《大清会典》一编，尤为巨构。日本全国新制，萃于《法规大全》一书，即《周官》、《通典》、《会典》诸书之流亚也。卷帙繁重，编译为难。光绪辛丑，南洋

---

① 即《新译日本法规大全》序，参见本书点校本第一卷，商务印书馆2007年版。

公学曾译是书,稿垂成而未遑校定。

今商务印书馆取其原稿,重加编纂,分门考定,为类二十有五,凡宪法、民法、刑法、裁判法、诉讼法、商法以及官制、官规、地方制度并警察、财政、军事、矿业、森林之法,本末洪纤,无不备举。后附《法规解字》一编,以备检查。任是事者,总理有人,分纂有人,讨论有人,时越二年,金费巨万,诚盛举也。书成,乞序于余。余向者曾得是书,以未习和文不能读,兹幸获睹。是书之成而彼国之日强,并得即此而考其故,益知法治之说为不诬矣。

方今朝廷孜孜求治,锐意维新,不惮改弦而更张之,得是书为考镜之资,于变通尽利之方,良多裨助,以视编译西书,事半而功倍焉。

夫法者,天下之程式,万事之仪表也。程式具矣,仪表立矣,而无真精神以运用之,则程式为虚文,而仪表亦外观也。古语曰:"徒法不能以自行。"程子曰:"必有关雎、麟趾之意,然后可以行《周官》之法度。"旨哉言乎,世之读是书者,当思其精神之所在,无徒于程式仪表求之,庶不负编译之苦心也夫!

法学会杂志序

自李悝著《法经》,而法学兴。秦时以吏为师,天下之习法学者,群集于丞相之府。西汉因之。东汉不用秦法,士之习法学者,聚徒教授。如郭弘习小杜律,郭躬传其父业,讲授徒众,常数百人。吴雄三世为法名家。陈咸以律令传为家业,其后宠、忠皆典刑法。至为律章句者,凡十余家,郑康成以大儒,犹为此学。是时虽无法学会之名,而其传授不替,徒众颇广,固甚盛也。近世纪欧洲学者孟德斯鸠之伦,发明法理,立说著书,风行于世,一时学者递衍,流派各持其是。遂相与设立协会,讨论推寻,新理日出,得以改革其政治,保安其人民。流风所被,渐及东海,法学会称极盛焉。独吾中国寂然无闻,举凡法家言,非名隶秋曹者,无人问津,名公巨卿,方且以为无足重轻之书,屏弃勿录,甚至有目为不祥之物,远而避之者,大可怪也。近今十年来,始有参用西法之议。余从事斯役,访集明达诸君,分司编辑,并延东方博士,相与讲求。复创设法律学堂,造就司法人才,为他日审判之预备。规模略具,中国法学,于焉萌芽。

庚戌之冬,法律学堂学员熊君煜、王君克忠诸君,纠合同志,筹设法学会,来质于余。余喜法学之甫有萌芽者,渐见滋生也,极赞成斯议,并捐资为之助。于是冬仲月,竟克成立,会事属汪君子健总其成。子健热心毅力,定章程,筹经费,粗立形式。惟会甫成立,进行匪易,佥议设立短期法政研究所及月出杂志一编,以导其先。遂于辛亥之春,设研究所于财政学堂,子健约同冈田、志田二博士,各尽义务,分班讲说。并延名流数君,担认各种杂志,则自三月始月出一册。研究所于炎暑时暂停,杂志则已出五期,不意八月中国事变迁,人情惶惑,事遂中辍,良可惜也。余老病侵寻,入春以后,键户静养,不复与政界相周旋。子健惜斯会之已成而中辍也,复与章仲和君重加整顿,并乞政府资助千金,斯会乃复成立。一时知名诸公,无不莅止冠裳,跄济盛于曩时。余虽以老病,不获亲至会所,一聆伟论,而窃喜已废之复举也。因述其缘起,题于杂志卷端。自后吾中国法学昌明,政治之改革,人民之治安,胥赖于是,必不让东西各国,竞诩文明也。实馨香祝之。七十三叟沈家本。

跋(卷七)

钞本唐律疏义跋

钞本《唐律疏义》三十卷,附图十二卷,前后无序跋,图亦不著王元亮之名,释文附每卷后,小注亦作大字,以空格分别之,卷末有考亭书院学士余资编校一行。"学士"当为"学生"之误。孙氏岱南阁覆元泰定本卷末亦有此一行,似两本同出一源,而此本题曰"唐律疏义",孙本则题曰"故唐律疏义"。此本校语云:"宋本、元本并作'疏义'。""义"、"议"文殊,不独与孙本异,与诸本亦异矣。卷首有江东罗氏所藏朱记,卷中有黄、蓝、朱三色笔校语,末卷有乾隆五十四年二月二十八日写校毕,卢弓父记,黄笔一行。弓父为抱经先生晚年自号,此书为晚年手校之本。各卷又有朱笔庚戌二月二日至五日校语。是此书钞于己酉年,先以黄笔校之,次年庚戌复以朱笔校之,凡四日而毕。

抱经先生生于康熙丁酉,至乾隆庚戌年已七十有四,而丹铅不辍,其勤且敏也如此,今之世安得尚有其人哉。其所据以校此本者,有宋本及元本。今取孙本互相校勘,其得失亦时时互见。如阑入宫门条"入上阁门",孙本"阁"误"阁",此本不误。乘官畜私驮物条末句"同私驮载法",孙本夺"法"字,此本有。并与宋本《律文》

合。兵刃斫射人条小注"弓箭刀槊",孙本夺"刀"字,此本有。他如"馱物"之"馱"不从"犬","湿恶"之"湿"不从"㶟",孙本并误,此皆可以订正孙本者。孙本释文最难读,顾千里历举其失。此本标目与释语不相淆乱,远胜孙本,取以订正千里所言之失,可十去六七。惟第五卷全同孙本,其失正同。二十一、二十三两卷无释文。似传写时所据本已残缺,故孙本之各序亦皆无也。各卷中每有夺落,或十数字,或一、二行,或三、四行,朱笔校添。此不知为传钞之过,抑原书本如是?卢所据宋、元两本,今已不知流落何方。其宋本如表文释文"谓子太叔"作"谓子"二字,"独夫"下引《孟子》"一夫作独夫","次骨"下引《史记》而以《汉书》之语羼入,皆不如孙本之善。惟"张汤杜陵人也",朱笔校乙"陵"字,与《史记》合。徐广云:"尔时未为陵,不当有'陵'字,《汉书》作'杜陵',从后来之名也。"其元本每卷记其缺叶,盖亦非完善之本,但不知视孙本何如,校语未分别,无以明也。此本为吾友董绶金所藏。《唐律》世行惟孙本,他本希觏,先辈手校之本,尤可宝贵,假以校孙本,校毕为书此而归之。宣统建元仲冬二十二日,跋于京寓之枕碧楼。

唐律释文跋

《唐律疏议》所附释文,据无名氏序,为"此山贳冶子"所作,不著姓名,亦无年月,故不能详其为何时人。惟序有:"《刑统》之内,多援引典故,及有艰字,故此山贳冶子治经之暇,得览金科,遂为释文,以辩其义云云。"是释文本为《刑统》而作,非为《唐律》注释。其中每多《律文》及《疏议》所未见之语,初亦不得其故,近得《刑统》校之，都在所载令、敕诸文之中，并非无故阑入。其间有与《疏议》不同者，亦《刑统》所改。"枭镜"作"枭鸱"，系避庙讳同音之字。非得《刑统》原书，亦不能详也。

《刑统》为宋代之书，释之者自当为宋人。卷三"杂户"，释曰："若今不刺面，配在将作监、太常院、东西库务者。"考《宋史·百官志》有将作监、太常礼院，太府寺有东西库。《元志》将作监改为将作院，其官为院使，亦未见有东西库名目。观于"若今"之文，其为宋人之语，更灼然无疑。其引《诗集传》，尊之曰"朱子"，则其人亦私淑朱子之学者。惟序文有："天厌前代宝命，我皇圣慈，惟刑是恤，遂诏刑官，删修坠典等语。"似为元初人语。或作释文者自为宋人，作序者自为元人，年代相接，故难分别也。王元亮官于元泰定年间，距宋亡将五十年，其于释文题曰重编，显非元亮所作。《四库总目提要》以释文与纂例并属之元亮，未得其实也。第元亮重编之时，有无删润，则不能详耳。《铁琴铜剑楼藏书目录》云："此书进表中注释及本文有注字者，无名氏序谓此山贳冶子释文也，卷后之释文则王元亮所为。"盖亦承《提要》之说。第序既谓"《刑统》援引典故，及有艰字"，且如问云："加杖二百比徒四年，部曲与奴婢不等，义服与正服有乖，若此之差，例皆多目。此山贳冶子为释文以辩其义。"可见释文原书不仅表中注释及各卷中寥寥数条也。惟卷廿八"停家职资"，正文内有释曰一条，而后文又出"停当"二字，释云："'当'字当作'家'字。详其释。"意则甚明，差若作"当"字，于义难通。此一本误作"停当"，故为此语，乃校刊之词，而非注释之文。或是元亮所羼入者欤？

孙宣公《律音义》专释《律文》，而此书统释《疏议》。宣公长于训诂之学，其是正文字，极为精审，此书则远不逮。如"惩音呈"，

"绳音成",《广韵》惩、绳在十六蒸,呈、成在十四清,异韵作音,于音学为疏。又如卷十八"猫鬼",不考《隋书·独孤陀传》猫鬼为左道,而以猫为斑猫,鬼转音卉,为冶葛之属,是转以不误为误也。然其疏解,大致亦有可采,惜多讹舛至不可读。顾千里谓其所以难读,则有应别自为条而连他条者,有应属一条而分数条者,有标其字而佚其释者,有释尚在而遗标字者,有前后互换其处者,有释所据本不同而抵捂者。今得江东罗氏所藏钞本《唐律疏义》,其释文皆作大字,视孙本为胜,取以相校,千里所言,诚中其失。惟钞本亦时有讹舛,与孙本同,且有不如孙本者。又廿一、廿三两卷释文全缺,亦无可校。至如表文"十角"事出《后汉书·南匈奴传》,释文但有"十角者"三字,其下文缺。卷二十四引《周礼·族师》"四闾为族,八闾为联。""闾"误作"官",两本皆然。如此之类,又当取他书以校之,庶臻完善云。

常熟瞿氏宋本律文附音义跋

宋本《律文》十二卷附《律音义》一卷,曩见迻写桐乡沈氏藏本,尝书其后,复跋之矣。

常熟瞿氏铁琴铜剑楼藏有影钞宋本,吾友董绶金倩人影钞一通,出以相示,款式悉仍其旧。"完"、"桓"二字缺末笔。卷末有墨图记二方,一曰"子昭",一曰"捻髭亭子雍"。目录云:"此书世尠传本,原出浙江人士,稽瑞楼主人从之传录。"是其书为陈子准撰旧藏,子准没后,瞿氏得之。瞿云原出浙江人士,殆即指蒋寅昉本。顾千里曾诋之,故泛言之也。

今以沈本互校，如卷一诸应议请减条第九行之首缺一字，诸妇人有官品条第一行之首缺二字，诸无官犯罪条第四、五行之首各缺一字，其余缺文，两本相同者多。卷十二"诸闻知有恩赦"以下十八行错简在诸断罪应绞条第二行之后，两本相同。此十八行，瞿本自为一页，乃此卷之第六页，因与第七页倒置，致列在后。此装池之误，而非原书之误，传录人不悟其故，接连写去，遂成错简。沈本原书虽未见，其错简之由，亦必如此。此可以见，两本实从一本出也。其字句有瞿误而沈不误者，亦有沈误而瞿不误者，得失互见。此当为钞胥之过，故往往不同。书经九写，乌、焉转易，自古已然，传钞本之病，所不能免。即宋刊之极精者，荟众本而校之，其得失亦时时互见也。

至宋本之胜于元刊《唐律》者，如"检句"、不作"勾"。"然火"、不作"燃"。"考讯"、不作"拷"。"标识"，不作"帜"。若此之类，并属《音义》之所校定，宋代之本已各不同。又卷一诸略和诱人条小注："经问不臣。"《音义》："臣，伏辞也。"按《广韵》："臣，伏也。"与《音义》合。又《说文》："臣，牵也。象屈服之形。"《汉书·王陵传》注：晋灼曰："臣，服也。即律所谓取囚服辩也。"伏、服二义实相引申，是其字本当作"臣"。今孙刻《唐律》作"承"。承，奉也，受也，继也，续也，次也，举也，迎也，诸书未见有伏、服之义。校者不察，遽改"臣"为"承"，局刻《律音义》改作"承"，殊谬。而古义湮矣。又"诸道士女官"，《音义》："《升元经》云，女官如道士也。流俗以其戴冠，改作'冠'字。非也。"孙本《唐律》已作"女冠"，今习用之，不知有"女官"之名矣。此并宋本之胜于元刊者也。又《卫禁律》之"入上阁内者"句，瞿作"阁"，沈作"阓"，孙作"阁"，当作"閤"为是，"阓"、"阁"并非。《说文》："閤，门旁户也。"《尔雅·释宫》："小闱谓之阁。"《汉书·公孙弘传》："于是起客馆,开东阁以延贤人。"注:师古曰:"阁者,小门也。东向开之,避当庭门,而引宾客,以别于掾史官属也。"顾亭林《日知录》:"阁者,门旁小户也。因开馆于其旁,即谓之阁。东晋太极殿有东西阁,唐制仿之。以宣政为前殿,紫宸为便殿,前殿谓之正衙。天子不御前殿而御紫宸,乃自正衙唤仗,繇阁门而入,百官候朝于衙者,因随以入,谓之入阁。《唐六典》:'宣政殿之左曰东上阁,西曰西上阁。'盖中门不启,而开角门也。"据此说,其字当作"阁",方与唐制合。《说文》:"閤,门扉也。""阁,所以止扉者。"皆非此义。孙本他条亦多作"阁"者,可见此条之误。钞本《唐律》作"阁",足与瞿本相印证。沈本之"閤",必传写之讹。此瞿之胜于沈者。又《律音义》一卷,沈本误处,瞿多不误,可据以校正。但所见沈本乃迻写者,不知原本果何如耳?

此书全本《唐律》,曩时藏书家以《宋律》相诧,为顾千里所讥。然宋代别未修定律文,惟此书与《刑统》并行,垂诸功令,宋时治律者咸奉为圭臬,即称之为《宋律》,名非而实是,正不必持拘墟之见也。宣统建元十月朔始校,五日乃毕,校竟记之如此。

刑统赋解跋

宋傅霖《刑统赋解》二卷,钞本。原书为大兴徐氏迻写之汉阳叶氏本,董绶金推丞得之,迻写一通,持以相赠。此书之源流,《四库总目提要》及诸跋已言之详矣。惟此注之为霖所自作,抑出自他人?则尚难确定。晁公武《郡斋读书志》:"《刑统赋》二卷,皇朝傅霖撰,或人为之注。"《玉海》六十六。引淳熙《中兴馆阁书目》之说同。是在宋孝宗时，已不能定此注之出于何人。《提要》谓霖自为注，而以晁说为非，不知所据何书？《提要》又谓王亮增注，于霖所自注竟削去之。是《四库》采进之本两淮盐政。但有韵释增注而无原注，与此本不同。如此注果为霖自作，他人安得妄删之？疑元时传本有有注者，有无注者，王亮增注为有韵释而无原注之本，非削去之也。然则此注果为霖所自注与否，正难确定，不独亡金及前贤等语为可疑矣。《永乐大典》所载为此赋之注者，尚有金李祐之、元程仁寿、练进、尹忠、张汝楫五家，设能编辑成卷，当有可与此本相印证者。惜当日之宗旨鄙弃之，以为不足道，徒存其名于"提要"之中而不可复考也。或曰："程仁寿之书名《直解》，而此注逐句皆称'解曰'，安知非即程书乎？"第此乃臆测之见，他无证据，姑存其说而已。至傅霖为宋何代人，已不能详。《中兴书目》作于淳熙中，必在淳熙以前，疑是北宋人。此约略可考者。《宋史·艺文志》南监本作"刑统赋解一卷"，殿本作"刑统赋四卷"，并注云"不知作者"，则并傅霖之名亦逸之。《中兴书目》、《读书志》并作"二卷"，似一卷、四卷数目皆误。《中兴书目》作"刑统赋解"，见《玉海》。似无"解"字者，脱文也。

在金、元时，颇重其书，故注家甚多。然如第三韵"会赦、会降，有轻于会虑"。解谓："虑者，特旨放一人罪，即系圣虑所重，不同赦、降之法。"考之唐制，凡虑囚，流徒降杖，笞放，而不及死罪，事与降相等，而轻于赦。宋制同。乃《赋》谓赦、降轻于虑，其所降所放者不止一人，乃注谓放一人罪，殊非其实。若汉郡守有录囚之职，和帝录囚徒、举冤狱，邓后亲幸洛阳寺录冤狱，乃亲行郡守之事，其所释免者固一人之罪，然非赦宥也。虑者，颜师古《汉书》注曰："省录之，知其情状有冤滞与否也。"《唐六典》注："虑谓检阅之。"《集韵》训为"宽省"。是虑乃省录之义。录、虑古相通借,非思虑之虑也。乃云"圣虑所重",近于望文生义,殊误。又第六韵"部曲娶优于杂户"。解谓:"部曲者,民奴放为良。"不知何所本?部曲之名,起自军中,余别有《部曲考》,在《历代刑法考》中,此解似亦未当。奴放为良,即是良人,岂得仍以下贱视之?校字既竟,附识其略于此。宣统辛亥秋初。

粗解刑统赋跋

　　《粗解刑统赋》一卷,元孟奎撰。又别本《刑统赋解》,不知撰人姓名,合并于孟《解》之后,实则二书也。此本为璜川吴氏藏钞本,董绶金得之,迻写一通,持以相赠。后又见江阴缪氏钞本,系从常熟瞿氏本出。瞿本系旧钞,不言何家所藏也。二书原并为一卷,前半卷为孟奎《粗解》,仅少末二条。后半卷自第三韵起至末皆完,惟少前二韵,其解视孟解为详,当自为一书,但不知出于何人。缪本析而二之,颇为允当。解《刑统赋》者,赋解非傅作,不知为何人所著外,此则有郄氏、王氏、孟氏、沈氏四家,今又得此别本,自为一家言。爰从缪本厘为二卷,仍附于孟《解》之后,而题曰"别本刑统赋解",阙其撰人姓名。缪跋以为元人,是也。元人甚重此赋,故为之注解者非止一家。《永乐大典》所载诸家,惜未辑出,今亦亡矣。宣统三年九月。

刑统赋疏跋

《刑统赋疏》一卷，元沈仲纬撰，江阴缪氏藏钞本，后有黄尧夫跋语。其书原本为黄氏旧藏，今归常熟瞿氏，此本从黄本迻写者也。注《刑统赋》者，今世所传凡三本，一郄氏《韵释》、王氏《增注》本，一孟奎《粗解》本，一为此本。前有俞淖、杨维桢二序，作于后至元五年及至正元年，则沈为顺帝时人也。其书于原赋逐句为之疏解，并引《唐律疏议》以证明之。疏之后为直解，语较简质。直解之后为通例，则引元代断例及案牍以相印证。视《韵释》、《增注》、《粗解》三家为详明矣。

俞序云，傅霖设为问答之词。杨序云，傅霖氏赋《刑统》，设问答。是傅氏原注，元世尚多传本。此疏于第二韵"著而有定者"句下，第五韵"致伤亲畜产"句下并引有傅霖注语，为今本赋解所无，当确为傅氏自注之文，知今本《赋解》非出于傅也。惟每韵不录原注，岂以当日风行于世，故不载耶？今此疏传而原注不传，殊为憾事。元至治中，程仁寿有直解此书之《直解》，是否采用程书？抑为沈所别撰？程书尚载于《永乐大典》中，《四库》开馆时未经辑出，无从考究矣。至原本钞写舛误，第二韵"著而有定者"句下疏语尤颠倒错乱，几不可读。今详加订正，并以《唐律疏议》校其误之显然者，其文可疑而难臆改者仍之，别为校语于后。第三韵"矜其"、"稍远"二句《疏》及《直解》通例并佚，以下"故屏服"十句并原赋全文皆佚，更无他本可以校补，良可惜也。宣统辛亥九月。

钞本元典章跋

《大元圣政国朝典章》六十卷，附《新集》二册，无卷数，卷中标名亦曰"元典章"，省文也。其大纲分诏令、卷一。圣政、卷二。朝纲、卷一。台纲、卷二。吏部、卷八。户部、卷十三。礼部、卷六。兵部、卷五。刑部、卷十九。工部、卷三。十类。其目：诏令则为世祖、成宗、武宗、仁宗、今上；谓英宗。圣政二十四；朝纲二；台纲六；吏部四，子目凡五十一；户部十五，子目凡七十五；礼部四，子目凡二十三；兵部五，子目凡三十九；刑部十四，子目凡一百三十二；工部二，子目凡七。总计目为八十一，其六部之子目别为三百二十七。《四库总目》称其目凡三百七十三，每目之中又各分条格，与此本不相应，未知是别一本，抑《总目》之数偶未核也？《新集》之纲分国典、朝纲、吏、户、礼、兵、刑、工八类，其目三十九，子目九十四，与《前集》不尽相同。盖随事立名，故不能一一符合。

此本纸色分新、旧，旧者每半页十五行，当是影钞元刻本，新者每半页十行，当是补钞者，盖别一本。卷九缺仓库官、局院官、场务官、站官、首领官、捕盗官六门，卷三十四缺军装一门，则已非全帙。此书世无刻本，传钞本亦不多见，虽有残缺之处，已可宝贵矣。

录目有记七行云："大德七年，中书省劄节文准江西奉宣抚呈，乞照中统以至今日所定格例，编集成书，颁行天下。照得先据御史台比及国家定立律令以来，合从中书省为头，一切随朝衙门各各编类。中统建元至今圣旨条画，及朝廷已行格例，置簿编写检举等语。"是此书当日乃奉官刊布，以资遵守，非仅为吏胥之钞记。刻于江西,故有江西奉劄之语。《新集》目前有记云:"《大元圣政典章》,自中统建元至延祐四年所降条画,板行四方,已有年。今谨自至治新元以迄今日颁降条画,及前所未刊新例,类聚梓行等语。"目后有"至治二年六月日"之文。是此书初刊于大德,嗣后随时续增,以至延祐。《前集》有延祐五、六、七年诏令、事例,不止于四年。《新集》有至治三年事例,亦不止于二年六月。当日官书随时续增者有之,故与所记不能尽符。《总目》疑为未竟之本,殆未究其故也。《大元通制》成于至治三年二月,见《元史·英宗纪》,纂集于仁宗延祐二年,见欧阳玄《至正条格》序,与此书之刊行年月皆不相侔。《总目》谓各为一编,自是定论。惟此书乃汇集之书,而非修纂之书,故所录皆条画原文,未加删润,似今日官署通行之案牍,大都备录全文,以资参考。

元代掌故之编,如《至元新格》、《风宪宏纲》、《大元通制》并亡失,不可复睹,百年制度,荡然无存。《元史·刑法志》采自《大元通制》,以此书相覆对,颇有不同之处。其他法令,分门胪载,亦甚详悉。一朝故事,其崖略藉以考见,洵可备政治家之研究者矣。《总目》议其所载皆案牍之文,兼杂方言俗语,浮词妨要者十之七八;又体例瞀乱,漫无端绪,乃吏胥钞记之条格,不可以资考证云云。所论固是。然谓其体例之未善,则原其宗旨,本以备官府之遵守,与著述家之体例不同。谓于考证无关,则删其繁芜,菁英自出,颇足供考证家之采撷,细流土壤,又何择焉。若但存文字之见,遂屏而不录,良可惜已。

此本卷末有钱竹汀宫詹跋语,言长洲吴企晋家藏钞本,持以相赠。卷首有松里小隐吴城跋语。卷面有西泠吴氏印记,又有许子咏印记,并"嘉庆辛酉,严秀才杰持以相示,用钱一万二千买归。鉴止水斋藏。"跋语二行。子咏吾郡德清人。因知此书由吴而钱,而吴,而许,展转流传,又入武林丁氏。吾友董绶金赴日本见是书,据称从丁氏假钞者。复从日本假归付钞胥,精录一通,储之法律学堂书楼,以为学士考证之助。钞竟为考之如此。光绪丁未季春,归安沈家本记。

元史新编跋

邵阳魏默深纂《元史新编》九十五卷,具稿后,属龚定庵校订,故其稿在仁和龚氏。复流入独山莫氏,午庄制军以三千金购归锓板。光绪乙巳岁毕工,距魏氏编纂之日五十年矣。尘霾积久,幸而得传,吾故谓书之传不传有数存乎其间也。

《元史》疏舛,訾议最夥。康熙中,邵戒三学士撰《元史类编》,有纪、传而无表、志。钱竹汀詹事有《元史稿》百卷,未见传本,仅有《补元史·氏族表、艺文志》二种在全集中。此编本纪取诸邵,《氏族表》、《艺文志》取诸钱,余则甄集元代官私之所纪录,明初诸臣遗老之所纪载,辽、金、宋、明诸《史》之所出入,义谨事详,起三十史官之废疾而神明焕然,洵巨观也。

其卷五十四释老无目无传,五十一遗逸、五十六群盗有目无传,卷五十三艺术存二传,卷二十九留梦炎、蒲寿庚、方回、卷四十六曾巽申、陈深、王毅并有目无传,凡例举宋降臣有王积翁而并无其目。凡若此者,未知为纂辑之未竟欤?抑其稿展转流传或有散逸欤?独其谓《刑法志》全同案牍,为禁例之重儓,遂从芟薙,则不能无疑焉。

尧、舜、三代不能去刑，孔子谓，刑罚不中则民无所措手足，是刑者世之大法也。历代史书，若汉、晋、元魏、隋、唐、宋、辽、金、明，无不有刑法一志，其无此志者，世方以为未全备之书，奈何本有者而反削之哉？将谓其为案牍也，自来一朝之经制无不备于案牍之中，作史者第当于案牍之中撷取大要以考其得失，岂可鄙为案牍而遂弃之？无案牍则经制何存？又岂可别为空虚无著之辞，致使事实全非乎？将谓其为重儓也，如五行志之类，钞集旧闻，无关事实，以重儓目之，人或无词，若元代刑法，前既不尽同于唐、宋、辽、金，而后来明代之制颇多沿用元法，则欲究其源委，寻其脉络，而无只字片言之可据，亦乌乎究之？乌乎寻之？元宰制中原将及百年，使此百年中之刑制荡焉灭焉，后之人欲考其得失，又乌乎考之？乃遽目为重儓而芟薙之，可乎？即如《元典章》一书，固当日之案牍而钞自胥吏之手者也，第当日行政之事迹皆具于其中，以视稗官野乘之出自传闻者为得其实，故邵氏《元史类编》多取以补正史之阙逸，乃鄙为不足道而并邵氏讥之，何也？魏卫觊云：“刑法者，国家之所贵重而私议之所轻贱。”乃知法律之学，世皆懵暗，自古已非，积习相仍，于今为甚。故虽以具史才史学若魏氏者，亦以刑法为不足纪，轻予摈斥，不复讨论。

既删《刑法志》，并列传中之关于刑法者，如《王约传》议斗殴杀人减死一等著为令之文而亦删之，深可怪也。安得绩学之士，考求元代刑法，网罗群书，明其得失，重编斯志，以备一朝之掌故焉，庶以补魏氏之遗乎！

大诰跋

　　《大诰前编》一卷,《续编》一卷,《三编》一卷,《大诰武臣》一卷。《前编》成于洪武十八年十月,《续编》成于十九年三月,《三编》成于十九年十二月,《大诰武臣》成于二十年十二月。《明史·刑法志》:"三十年,作《大明律诰》成,御午门,谕群臣曰:'朕仿古为治,明礼以导民,定律以绳顽,刊著为令。行之既久,犯者犹众,故作《大诰》以示民,使知趋吉避凶之道。古人谓刑为祥刑,岂非欲民并生于天地间哉。然法在有司,民不周知,故命刑官取《大诰》条目,撮其要略,附载于律。凡榜文禁例悉除之,除谋逆及《律诰》该载外,其杂犯大小之罪,悉依赎罪例论断。编次成书,刊布中外,令天下知所遵守。'《大诰》者,太祖患民狃元习,徇(欲)〔私〕灭公,戾日滋,十八年采辑官民过犯,条为《大诰》。其目十条:曰揽纳户,曰安保过付,曰诡寄田粮,曰民人经该不解物,曰洒派抛荒田土,曰倚法为奸,曰空引偷军,曰黥刺在逃,曰官吏长解卖囚,曰寰中士夫不为君用。其罪至抄劄。次年复为《续编》、《三编》,皆颁学宫以课士,里置塾师教之。因有《大诰》者,罪减等。于时,天下有讲读《大诰》师生来朝者十九万余人,并赐钞遣还。自《律诰》出,而《大诰》所载诸峻令未尝轻用。其后罪人率援《大诰》以减等,亦不复论其有无矣。"

　　按《大诰前编》七十四条,《续编》八十七条,《三编》四十三条,《大诰武臣》三十二条。《明志》所举十条,揽纳户见《前编》第十九、三十七二条,安保过付为三十八条,其文云:"所在府州县安保之家,并说事过钱人,皆以口舌便利说诱云云。"是安保、过付为二事,特不知安保于今为何项人?诡寄田粮为三十九条,民人经该不解物见《续编》五十三、五十五二条,其目一曰经该解物,一曰民拿经该不解物。经该谓各府州县正官、佐贰官、首领或该吏,皆监临主守者,非谓民人也。《志》言"民人"恐有误。洒派抛荒田土见四十五条,其目曰洒派包荒。洒派,以自己科差洒细民。包荒者,本无积年荒田,买嘱官吏,当科粮之际,作包荒名色,征纳小户,将田洒派,移丘换段,作诡寄名色,以此靠损小民。《志》作"抛荒"与《诰》意不符,似亦有误。倚法为奸为《三编》第一条,空引偷军为第五条,逃囚为第十六条,此条言黥刺在逃。官吏长押卖囚为第十九条,寰中士夫不为君用见《续编》第七十九断指诽谤、《三编》第十条秀才剁指、第十三条苏州人才三条之内,殆即所谓取《大诰》条目,撮其要略,附载于律者欤?第律内只有诡寄田粮、揽纳税粮、说事过钱、押解人故纵罪囚各罪名,余并无文,未详其故。至《志》所称《律诰》,似当别为一书,而《艺文志》不载,他书亦未见有称述之者,亦未详也。

范永銮重刊大明律跋

范永銮重刊《大明律》三十卷,乃董绶金郎中在日本时以日银九圆购得者。丁未春,绶金出以相示,余偿以原金,而书归于余。其书为明代旧帙,卷首载"大明律读法",凡例内称,分注弘治后续例及新旧例之当互见者曰"附考",采解律诸书简明数语曰"集解",录嘉靖元年以后所议定之例曰"嘉靖新例"。又载引用书目有《皇明祖训大诰》、《大明令》、《卧碑》、《宪纲》、《会典》诸书。核诸各卷中，体例、书名一一符合。每类目录之前列"江西等处承宣布政使左参政今升河南按察使臣范永銮重刊"二行。是此书刊于江西官署，为范重刊之本，而非范自著之书也。《明史·艺文志》载范永銮《大明律例》三十卷，孙存《大明律读法书》三十卷，分为二书，似范别一著书之人。然此书衔名之下既自署曰重刊，其为旧有此书而非范所自著毫无疑义。若范果有自著之书，何必重刊他人之书，恐《明志》误也。惟此书中不见孙存之名，殊不可解。明人刊书，最无义例，况为官署刊行者，重刊他人之书而不署他人之名，此种习气恐不能免。

其书名"读法"者，《周礼》地官之属，州长一岁三读法，党正一岁七读法，族师一岁十四读法，闾胥读法无定期。读即读其所掌之教法，以劝以戒。此书刊于布政使署，布政使有承宣教化之责，书以"读法"名，其义殆取诸此，非斥斥于字义之剖解，句读之分明，观于全书之体裁可见。凡例称以《大明律》为主，而附以见行条例，又可见律与条例当时本各自为书，各行省公署合刊一编，以便行用，非部颁如此。迨万历十三年舒化等重修《问刑条例》，始将《大明律》开列于前，各例附列于后，刊刻颁本，乃合为一书。犹之本朝康熙年间现行例亦各自为书，雍正年间始编入条例之中也。

书无重刻年月，其称世宗曰"今上"，嘉靖例曰"新例"当刊于嘉靖年间。卷中有四明西郭范氏私印，氏下尚有二字，色黯不甚分明，似是"空庄"二字，不甚可解，或是"家藏"二字。当为天一阁藏本，不知何时流落海外。近年日人搜求中华旧帙，吾乡十万卷楼书捆载东渡，群相炫耀，士林引以为憾。此帙独从海外归来，合浦珠还，差可喜也。

万历大明律跋

《大明律》三十卷，明万历十三年题定。前有刑部尚书舒化等重修《问刑条例》题稿，略谓："《问刑条例》一书，先定于弘治十三年，重脩于嘉靖二十九年，续增于嘉靖三十四年，共三百八十五条。其中或有举其一而未尽其详，亦有宜于前而不宜于后，事本一类，乃分载于各条，罪本同科，或变文以异断，至若繁词冗义，未尽芟除，甲是乙非，未经画一。盖立例以辅律，贵依律以定例。律有重而难行，故例常从轻，不无过轻而失之纵。律有轻而易犯，故例常从重，不无过重而近于苛。诸如此类，亦略可言。如强盗伤人与杀人者，其情自异，难同枭示之条。私卖军器比出境者，其罪既同，原无各斩之律。人命出辜限而通拟抵偿，恐多冤狱。略卖至三犯而照前发遣，未足惩奸。冒籍生员非买文顶替之比，何以俱发口外。卖放军犯有终身、永远之别，岂容一概代当。至于加死为重，不引律而即引例。枭示尤重，律无斩而例即枭。凡此，据文既有可訾，于律不无相碍，云云。"

所言条例应修之故，颇为切直。尔时条例三百八十余条，其应修之故已如此。若今日之条例多至一千八百数十条，或律重而例改轻，或律轻而例改重，或出于一时之惩创，或见于一案之处分，或一例定而多数之例因之以生，或一例兴而通行之例不能不废。夫立例以补律，非以破律，过轻固近于纵，过重亦失之苛，苟未究乎定律之本原，而但凭一事一人之意见，恐有欲密反疏者。今之条例繁矣，其细已甚古人所讥，此不可不亟思变通者也。因感明人之言，略记所见于此,他日当有议及此者。

原稿又云:"仍将《大明律》逐款开列于前,各例附列于后,刊刻成书,颁布问刑衙门。"可见是年所修条例,附律而行,本非单行之本。崇祯中坊刻《官常政要》十八种,内有《万历问刑条例》二卷,是当日民间亦别刻单行。东瀛本《大明律》亦出于万历年间本,其《条例》别为一册,殆彼国亦有单行之本欤?此本《条例》,名例九十一,吏三十一,户六十九,目录"九"作"八"。礼九,兵五十一,刑一百二十三,目录"三"作"二"。工八,凡三百八十二条。与题稿所举之数合,《明史·舒化传》数亦相符,而目录不同者,传刻之误也。原稿又云:"各衙门题准事例,凡有关于刑名者,咨送各部院衙门堂上官及该科公同酌议。随据吏、户、礼、兵、工等部,都察院、大理寺回咨,前来仍会同吏部等衙门尚书臣杨巍等公同议拟。"此当日办法,与后来不同,其详慎之意,亦可见矣。光绪壬辰秋九月。

此本为今提学使子培所藏,壬辰假以校雍正律文,因作此跋。今修律之事,屡奉明诏,与往日情形不同,幸前日之所言,可以见诸施行也。复识数语于后。丁未仲冬。

日本享保本明律跋

国朝律例承于前明,而《明律》传本世不多觏。余所见者,仅有嘉靖本,隆庆本,万历十三年本,三十八年本,笺释本,单行《问刑条例》则有崇祯本外,此又有日本本。其书刊于享保七年,故称为"享保本"。《问刑条例》别目为卷,不分隶于各律之后,每条间有旁注,语亦简略,不知为何人之所辑?其条例无万历新例,疑出于嘉靖本也。彼国学者颇珍贵此书,归国库发售,近东游者往往携一编归,亦遂有流入中国者。吾友董绶金奉使东渡,曾观其国库所藏书,《明律》有六十余种之多,可为巨观。考《明史·艺文志》所收讲律之书不过十余种,即范氏天一阁所藏之本有为《志》所未录者,知其遗落者多矣。

窃尝怪自来好古之士,搜讨前人遗籍,每于风云月露之词,游戏应酬之作,什袭而珍藏之,或且登诸梨枣,而有关掌故者多不关心,法家之书尤所屏弃。抑知历代之因革损益,以及法系之源流,非取其遗籍参稽而会通之,不能深明其故。好学之士,考求往事而图籍散亡,多以为恨,海外之人乃能刊布流传,其所见为何如哉!孙渊如覆元本《唐律疏议》,风行于世,洵为独具深心者矣。光绪戊申,法律馆覆桐乡沈氏所藏《明律》,将以为学者参稽会通之助,非徒作商彝、周鼎观也。此本为许君溯伊所藏,昨出相示,与余所藏本同,爰书数语而归之。宣统庚戌夏初。

律疏附例跋

《大明律疏附例》三十卷,附录一卷,补遗一卷,不著撰人姓名,隆庆二年重刊本。前有河南巡抚李劄文云:"《律疏附例》,不知出自何所?亦无刊订姓氏。中间引经断狱,剖析精透,至于充类至义之尽,尤发前人所未发,诚老吏之断案,法家之蓍龟也。"是隆庆时已不知撰人姓名。李巡抚者,不知何人?亦未加考订也。《明史·艺文志》有王之垣《律解附例》八卷,而无此书。天一阁书目有《律疏附例》八卷,名同而卷数不符。原目所列。新目无,已亡。《明律》

之以疏名者,天一阁书目又有《律条疏议》,原目十卷。新目作"《疏义》存卷一至三十"。成化二年刊本,亦无撰人姓名。孙渊如《唐律疏议跋》称家藏有张楷《明律疏议》,不言卷数。《明志》载张楷《大明律解》十二卷。"疏"、"解"之名异。但孙氏因《唐律疏议》而及《明律疏议》,又系自藏之本,其名必不误,恐《明志》或有误。如王肯堂《笺释》一书,笺者王樵私笺,释者肯堂所释,原书具在,而《明志》乃称"笺解",则"疏"之为"解",当亦类是。或疑此书即张楷所作。然《纂注》曾引《疏议》,而此书无其文,则非张书审矣。

此书律文后各有"谨按"一段,当即所谓疏语。《笺释》、《纂注》间采其文,而不言出自何人,岂亦未详其姓氏耶? 余所见《明律》诸本皆与此疏不同,当自为一家言。其按语之后列《大明令》、《诏令》、《会典》、《宪纲》、《问刑条例》、《续例》、《新例》,亦与诸本详略不同。疑作疏者一人,附例者又一人。明人刻书,卤莽灭裂,如《大明律读法》为孙存所撰,而范永銮刻本不著孙存之名,此其比也。

此本为大梁李氏藏本,董绶金推丞假以相示。余观其疏语虽不若《琐言》、《笺释》诸书之详明,亦颇简当,无枝词。其所载《续例》及《嘉靖新例》颇有为万历时重修所删并省,殆嘉靖时所颁之例尚未编入《问刑条例》之中,故与诸本详略不同。即诸本亦彼此不同。此书卷末尚有补遗二十四条,皆嘉靖二十年以前《新例》,而各门所收《新例》有在二十年以后者,其为原书所未载而他人补之形迹显然,可以见此书非出于一人之手矣。日本书库所藏《明律》凡数十家,多为中土所未见。余所及见者不及十家,此本亦未见之书也。今得见之,为考之如此。

跋 书 后（卷八）

跋

顺治律跋

《大清律集解附例》三十卷，顺治二年刑部尚书吴达海等遵旨纂修。其原疏内称："臣部屡奉修律之旨，于顺治二年四月内，该臣部启心郎臣额儿革兔督同满洲臣耿爱额记库、臣乌黑能、臣课罗科遵旨汇集会典，录进睿览。又于六月内，蒙内院发送臣部该左侍郎党崇雅汇纂。时吏部主事欧阳蒸、户部员外郎李果珍、礼部主事朱鼎延、兵部主事刘世杰、工部郎中朱国寿各将所分职掌律令纂送到部，崇雅督同郎中张祺、员外郎柯士芳、许宏祚、贺梗、宋调元详按成法，参酌满汉，编辑成帙。于闰六月内复呈内院大学士臣冯铨、臣洪承畴、臣范文程、臣刚林、臣祁克格、臣宁完我暨臣部额儿革兔细加裁议。仍令启心郎臣白色纯同课罗科参证明白，鸠工发刻。该右侍郎臣提桥、臣房可壮再四考订，督同郎中范芝、员外郎张毓中、宋炳、夏之中、萧应聘、宋从心、周璜、段腾藻、毛永龄、韩养醇、主事王凤林、司务周再勋、傅作衡逐编磨勘，臣吴达海、左侍郎臣阿拉善、右侍郎臣李率泰督令河南司员外郎金灿缮刊。今已告成,将布告中外,请颁圣谕一道,刊载编首,用垂久远云云。"

此疏于修律之源委甚为详悉。首冠世祖御制序,后题三年五月。次列大学士刚林等刊完奏进疏,系四年三月。是此书经始于二年,校定于三年,康熙九年疏内有"顺治三年内院校定译发"之语。刊成则在四年也。惟此本又有康熙九年大学士管刑部尚书事对哈纳等一疏,此疏今官本《律例》失载。内称:"律内大字有满字不符汉字者,亦有汉字未译满字者,汉律内或注解参差,字句讹误遗落者尚多,会同都察院、大理寺磨对旧律校正等语。"是康熙九年但校正其参差遗漏之处,于律文、例文初无更定也。

细检此本,卷十八第十六页《窃盗律》"一百二十两以上绞监候,三犯不论赃数绞监候"一行为《明律》所无,此本卷首所列顺治二年奏定真正死罪绞罪总类内亦无此项。吴氏《律例通考》云:"顺治四年,定窃盗赃一百二十两者绞监候。至康熙十一年八月,刑科彭之凤题准增改一百二十两杖一百流三千里,一百二十两以上者拟绞监候。康熙年间律内已经增入。"是此项罪名系康熙十一年所改定。此页字画较细,且多挤写之处,与前后绝不相同。又卷十九第七页于律文之前列顺治五年七月二十四日谕旨一道,计四行。此半页本系九行,第三行至第七行挤刻九行,遂为十三行。此二处剜补痕迹显然。又卷十七第五页载顺治三年五月上谕一道,与《根原》所载不符,字迹既小,每行少三字。此又剜改之明征。然则此本为顺治元刻而康熙年间修补者。惟十一年改定之律业已修补,而十年改定之律注采生折割人律,见《广汇全书》。转未修补,则修补之时尚有遗漏之处矣。

原疏所列修律之员,吏、户、礼、兵、工五部各一人。盖以刑部律例与五部多相关涉，必须五部之人方通晓五部则例，遇有修改，不至与五部互相歧异。此前人办事精密之处。后来修律但用刑部之人，不复关照五部，于是刑部之例与五部往往歧异，援引遂多抵牾，竟至久同虚设。由此观之，谓前人胜于后人，尚何说之辞？

雍正律刻本跋

《大清律集解附例》三十卷，雍正年刻本。所载旧例三百二十一条，上标"原例"二字，系承用《明律》。又刑部原刻例二百九十九条，上标"增例"二字，系康熙见行例。雍正年间增定例二百四条，是为钦定例。据乾隆元年刑部疏文，系三年刊行。据乾隆五年《大清律》凡例，系五年删改增并。乾隆五年修律时所据，即雍正五年刻本。此本从子培假得，有《集解》、《总注》，确系雍正本。惟应议者犯罪载有雍正六年上谕一道。查《东华录》："雍正六年十二月丙申《大清律集解附例》告成。"是此书经营始事在五年，而工竣已在六年年终，故其中颇有改定之例。惟六年所定之例亦未全载，至乾隆五年始行纂入者，当时去留之故，不可得而考矣。至刻本与黄册不同之故，则凡例所称五年删改增并者是也。

雍正三年修律黄册跋

《大清律集解附例》三十卷，计四十册，又目录一册，系雍正三年修律黄册，进呈后发回存储律例馆。余承乏律例馆提调，首尾六载，壬辰秋，取是书与万历《大明律》、雍正五年刻本《大清律》合校一过，摭其异同，分注于《律例根原》书内，以备稽考。

查《大清律》纂修于顺治三年，校正于康熙九年，其《见行则例》酌议于康熙十八年。迨二十八年台臣盛符升请将《见行则例》载入《大清律》条例内，复命尚书图纳、张玉书等为律例馆总裁，于三十四年将律文名例先缮进呈，至四十六年全书进呈，未蒙颁发。雍正元年，复经部臣奏请，派员速修，于三年进呈黄册，五年刊行。据三十四年馆臣疏称："律文仿自《唐律》，辞简义该。诚恐讲晰未明，易致讹舛，臣等汇集众说，于每篇正文后增用总注，疏解律义，期于明白晓畅，使人易知云云。"是律后《总注》为康熙年间所增辑，雍正三年黄册殆即承用康熙中纂修之本。今《律例根原》所刻《总注》与黄册全文相符，而雍正刻本则与黄册不符者十之四五，岂当发刻之时又有所删润欤？

黄册先列律文，律后列总注，总注后列原条例，原条例后列现行例，康熙见行例。其有雍正三年修改者为原改条例，列于原条例之后，其体例如此。雍正刻本原条例改曰原例，现行例改曰增例，雍正年间增定者曰钦定例，其体例与黄册不同。其各条例或黄册有而刻本无，或黄册无而刻本有，是例文亦多修订之处，不仅《总注》有所删润矣。至原条例皆承用明之《问刑条例》而与万历本所载亦不尽同者，国初修律时汇集诸家注解之书，采辑而成，如范永銮、高举等本所采《大诰》、《大明令》、《明会典》诸书，往往改纂为例，故多万历本未载之文。盖万历本为官颁律例定本，《大诰》、《大明令》、《明会典》之类自有官书在，未尝编入也。黄册有数十处黏有朱字黄签，是否当日朱笔，未敢臆定。谨志于此。

雍正七年续纂条例黄册跋

《续纂大清律附例》黄册七册,雍正七年修例时进呈,发回存储律例馆。计续纂例一百十五条,内五十七条雍正三年业经纂入例内。其余各条,惟保辜期限门原殴伤轻越日因风身死一条,奴婢殴家长门旗人称家人吃酒行凶送部发遣一条,父祖被殴门两家互殴各伤一命一条,后来续纂为例,余条未见纂辑,岂乾隆五年修律时皆在就删之列耶?《东华录》:"雍正七年夏四日戊戌,纂辑《律例》成。"是此年实有纂辑之事。其文坊间传刻,必系曾经奏定,故敢付诸手民。惟历来修律奏疏从未称说七年之事,其三年已纂之例何以复入是编?此皆疑不能明者。

广汇全书跋

《大清律例朱注广汇全书》三十卷,康熙四十五年刊,不著纂辑人姓名。目录后有"京都琉璃厂万古斋主人谨述"一行,知系尔时坊本。

全书仍顺治之旧,惟采生折割人律文顺治初于"采生折割人"下增入"为妖术以惑人"六字小注,"流二千里安置"下无注,此本"安置"下有注,而"人"下无注,有朱注云:"'为妖术以惑人'六字,康熙十年更定律例删去。"据此,则"人"下小注亦为十年所增,因增注有"为妖术以惑人"之语,故删前注。又斗殴及故杀人律顺治本律文之前剜补顺治五年谕旨四行,此本已删去。此两处确为康熙年间所修改。康熙十年更定律例之事,仅见于此,他无可考。惟康熙十八年特谕刑部,将所有条例应去应存,详加酌定,刊刻通行,名为"见行则例"。是康熙《见行例》本系单行,不附入旧条例之内。迨二十八年台臣盛符升奏请将《见行则例》载入《大清律》条例之内,因命图纳、张玉书为总裁,于四十六年缮写进呈,留览未发。至雍正元年始行发下,重加校定付刊,五年颁行,即雍正初年本也。可见终康熙之世,并无官修重刻《大清律附例》之书。此注所谓十年更定之语,当亦不过小小修补而已。

顺治本曾于康熙九年校正,仅就原板剜补。而此本则康熙中民间通行之本,故朱注内每曰有新例,益知其时《见行例》为别本单行。至朱注所采各家注释,有《明律释义》、《明律笺释》及《据会》、《琐言》、《会解》、《读法》、《直行》、《管见》各种,又有称《镜》云、《轨》云、《笺》云者,亦当为别一书名。又有称李云、姚云者,则不知何人之说,无名字可考。其中强半为已逸之书。近代讲求法律之学者,海内牢落,偶有前人旧帙,又苦于传述无人,遂至散失,并姓氏亦归湮没。此编所载已逸之书,藏书家多未著录,仅赖此以存,亦可宝贵者矣。

律例根源跋

《律例根源》三十二卷,图一卷,吾乡张兰渚先生官少司寇时所藏本也。荟萃列届修律按语,起雍正三年,讫道光二十四年,按年排印,《大清律例》因时损益之故,具详于是。法家循流溯源,正如导河者之必自昆仑也。

道光中,三原张主事承谏官刑部,匄合同志,仿聚珍板印行四十五部。经始于丙年八月,毕工于丁未六月。襄事者为临潼吕绣峰震川、三原张松坪长龄,而总司校订者则何愿船年丈秋涛也。承谏有跋记其事。此与皖省所印《律例根原》体例相同,书名亦相似,但"源"、"原"之异耳。皖省印书时殆未见此书也。皖本讫于同治九年,虽较此书为备,第咸丰以后未载按语,不详当时修改之意,未为全璧。此书首录列朝御制序,并列届修律奏疏,并图一卷。图中亦载修改按语,为皖本所无。皖本颇有舛错之处,赖有此本可以校正之,是可宝也。当日排印本少,流传甚稀,特储之法律学堂,为读律诸君子考订之助云。

罗石帆官司出入人罪减除折算表跋

官司出入人罪律定于唐,而明因之。惟明之刑制与唐稍不同,故此律亦不尽用唐之旧。唐法,刑名易者,从笞入杖、从徒入流以剩罪论,从笞杖入徒流、从徒流入死罪以全罪论。明以为疏也,而创为折杖之法。既以徒折杖,而以流折徒者,又折为杖,其减除折算,用法极密,然纡曲而猝难通晓。国朝承用明法,近百余年来,故增减之律已不常用,而失增减者,吏部又有议处之条而不复用刑律,是以人鲜研稽之者。罗石帆太守官西曹时,慨法家之言无人讨论,爰匀集同人,联为律课,常以此律命题,人皆苦其艰晦。石帆竭匝月之力,取减除折算法,条分缕析,列为三表。向之苦其艰晦,今开卷而了然,洵足备法家之讨论者矣。今春石帆持以相质,爰书数语而归之。宣统建元丁酉三月。

张扶万大令鹏一新著二书跋

汉去古未远,论事者多傅以经义,其最著为董仲舒之书。《汉书·艺文志》《公羊董仲舒春秋治狱》十六篇,《隋志》作《春秋决事》,《唐志》作《春秋决狱》,《崇文总目》作《春秋决事比》,并十卷,是宋以前此书尚存也。后不知佚于何时,今但有王谟《汉魏遗书》及马国翰《玉函山房辑佚书》两辑本。应劭言春秋决狱二百三十二事,所存者已十不及一矣。仲舒之外,汉人以春秋治狱者,史传所载颇多,古义纷纶,迥异俗吏。张扶万大令,好古勤学,辑为是编,凡得九十则。两汉春秋治狱之事,略具于斯,匪独仲舒一家之说也。治律者推寻古义,此所当探讨者矣。《春秋治狱》。

汉自萧何造律,益李悝《法经》为《九章》,实后来治律家之所祖。尔时治律者,代不乏人。文翁守蜀,遣郡吏东学律令。南齐崔祖思谓:"汉来治律有家,子孙并世其业,聚徒讲授,至数百人。郑康成一代大儒,而为律章句。"汉人于律,其重之也如此。当汉时,五经并置博士,授受渊源,《儒林传》颇能详之,而治律者之师承则莫之能详也。此编辑汉代治律之人,列之为表,授受渊源,虽不尽可考见,而两汉治律之人,即此编而征其得失焉。后之治律者,亦可以为鉴矣。《两汉治律家表》。

书 后

书四库全书提要政书类后

《四库全书总目提要》，纪文达公所编纂也。于政书类法令之属，仅收《唐律疏议》及《大清律例》二部，存目亦仅收五部。其按语曰："刑为盛世所不能废，而亦盛世所不尚，所录略存梗概，不求备也。"

谨按：此编纂之宗旨也，然窃有所未喻者焉。虞廷命官，士与司徒并重，恤刑施刑，反复丁宁，尤详哉。其言之文王，明德慎罚，罔敢知于庶狱。周公《立政》一书，与《无逸》相表里，尤惓惓于苏公之敬狱。孔子言道政齐刑，又言道德齐礼，乃谓政刑之当进之以德礼，方臻郅治耳，非谓政刑之竟可置为后图也。故又言礼乐不兴则刑罚不中，刑罚不中则民无所措手足。是刑罚之中不中，关于民者若斯之重要。《舜典》曰："明于五刑，以弼五教。"《吕刑》曰："士制百姓于刑之中，以教只德。"是唐虞三代之隆，尚赖有刑以辅治，未能废刑而不用。乃谓盛世所不尚，持论非不高，其如非事实何？

历代之典章其存于今者鲜矣。《唐律》得中，为世所重。自唐以上法令之书无一存者，学者思究其源委，考焉而弗能详，方引以为憾。宋以后之书，所存者无多，安可概摈而弗录？如存目中《永徽法经》、《至元条格》二书，皆自《永乐大典》中辑出，一可以考《金律》之异同，一可以考《元律》之大略。在辑之时，固以为一朝之掌故，不可遗也，迨编纂之时，则摈之于存目之中，而其书遂不传于世,岂不大可惜哉。《明律》传本最夥,而存目中仅留《永乐大典》本。此本乃洪武初年初纂之书,尚用《唐律》十二门之目。迨二十三年重修之本,方以六曹分编,明世实皆遵用之。乃一代遵用之书不录,但录其椎轮之初稿,此其故亦正不可解也。名公卿之言论,举世所宗仰,况为奉命撰述之编,其立言之宗旨,天下之士,趋向从之,尤不当有所偏倚。乃云所录但存梗概,是直诏天下以法令为不必学。以一言树之鹄,于是历代之朝章政典悉在鄙夷之列。有志者无书可考,欲求其是非之真而不可得。浅见者奉斯言为楷式,一切屏弃而不知讲求。将举世无一明法之人,持法者但以卤莽灭裂从事,如是而欲政平讼理,能乎?否乎?此可为长太息者也。

《隋书·经籍志》于前代法令,虽亡逸犹存其名,唐、宋《艺文》亦皆甄取。隋、唐天府书目不传,所传者仅有宋《崇文总目》,其于历代法令录之甚详。惟《明史·艺文》始以秘书已亡,无凭记载,第就当代为断,实非古法。《总目》既以搜罗秘籍为宗旨,自无取乎《明志》之例而又不用隋、唐、宋之例。且琐语稗编犹不以冗杂废之,而典章之大者多归屏黜。此又百思而不得其故者也。

若夫周季刑名法术之学,刻薄寡恩,非帝王之道,诚为圣世所不取。然即其言以考其行事,正足以资鉴,诚设并灭其籍,则其言不著,而行事之是非亦无从定矣。况乎法令为政治得失之所系,使皆去其籍,则治忽又何从考见之哉。

书钞本律文十二卷音义一卷后

钞本《律文》十二卷,《音义》一卷,乃光绪壬寅、辛卯间江苏书局从桐乡沈氏影钞宋本写样。中有数卷为黄子寿方伯彭年手校者，后附阮文达《揅经室外集提要》及顾千里《思适斋集》书后各一篇，又钱警石、邵蕙西二跋。盖初拟付刊，后仅刻《音义》，附于《唐律疏义》之后。殆以律文与《唐律》同，故从割爱欤？考《玉海》称："天圣七年四月，判国子监孙奭言：准诏校定律文及疏，作《律文音义》一卷，与《律文》并行。"《困学纪闻》：十五。"天圣中，孙奭校定《律文》及《疏议》，为《音义》。"是宣公所校定，并及《疏议》，不独《律文》。而当日单行之本，则有《律文》而无《疏议》。此本殆即《律文》单行之本。惟前无总目，各条无子目，体例简略，未详其故。文达《提要》谓《音义》为《唐律》作，今以《唐律》校之，其说良是。

顾氏谓："是书宋椠，为浙人某乙所得。某乙以吾乡某甲为知书，就而请题目之，某甲告之曰：'此宋椠《宋律》也。'某乙遂每诧人以收藏《宋律》焉。又浙人某丙钞其副，求善价以沽于诸好书者，亦往往诧人言：'子欲买我影钞宋本《宋律》乎？'今年始辗转获影钞本，急读一过，于是哑然笑曰：'是岂《宋律》哉？'客曰：'此何书？'予曰：'《唐律》也。'"顾所谓某乙、某甲、某丙不知指何人？其语涉轻薄，而以是书为《唐律》，则与文达所见同。至其谓宋一代所用名曰《刑统》，安得有所谓《宋律》？则未知《刑统》中自有律文，《刑统》中律十二篇五百二条，视《唐律》多二条。且《刑统》中律文与《唐律》颇有异同也。《刑统赋》注所引律文多有与《唐律》异者。

此书仪征阮氏文选楼、昭文张氏爱日精庐并有藏本。桐乡沈氏本未知何本出？蒋君寅昉所藏书别有刊本。钱警石、邵蕙西跋语并以为《宋律》，殆未取《唐律》校勘而致有此误。乃江苏书局刻《律音义》，不刻阮、顾之文，而独刻钱、邵二跋，何也？《音义》卷末校书衔名中阙二人，据《玉海》，为赵希言、王圭。其例，官大者居后，证诸《玉海》，次序正同。王圭亦系国子监直讲，衔之可补者止此，余不可考矣。

书律音义后

　　蒋寅昉光煪藏有《律文》刊本，仁和邵蕙西跋其后曰："律文之古者，世传《唐律疏议》，而《宋律》无传。昭文张氏《爱日精庐藏书志》有《律文》十二卷、《音义》一卷，影宋钞本，引《直斋书录解题》一段，且著其卷末有'天圣七年四月日准敕崇文院雕造'一行。今蒋君所藏刊本与张氏钞本同，而卷末有修音义各官八人衔名，天圣七年云云，分作两行，似钞本有漏略。检《唐律疏议》律文相校，大同而字句间有小异，盖《宋律》原于《唐律》也。孙宣公《音义》虽本《唐律释文》，而亦有出入。考元王元亮重编《唐律疏议》及《释文》纂例，此本虽称天圣七年雕造，而雕式非宋刊，或即元至顺中刊《唐律》时所并刊欤？"

　　愚按：《玉海》律令类天圣律文音义条云："七年四月，判国子监孙奭言：'准诏校定《律文》及《疏》。律疏与《刑统》不同，本疏依律生文，《刑统》参用。后敕虽尽引疏义，颇有增损，今校为定本，须依元疏为正。其《刑统》衍文者省，阙文者益，以遵用。旧书与《刑统》兼行，又旧本多用俗字，改从正体。作《律文音义》一卷，文义不同，即加训解。'诏崇文院雕印，与《律文》并行。先是，四年十一月，奭言：'诸科惟明法一科《律文》及《疏》未有印本，举人难得真本习读。'诏国子监直讲杨安国、赵希言、王圭、公孙觉、宋祁、杨中和校勘，判监孙奭、冯元详校。至七年十二月毕，镂版颁行。"《书目》："《律令释文》一卷，天圣中孙奭等撰。字义不同，悉有解训。"据此，是书原名《律文音义》，《中兴书目》之《律令释文》实即是书。

《宋史·艺文志》《律音义》《律令释文》分为二书,似误。书名省去"文"字,似当时已如此,故《宋志》但称《律音义》。

此本为桐乡沈氏影宋钞本,未知从何本出? 与蒋、张二本同异何如? 今不能详。卷末衔名列杨中和、宋祁、公孙觉、杨安国、冯元、孙奭,中阙二人,以《玉海》考之,则王圭、赵希言也。陈振孙《书录解题》,《律文十二卷、音义》为一书,《刑统三十卷》为一书,是当时《音义》实附于《律文》之后,而不与《刑统》同编。《玉海》称与《律文》并行,是当时又有单行之本。光绪辛卯,江苏书局重刻岱南阁本《唐律疏议》,而附此书于后,以《音义》正为《唐律》作也。《刑统》律文与《唐律》颇有同异,而此本律文与《唐律》全同,蒋本及张本未知何若? 恐亦未能免顾千里之讥。邵跋及钱甘泉乡人跋诧为《宋律》,似未可信。《唐律释文》序无年月,亦不著撰人名氏,但云"此山贳冶子",不能定其为何时人。观王元亮自署重编,当在元亮之前。《名例》释文引《律音义》一条,必在宣公之后。邵跋谓宣公之书本于《释文》,亦未必然也。

书刑统赋解韵释后

《刑统赋》:"会赦、会降,有轻于会虑。"郄氏《韵释解》曰:"赦者全免,降者减轻也,虑者特旨放一人罪也。按《名例》云:'若使普覃惠泽,非涉殊私,雨露平分,自依常典。'有官爵者除名,其有一人犯罪,特旨原免,官爵复故,即系圣虑所重,不同赦、降之法也。歌曰:'免罪复官,圣虑重意。'"孟奎《粗解》曰:"虑者,人主思虑,矜刑恤死,出于异恩,故或全免复初。赦、降之恩,皆不及之。"沈仲纬《疏》:"或原或减,出于睿断之谓虑。"此元、明人解"虑"字为思虑之虑,相承已久。

《汉书·隽不疑传》注:师古曰:"省录之,知其情状有冤滞与不也。今云虑囚,本'录'声之去者耳。而近俗不晓其意,讹其文,遂为'思虑'之'虑',失其源矣。"据此,则唐人已有作"思虑"解者,不始自元、明人也。虑囚唐制,实本为汉之录囚,师古以唐人解唐制。《唐六典》为开元中官定之书,其于"虑囚"注云:"虑谓检阅之也。"则虑非思虑之虑,灼然无疑,元、明人之说皆误也。至于虑囚之典,因于水旱而特行省录者为多。《太宗纪》贞观二年虑囚,《刑法志》称亲录囚徒,其事为天子亲临,似乎甚重。然其制,流徒降等,杖笞释放,而不及死罪,实视大赦之及于死罪者为轻。

《唐律·名例二》:"曾降者,听从当赎法。"《疏议》曰:"杂犯死罪以下,未奏画,逢降,有官者听官当,有荫者依赎法。其会赦者依令解见任职事。问曰:'上文云十恶、故杀人、反逆缘坐会赦犹除名,杂犯死罪等会降从当赎法,若有别蒙赦放及会虑减罪,得同赦、降以否?'答曰:'若使普覃惠泽,非涉殊私,雨露平分,自依常典。如有特奉鸿慈,总蒙原放,非常之断,人主专之,爵命并合如初,不同赦、降之限。其有会虑减罪,计与会降不殊,当免之科,须同降法。虑若全免,还同特放之例。'"观《疏议》以特放、会虑为二事,分别甚明。《刑统赋》但节取其前段特放一层,而不及后段,是直以特放即会虑矣,实与唐制不符。《疏议》乃高宗时官修之书,其所言皆当时之制,既以特放为非常之典,未可与会虑混而为一也。若《后汉书》安帝及邓后《纪》所书录囚而免一人死罪,此偶然之事,本非常典,与唐制之虑囚不同,亦未可援以为证也。

书明大诰后

凡人之情多移于习，辄狃焉而不知革。苟欲革之而无术以化其习，则其移于习者既深，即慑之以威，而狃焉者如故。何则？习之成也，非一朝一夕之故，由积渐而然，不究其习之所由成而徒用其威，必终于威竭而不振也。昔者三代之民，其心安于为善，而耻于为不善，即间有一、二不善之习，不足以移人。其时，上初不以威为治而以刑驱迫乎其后也，何其德化盛而风俗茂美如斯哉！迨乎学校衰废，世教凌夷，巧伪变诈无所不为之习，遂日渐渍焉而不可止。其在优柔之主，以苟安无事为幸，而不复思挽救之术，其习固日积而日深。其在刚戾之主，施不测之威，若风雨雷霆之震动，谓民必畏而不敢复犯也，乃习之已成，虽以盛威临之，而终不可革。司马迁曰："法令者，治之具，而非致治清浊之源也。"善哉言乎！

明太祖惩元治纵弛之习，欲用威以革之。《大诰》所列诸峻令，族诛、凌迟、枭令以寻常过犯与叛逆、贼盗同科，刖足、斩趾、去膝、阉割既用久废之肉刑，而断手、剁指、挑筋更非古肉刑之所有。又或一身而兼数刑，或一事而株连数百人，皆出于常律之外。其威亦云竭矣，方谓天下震栗，必皆革其习而翻然改图。乃观于《大诰》所言，一则曰："弃市之尸未移，新犯大辟者即至"。再则曰："朝治而暮犯，暮治而晨亦如之。"尸未移而人为继踵，治愈重而犯愈多。其于伪钞条云："句容杨馒头起意，县民合谋者数多，捕获到官，自京至于句容，其途九十里，所枭之尸相望。朕想决无复犯者，岂期不逾年，本县村民亦伪造宝钞甚焉。"此一事而先后犯者相踵，人人狃于习也。刑余攒典盗粮条云："龙江卫官攒人等，通同户部官盗卖食粮,墨面文身,挑筋去膝盖,仍留本仓守支。不逾半年,已刑之吏康名远偷出官筹转卖,与一般刑余攒典费祐盗支仓粮。呜呼,当是官是吏受刑之时,朕谓斯刑酷矣,闻见者将以为戒,岂意康名远等肢残体坏,刑非命存,恶犹不已。此等凶顽之徒,其将何法以治之乎?"此一人而前后叠犯,狃于习而怙终者也。然则威既竭而习难革,其效可睹矣。太祖之谕杨靖也曰:"愚民犯法,如啖饮食,嗜之不知止。设法防之,犯益众,推恕行仁,或能感化。"其于陈宁进法重则人不轻犯之说,则折之曰:"古人制刑以防恶卫善,故唐虞画衣冠、异章服以为戮,而民不犯。秦有凿颠抽胁之刑,参夷之诛,而囹圄成市,天下怨叛。未闻用商鞅之法可致尧舜之治也。"又尝谓刘惟谦曰:"仁义者,养民之膏粱也。刑罚者,惩恶之药石也。舍仁义而专用刑罚,是以药石养人,岂得为善治乎?"自《律诰》既成,而《大诰》所载诸峻令未尝轻用。其亦悟徒用其威者,威竭则不振,而欲以仁恕化其习也。

夫自教养之道放失既久,民之鸱义奸宄,泯泯棼棼,方沉沦而不返。当夫民物康阜之时,伤秋荼,嗟夏日,已不胜其纷扰,剡雕敝之余而复以武健严酷继之,民将无所措手足而心亦离矣。民心离则大患将至,可不惧哉。乃世之议刑者,不问罪与刑之相比与否,辄曰是宜从重,抑知民之贪冒嗜利而无耻,非徒治其标,必当深究其本也。本之不求而惟标是治,譬诸医者之治病,其症结之所聚,气血寒热所因不同,其治各异。若不究其所因,而概以攻伐峻利之品施之,病未去而身先亏,即强壮之人亦将不支,况其为羸弱者哉。治民者何以异是。观于《大诰》,而用威之不足言治也可知矣。余故三复斯编而书其后,以告世之议刑者。

书劳提学新刑律草案说帖后

干名犯义

此告诉之事,应于编纂《判决录》时于诬告罪中详叙办法,不必另立专条。

犯罪存留养亲

古无罪人留养之法,北魏太和中始著之令格。《金史·世宗纪》:"大定十三年,尚书省奏邓州民范三殴杀人当死,而亲老无侍,上曰:'在丑不争谓之孝,孝然后能养斯人。以一朝之忿忘其身,而有事亲之心乎?可论如法,其亲官与养济。'"是此法之未尽合理,前人有议之者矣。又嘉庆六年上谕论承祀、留养两条有云:"凶恶之徒,稔知律有明条,自恃身系单丁,有犯不死,竟至逞凶肆恶。是承祀、留养,非以施仁,实以长奸,转似诱人犯法等语。"是我朝祖训亦尝申言其弊。此所当敬谨寻绎者也。此法不编入《草案》,似尚无悖于礼教。

亲属相奸

新《草案》和奸有夫之妇处三等至五等有期徒刑,较原案又加一等者,原包亲属相奸在内,但未明言耳。此等行同禽兽,固大乖礼教,然究为个人之过恶,未害及于社会。旧律重至立决,未免过严究之。此等事何处无之,而从无人举发,法太重也。间有因他事牵连而发觉者,办案者亦多曲为声叙,由立决改监候。使非见为过重,何若是之不惮烦哉。大抵法太重则势难行,定律转同虚设。法稍轻则人可受,遇事尚可示惩。如有此等案件,处以三等有期徒刑,与旧法之流罪约略相等,似亦不为过宽。应于《判决录》详定等差,毋庸另立专条。

亲属相盗　亲属相殴

此两条并在酌量减轻之列,应于《判决录》内详定等差,毋庸另立专条。其关乎殴尊亲属者,《修正草案》内已定有明文矣。

故杀子孙

《公羊传》僖五年:"晋侯杀其世子申生。曷为直称晋侯以杀?杀世子母弟,直称君者,甚之也。"何休注:"甚之者,甚恶杀亲亲也。"又疏引《春秋》,说僖五年晋侯杀其世子申生,襄二十六年宋公杀其世子痤,残虐枉杀其子;是为父之道缺也。此可见故杀子孙,实悖《春秋》之义。《康诰》称于父不能字厥子,乃疾厥子,在刑兹无赦之列。古圣人于此等之人,未尝稍恕之也。《唐律》子孙违犯教令而祖父母父母殴杀者徒一年半,以刃杀者徒二年,故杀者各加一等。二年、二年半。即嫡继慈养杀者又加一等。《明律》改一年半者为满杖,改二年及二年半者为一年,既失之太轻;其嫡继慈养之致失绝嗣者复加至绞,又失之过重。此本当损益者也。今试以新草案而论，凡杀人者处死刑、无期徒刑或一等有期徒刑。此专指谋、故言。如系故杀子孙，可处以一等有期徒刑，再以酌量减轻条犯罪之事实情轻减二等之法减之，可减为三等有期徒刑。而三等之中又可处以最轻之三年未满，则与《唐律》之轻重亦差相等矣。此亦可以明定于《判决录》内，毋庸另立专条。

杀有服卑幼

宋李绳言，风俗之薄，无甚于骨肉相残。是同宗自相杀伤，即尊长于卑幼，亦非风俗之善者。若必明定于律文之中，亦徒见其风俗之不良耳。且谋、故杀卑幼，旧律之应拟死罪者，于新《草案》同凡人论，尚无甚出入。其殴死及殴伤者，照新《草案》虽与凡人同论，而按之旧法亦无大出入。此等但当于《判决录》规定等差，不必多立专条。

妻殴夫夫殴妻

《唐律》殴伤妻减凡人二等，死者以凡人论，以刃及故杀者亦同凡人论斩。妻殴夫徒一年，伤重者加凡人三等，死者斩，故杀亦止于斩也，与凡人罪名相去不远。《明律》殴妻非折伤勿论，折伤以上减凡人二等，死者绞，故杀亦绞。殴夫满杖，折伤以上加凡斗三等，笃疾绞决，死者斩，故杀者凌迟处死。夫则改轻，妻则改重，遂大相径庭矣。夫妻者，齐也，有敌体之义。乃罪名之轻重悬绝如此，实非妻齐之本旨。今酌拟办法，凡罪之至死者无论矣,其殴伤及殴死者,即照伤害人身体条,夫从轻比,妻从重比,与凡人稍示区别,似不至大乖乎礼教。亦于《判决录》内详细规定,不必另立专条。

发冢

《修正草案》已有此条,在第二十章,与此条所拟大略相等,不必再补。

犯奸

无夫之妇女犯奸,欧洲法律并无治罪之文。《俄律》污人名节门有十四岁以上尚未及岁之女为师保人等及仆役诱奸一条,违禁嫁娶门有奸占无夫妇女一条。前条指师保人等言,后条指奸占言,非通常之和奸罪名也。近日学说家多主张不编入律内,此最为外人着眼之处,如必欲增入此层,恐此律必多指摘也。此事有关风化,当于教育上别筹办法,不必编入刑律之中。孔子曰齐之以刑,又曰齐之以礼,自是两事。齐礼中有许多设施,非空颁文告遂能收效也。后世教育之不讲,而惟刑是务,岂圣人之意哉!

子孙违犯教令

违犯教令出乎家庭,此全是教育上事,应别设感化院之类,以宏教育之方。此无关于刑事,不必规定于刑律中也。

沈家本先生学术年表*

1840 年（道光二十年）

出生于浙江归安（今湖州）城南门编吉巷口。

1845 年（道光二十五年）

5 岁，生父沈丙莹考中进士，补官刑部。

1857 年（咸丰七年）

17 岁，随父在京读书。

1861 年（咸丰十一年）

21 岁，赴贵州铜仁沈丙莹任所。

1864 年（同治三年）

24 岁，随父返京，因由监生报捐郎中，签分刑部，十月到部。

1865 年（同治四年）

25 岁，回浙江参加乡试，中举。

1870 年（同治九年）

30 岁，回乡丁父忧。

1882 年（光绪八年）

42 岁，充刑部陕西司主稿。

---

* 本年表由尹伊君整理。

1883 年（光绪九年）

43 岁，考中进士，遂专心法律之学。充刑部奉天司主稿，兼秋审处坐办。

1886 年（光绪十二年）

46 岁，《刺字集》刊行。

1888 年（光绪十四年）

48 岁，充律例馆帮办提调。

1891 年（光绪十七年）

51 岁，充律例馆协理提调。

1892 年（光绪十八年）

52 岁，充律例馆管理提调，兼管汉档房。

1893 年（光绪十九年）

53 岁，补授直隶天津府知府。

1897 年（光绪二十三年）

57 岁，调补保定府知府。

1900 年（光绪二十六年）

60 岁，补授山西按察史。未到任即遭八国联军拘禁，获释后离开保定前往西安。

1901 年（光绪二十七年）

61 岁，晋光禄寺卿，又任刑部右侍郎，自西安返京。

1902 年（光绪二十八年）

62 岁，转任刑部左侍郎。两江总督刘坤一、湖广总督张之洞、直隶总督袁世凯会保沈家本、伍廷芳修订法律。

1904 年（光绪三十年）

64 岁，修订法律馆开馆，从事《大清律例》删改工作。

1905 年（光绪三十一年）

65 岁,上《删除律例内重法折》、《议覆江督等会奏恤刑狱折》、《变通窃盗条款折》、《宽免徒流加杖片》、《变通妇女犯罪收赎银数折》、《申明新章折》等。奏设法律学堂,奏请派员赴日本考察。

1906（光绪三十二年）

66 岁,上《虚拟死罪改为流徒折》、《伪造外国银币拟请设立专条折》、《进呈诉讼律拟请先行试办折》。制定京师法律学堂章程。补授大理院正卿,管理京师法律学堂事务大臣。制定《大理院审判编制法》。

1907 年（光绪三十三年）

67 岁,拟定《看守所规制》,上《实行改良监狱以资模范而宏教育折》、《酌拟法院编制法缮单呈览折》、《旗人遣军流徒各罪照民人实行发配折》、《刑律草案告成分期缮单呈览并陈修订大旨折》、《变通旗民交产旧制折》。调法部右侍郎,充修订法律大臣。《寄簃文存》刊刻。

1908 年（光绪三十四年）

68 岁,编订《大清现行刑律》。《大清新刑律草案》分发各部院督抚大臣核议后遭反对意见。拟请聘用日本法学博士志田钾太郎、冈田朝太郎、小河滋次郎、法学士松冈义正分纂刑法、民法、刑民诉讼法草案,获准。

1909 年（宣统元年）

69 岁,充宪政编查馆一等谘议官。《大清现行刑律》告竣。奏《修正刑律草案》。

1910 年（宣统二年）

70 岁,奏请派员分赴各地考察民商事习惯。上《变通秋审覆核旧制折》。与劳乃宣就刑律修订宗旨展开争论。奏进《刑事诉讼律》、《民事诉讼律草案》,《修正刑律草案》改名《大清新刑律》颁布。充资政院副总裁,改任法部左侍郎。

1911 年(宣统三年)

71 岁,回法部左侍郎任。

1912 年

72 岁,以病辞司法总长之荐,闭门著述。

1913 年

73 岁,病逝于北京寓所。

《寄簃文存》与中国现代法学

曹全来*

沈家本是我国近代卓越的法学家和伟大的爱国主义法律改革家,是我国法制近代化的开拓者和奠基人。他生活于民族灾难之时,受命于国家危难之际,立足时代前沿,折冲樽俎,继承本国固有法律文化,借鉴西方先进法律制度,初步建立了适合中国国情的近代法律体系的雏形,为我国近代法律变革事业做出了不可磨灭的贡献。沈家本对我国传统法学和西方法学均具有高深的学术造诣,学贯中西,在几十年为官从政的切身经历的基础上,撰写了大量的研究成果,弦歌不辍,著作等身,是我国传统律学的集大成者,开创了现代法学研究的先河,并为我国近代法学教育做出了开创性的贡献。

《寄簃文存》是沈家本先生的重要著作之一。该书保存了沈家本在主持清末变法修律的重大活动中向清政府提出的奏折、建议,记述了他对一些重大法律问题的思考结论,集中展示了沈家本对我国固有法律文化成果和西方法学中许多重要问题的研究成果,也保留了他对清末变法修律的切身体会和深刻感悟。在沈家本先生的这一重要著作中,我们不仅可以充分感受到中国传统法律文

---

* 作者曹全来,法学博士,就职于最高人民法院法官学院。

化的博大精深,感受到法律变革过程的艰巨复杂,同样还可以感受到沈家本先生深厚的学术功底、严谨的治学态度,以及他对我国未来法治建设事业的谆谆告诫和殷切期待。本文追述了沈家本先生的学术生涯和政治成就,结合《寄簃文存》的主要内容,分析了沈家本先生的学术理路,探讨了《寄簃文存》及沈家本先生对我国现代法学的影响和贡献。

一、沈家本的学术生涯和政治影响

沈家本(1840—1913),清代浙江归安(今浙江吴兴)人,字子惇,别号寄簃。沈家本于同治四年(1865)中举,光绪九年(1883)考取进士。期间他有将近 30 年的刑曹生涯。他曾任天津、保定知府。光绪二十八年(1902),经直隶总督袁世凯、两江总督刘坤一、湖广总督张之洞保举,沈家本、伍廷芳奉命修律,启动晚清的法律改革。从光绪二十八年(1902)起至宣统三年(1911)清社倾覆,沈家本以法部侍郎充修订法律大臣;曾被任命为大理院正卿、资政院副总裁、司法大臣等职。中华民国成立后,沈家本还曾任袁世凯总统法律顾问。

沈家本是我国传统律学的集大成者,也是积极借鉴西学的倡导者,对西方法学有深入的研究。

1840 年,沈家本出生在浙江湖州,到了 1845 年,沈家本的父亲沈丙莹考中进士,进入刑部做官,沈家本就随着父亲进入北京生活,沈丙莹在刑部工作了相当长的时间,沈家本也在这一时期逐渐长大成人。1859 年,沈家本 19 岁,写了第一本书《〈周官〉书名考古偶纂》,纠正了著名史学家郎兆玉所撰写的《周官古文奇字》中的错误。在《清史稿》的《沈家本传》中说沈家本对《周官》"有所创获",就是指这件事。后沈家本随父亲去贵州,由于太平天国起义的缘故滞留在长沙三个月,书没带在身边,就通过借书的方式读了六十九种书,共有三千多卷,并在长沙写成《借书记》,对读过的每一本书都有或长或短的记录。从日记中可知,《二十四史》沈家本至少读过三遍。正是因为有丰富的积累,所以沈家本最后成功写出了《历代刑法考》和后来的《寄簃文存》等。根据粗略统计,沈家本写《历代刑法考》所用过的书有七十多种。沈家本博闻强记,遍览历代法制典章、刑狱档案,对中国古代法律资料进行了系统的整理和研究。他还写了大量的研究性著作。1886年,《刺字集》成书出版刊行,这是沈家本第一部公开印行的学术著作,也是他第一部研究法学的著作。此后,他又撰写了《秋谳须知》、《律例偶笺》和《律例杂说》等十余部书稿。这些研究使沈家本具备了渊博的法律知识和敏锐的洞察力,为以后从事修律打下了坚实的基础。1901年,清政府下诏实行新政,次年任命沈家本和伍廷芳为修订法律大臣。在这期间,沈家本开始了《寄簃文存》的撰写。据有关史料记载和学者考证,光绪三十三年(1907)沈家本手订《寄簃文存》八卷,宣统三年(1911)又手订出版《寄簃文存二编》,1914年沈家本去世后不久,《法学会杂志》刊出《寄簃文存三编》,约在民国十八年(1929)刊印《沈寄簃先生遗书》时,重新编定,把《寄簃文存》及二编、三编统一订为《寄簃文存八卷》,亦即现在通常可见的版本。1911年5月,清政府为挽救危机实行新政,成立了"皇族内阁",沈家本辞去法部左侍郎一职。退出官场后,沈家本致力于《刑统赋解》、《粗解刑统赋》、《刑统赋疏》的整理。1911年10月,武昌起义爆发,清政府在岌岌可危的情况下,被迫起用袁世凯组阁,沈家本被任命为司法大臣。1912 年,清帝退位,沈家本在退位诏书上签字,他的仕途生涯随之告终。中华民国成立后,沈家本已厌倦了官场生活,他专心著述,完成了他的最后一部著作《汉律摭遗》。该书征稽广博,取材严谨,使汉律研究达到了前所未有的广度和深度。

沈家本不仅学贯中西、著作等身,更难能可贵的是,他亲自奉命主持修订法律,并亲历了清末民初许多重大的历史事件。1901 年清政府下诏实行新政,1902 年清政府下令成立修订法律馆,两年后正式开馆。在清末修律的过程中,沈家本和伍廷芳同为修律大臣,但主持修律的实际工作基本为沈家本一人承担。他在主持修订法律馆时,组织人力、物力翻译大量外国法律制度和法学书籍,并派人到日本考察司法,积累第一手法律资料。

清末修律,必须与国际通例接轨,"参酌各国法律","务期中外通行"。这就要求沈家本必须借鉴当时国际上先进的法律制度。沈家本主张研究"西人之学",吸收资本主义国家的先进法律文化。为此,一方面,他有组织大规模地介绍了西方法律,翻译东西方各国的法典达几十种,以配合新律的制定。他一上任就"遴选谙习中西律例司员分任纂辑,延聘东西各国精通法律之博士律师以备顾问","指致欧美日本之留学生分科治事"。他在任期间先后聘请了日本冈田朝太郎、松冈义正、志田钾太郎等人为修律顾问和法律学堂主讲,又派刑部候补郎中董康等人出国考察法制。尤其是多致译材,分任翻译资本主义国家的法律文献。他认为"欲明西法之宗旨,必研究西人之学,尤必编译西人之书",并亲自与译员"逐句逐字反复研究"。在他主持修订法律期间,仅有关刑法、刑民诉讼法就先后译出法、德、俄、荷、意、日、美、比利时、瑞士、芬兰等国法律文献近四十种。另一方面,用西国法律原则部分地改造中国法的弊端,诸如:苛重的刑罚、残酷的刑讯、过多的死刑罪名、落后的奴婢制度、民族分治的原则、秋审中行政对司法的干预等等,增纂如伪造外国银圆罪和贩卖吗啡罪等新的条款。沈家本在主持修建过程中,大量吸纳了西方法治思想、观念和理论,并将之与原有中学互相融合,成就了融汇中西、贯通古今的大学问。在学术上,他胸襟开阔,气度宏大,即摒弃旧派不察世局、妄自尊大、一味拒绝西学的迂儒立场,主张有志之士,应立足于国家的富强,面对世局的变迁,认真研究治道之原,会通各国政治制度的精粹,以拯救中国;另一方面,他也反对新派盲目崇拜西法,处处以西法为是,以中法为非的浅薄态度,认为中法、中学也有自己的长处,所以,他在主持大量翻译外国法律著作的同时,还主持搜集、整理、刊刻了大量的中国古代法律和法学著作,为保存、传播我国的法律文化遗产做出了巨大的贡献。从参照物来看,在修律展开的前后,西方的法律学说和法典主要译自日文或日本人的著作;清末的宪法性文件《钦定宪法大纲》以及刑法、民法、商法、法院编制法的拟订,顾问兼直接参与者又都是日本人,在很大程度上通过日本借鉴了西方法律的先进制度和法学成果。

在修订律例问题上,尽管沈家本为修律大臣,全面主持修律工作,但由于修律涉及中国古代法律制度的重大改革问题,许多改革触及中国旧制度、旧观念的一些要害之处,所以在这次大规模的修律过程中爆发了一场历史上有名的"礼法之争",以沈家本为代表的法治派,主张从旧刑律中,废除"子孙违反教令罪"和"和奸罪",却遭到以劳乃宣为代表的礼教派的激烈反对,他们认为这种删除不仅是几个罪名的存废问题,而是关系到传统道德、礼治的兴败问题。因此,这场激烈的争论,实际上已上升到中西文化冲突的高度。在《大清新刑律》的制定过程中,沈家本屡遭礼教派的诸多指责。关于"和奸无夫妇女罪"一条也终因礼教派占优势而获通过,这说明沈家本以法救国之路阻力重重,举步维艰。

尽管如此,在沈家本的主持下,修订法律馆修订了以《大清现行刑律》为代表的涉及刑事、民商事、刑事诉讼、民事诉讼、行政法、法院编制法等诸多近、现代法律部门所包含的主要法律文本。清末修律是从改造传统的刑法开始的。沈家本特别参考西方国家刑法,研究、制定了《大清新刑律草案》,在刑法上做了重要的局部改革。与此同时,他还奏议废止凌迟、枭首、戮尸、缘坐、刺字等酷刑,禁止刑讯,减少死刑适用等,得到光绪皇帝的赞许。法律体系框架也是此次修律的重要突破点,中国自古诸法合体、刑法与民法不分,实体法与程序法不分,显然难以适应日益增多的各种社会需求。《大清新刑律》颁布后,沈家本继续在为近代中国建立新型法律体系努力着。沈家本参酌各国、立足本国国情,对旧的法律体系框架进行大胆改革,在其主持下,从光绪三十二年(1906)到宣统二年(1910),沈家本先后主持制定了《刑事民事诉讼法》(1906)、《法院编制法》(1907)、《大清新刑律》(1907)、《大清刑事诉讼律》(1910)、《大清民事诉讼律》(1910)等一大批中国古代不曾有过的新类型的法律,为中国近代法律体系框架的建立和全面走向近代法制开创了道路。同时,他提出建立陪审员制度和律师辩护制度,这无疑是中国近代法制的创举。至此,清末通过起草一系列法律和法律草案,形成了中国近代法律体系的雏形。这些法律草案虽然大都未能付诸实施,清政府即被推翻,但是,这些法律的文本基本为北京政府所全盘继承,并直接影响了我国近代法律体系——

《六法全书》体系的形成。

沈家本还是我国近代法学教育的开拓者。沈家本在主持修订法律期间,积极为将来法律的施行做准备。他奏请设立法律学堂以造就新型法律人材。1906年,中国第一所中央官办法律专门学校——京师法律学堂正式开学,沈家本被任命为管理京师法律学堂事务大臣。京师法律学堂的开办堪称中国法律史上的一大创举,这不仅是配合新法创制和施行的必要措施,更成为中国近代法学研究和教育的良好开端。

1913年7月12日,沈家本在京溘然逝世,享年73岁。噩耗传出,举国叹惜,诗词祭文,咸述其功。他的学生唐洽鉴的挽联,准确概括了沈家本一生的功绩:"任支那法系于一身合周汉唐元明以迄清朝酌古准今岂徒考据词章融通国粹,识世界大同之主义参英美法德日而成新律治内安外宜乎环瀛裨海洋溢声名";他原来的下属江庸也撰挽联赞其"修刑律力排众议兴学校乐育群英耗先生毕世苦心身后只留公议在,德望为中外所倾学术则古今一贯问国家百年大计眼前尚有老成无";袁世凯为沈家本墓题写道:"法学匡时为国重,高名垂后以书传"。2000年1月1日,在《法制日报》社主办的《百姓信报》之"百年怀念·二十世纪对世界有重要影响的法学家"专版刊登了九位20世纪对世界有重要影响的法学家,其中八位均是外国人,只有一位是中国人。这位唯一被誉为"二十世纪对世界有重要影响的"中国法学家,就是沈家本。

在沈家本为官从政的几十年中,他非常注意收集我国古代法律史料,进行系统整理和考订,对西方法学也进行了深入研究,著有《沈寄簃先生遗书》甲编二十二种、乙编十三种,又编有《沈碧楼丛书》十二种。其中,《历代刑法考》、《寄簃文存》等早已闻名于世。如今，学界通过多年的研究，整理出版了《沈家本全集》。《沈家本全集》除收集已整理出版的书目以外，还收录了众多馆藏和私人的珍贵手稿文献，总收书48种，共分8卷，近800万字，汇集1861年至1911年间所有作品。第1卷至第4卷为修律、司法、公牍及法律之学，收书25种；第5卷为经学，收书3种；第6卷为史学，收书8种；第7卷为诗文、杂纂、日记，收书10种；第8卷为编纂2种，吴兴长桥沈氏家集及沈家本收集世所罕见的枕碧楼丛书12种抄本。史料凿凿，卷帙煌煌，在法制史学界乃是空前之举，在法学界和史学界亦是盛事。沈家本被誉为"媒介东西两大法系成为眷属的一个病人"、"中国法制近代化之父"、"中国传统法系的终结者"、"中国近代法系的创立者"等等，其学术功业，正是取得这些历史成就的基础和见证。

二、《寄簃文存》的基本内容

《寄簃文存》是《沈寄簃先生遗书》甲编中的重要著作之一，共8卷96篇。具体包括：《卷一·奏议》、《卷二·论》、《卷三·说》、《卷四·考·释·学断》、《卷五·笺·补·书·答问》、《卷六·序》、《卷七·跋》、《卷八·跋·书后》，集中反映了沈家本的法学思想。沈家本在为《寄簃文存》写的小引中说道："迨癸卯岁，奉命修订律例。不得不研究法学之编。乃年齿日颓，不能深求学理，偶有论说，不过一隅之见。出示同人，尚不自菲薄。"由此可见，《寄簃文存》是沈家本为修订法律的需要而成书的，大凡其提出的修律主张，在该书中都能找到相应的论述，其实践性十分突出。但从全书内容来看,除了针对具体法律问题而成文的奏议、专论外,考、释、序、跋也占了很大比重,学术性同样显著。

《寄簃文存》卷一集中收集了沈家本的奏议,包括沈家本上呈光绪、慈禧的奏折和奏议12种:《删除律例内重法折》、《虚拟死罪改为流徒折》、《伪造外国银币设立专条折》、《旗人遣军流徒各罪照民人实行发配折》、《变通旗民交产旧制折》、《禁革买卖人口变通旧例议》、《删除奴婢律例议》、《删除同姓为婚律议》、《军台议》、《与受同科议》、《设律博士议》、《变通行刑旧制议》。

卷二是沈家本关于刑法理论的一部分重要论述,着重分析了古今中外法学学者及史料观点,并提出了独立的创见。其中包括七论:《论故杀》、《论杀死奸夫》、《论威逼人致死》、《论诬指》、《论诬证》、《论附加刑》、《论没收》。

卷三包含了沈家本关于刑法问题的论述,同时也涉及有关民事法律方面的问题,以及中国法律发展史的问题。共八篇:《死刑唯一说》、《再醮妇主婚人说》、《变通异性为嗣说》、《误与过失分别说》、《官司出入人罪唐明律比较说》、《明律徒流折杖与唐律徒流加杖之法不同说》、《故杀胞弟二命现行例部院解释不同说》、《法学盛衰说》。这八说分别从不同的法学学科和角度,反映了沈家本的"德主刑辅"、"明刑弼教"、"执法持平"、"用法在人"、"严饬官吏"等基本法律思想和在修律中的"弃例从律"、"变通纲常",以及在判刑和行刑上均应"以减轻为宗旨"等重要法律观点。

卷四的基本内容为:《考》、《释》、《学断》。考,即考证,本卷只有一篇:《比部考》,其性质是关于行政法的历史考证。释,即介绍、阐释,共四篇:《释贷借》,属于民法范围;《释虑囚》,属于刑事审判制度,即对犯人的复查制度;《释规避》,亦属刑法范围;《释闸》。

学断,即分析判断案例,列举论证了四件:《后魏刘辉之狱》、《宋安崇绪之狱》、《宋檀偕之狱》、《宋阿云之狱》。这一部分比前三卷涉及的更广一些,但主要仍然是关于刑法方面的论述。

《笺》、《补》、《书》、《答问》是卷五的主要部分。笺,即书札,也是一种注释,卷五只有二篇:《妇女离异律例偶笺》,性质是关于封建纲纪范围内的男女婚姻嫁娶丧葬以及妻妾关系、杀死奸夫、犯奸等等,内容多为民事关系,也有部分刑事关系内容,该篇论述的大量问题都属于封建纲纪伦常的律例。补,即增补,也只有一篇:《补洗冤录四则》,是关于法医学的内容。书,即信函、书札,共两篇:《与戴尚书论监狱书》、《答戴尚书书》,前篇内容是狱政学即对犯人的监管学。答问,是对来函提出的问题,予以答复,共两篇:《答王任山问笃疾废疾》、《答友人问夫亡守志例文书》,前篇属于刑法研究的范围,后篇属于封建伦常的律例。

《寄簃文存》卷六的基本题材是序。卷六共载入21篇序体文,内容都是与法律和法学有关的文章,特别是刑律和刑法学方面的文章。按其目录顺序分为:属于评介刻印历代法律的《重刻唐律疏议序》、《重刻明律序》、《宋刑统赋序》三篇;属于评介法医学专著的《无冤录序》、《王穆伯佑新注无冤录序》两篇;属于评述律例比较的《秋审比较条款附案序》;属于评介专家著作的《读例存疑序》、《薛大司寇遗稿序》;属于评述法律编纂、法制考补的《刑案汇览三编序》、《刺字集序》、《历代刑官考序》、《汉律遮遗自序》四篇;属于评介法学教材讲义的《大清律例讲义序》、《法学通论讲义序》;属于评介司法访问录的《裁判访问录序》、《监狱访问录序》;属于评述历代法学名著的《法学名著序》;属于评介综合性政法类编的《政法类典序》以及《新译法规大全序》和《法学会杂志序》。

卷七共13篇，都是有关中国封建法制书籍和史料的跋。有关于唐律的《钞本唐律疏议跋》、《唐律释文跋》；关于宋律的《常熟瞿氏宋本律文附音义跋》、《刑统赋解跋》、《粗解刑统赋跋》、《刑统赋疏跋》；关于元律的《钞本元典章跋》、《元史新编跋》；关于明律的《大诰跋》、《范永銮重刊大明律跋》、《万历大明律跋》、《日本享保本明律跋》和《律疏附例跋》。在这些跋文中，沈家本对唐、宋、元、明等历代的律例，主要是对其版本、作者、书的内容和质量等方面，做了严密的考证和评介，同时也发表了自己的法律观点、法制原则和立法、司法经验的比较等。

卷八的基本题材都是关于法律与法学内容的跋和书后，载入了共14篇，其中跋八篇：《顺治律跋》、《雍正律刻本跋》、《雍正三年修律黄册跋》、《雍正七年续纂条例黄册跋》、《广汇全书跋》、《律例根源跋》、《罗石帆官司出入人罪减除折算表跋》、《张扶万大令鹏一新著二书跋》；书后六篇：《书四库全书提要政书类后》、《书钞本律文十二卷音义一卷后》、《书律音义后》、《书刑统赋解韵释后》、《书明大诰后》、《书劳提学新刑律草案说帖后》。卷八多属于技术性的考证和介绍，即对律例书籍的版本、卷次、刊行、修订以及藏书家的考证、介绍。

《寄簃文存》是沈家本重要的学术著作，集中反映了沈家本的法学思想和法律变革主张。其中除系统保存沈家本对中国传统法律文化的精当的研究成果外，也反映了沈家本对西方法学的丰富知识，同时记述了沈家本主持清末修律的宝贵实践经验，对于研究沈家本本人的法律思想和清末法律变革具有十分重要的价值。

首先，《寄簃文存》集中反映了沈家本的主要法律和法治观点。沈家本沿袭先秦法家的论述，阐释法的概念，他认为："法者，天下之程式,万事之仪表也。"(《新译法规大全序》)法律的作用在于治民与治国,"为政之道,首在立法以典民"(《旗人遣军流徒各罪照民人实行发配折》)。对于古今以来,"法立而不守"的情况,沈家本分析其原因主要在于"自来势要寡识之人,大抵不知法学为何事,欲其守法,或反破坏之。此法之所以难行,而学之所以衰也"(《法学盛衰说》)。他指出:"法学之盛衰,与政之治忽,实息息相通。然当学之盛也,不能必政之皆盛;而当学之衰也,可决其政之必衰。"(《法学盛衰说》)沈家本十分重视法理学的研究,对中国法理学不发达的原因进行了深刻的剖析,他认为,法理学对于立法、执法和守法都具有很强的指导作用,"不明于法,而欲治民一众,犹左书而右息之,是则法之修也,不可不审,不可不明。而欲法之审,法之明,不可不穷其理"(《法学通论讲义序》)。所以,每一个法,都要符合法理学的原则,"若设一律而未能尽合于法理,……则何贵乎有此法也"(《论故杀》)。他痛切地描述了清代不重视法理学的现象,"本朝讲究此学而为世所推重者,不过数人。国无专科,群相鄙弃"(《法学盛衰说》)。沈家本认为,实行西方的法治主义,"举国之精神,胥贯注于法律之内"(《新译法规大全序》),就能使国家强盛。他以日本为例,加以证明,指出:"日本旧时制度,唐法为多,明治以后,采用欧法,不数十年,遂为强国。"(《新译法规大全序》)从提倡法治出发,沈家本还非常重视法学的振兴和法律人才的培养,而要振兴法学,就必须培养新的法学人材。在《法学盛衰说》一文中他还指出:"吾独不解,执法之人,往往即为定法之人。……法立而不守,而辄曰法之不足尚,此固古今之大病也。自来势要寡识之人,大抵不知法学为何事,欲守其法,或反破坏之,此法之所以难行,而学之所以衰也。"因为"法贵得人",而"得人"是实行法治主义的先决条件,并且,他认为"治狱乃专门之学,非(一般)人之所能为"(《赦考》),为此,他主张开展法律教育,设置律学博士,教授法学。他认为律博士一职十分重要,不可缺少。为此,他在《设律博士议》一文中阐明:"法律为专门之学,非俗吏之所能通晓,必有专门之人,斯其析理也精而密,其创制也公而允,以至公、至允之法律,而运以至精至密之心思,则法安有不善者。"沈家本特别重视法律人才的培养,他指出:"设使手操三尺,不知深切究明,而但取办于临时之检按。一案之误,动累数人;一例之差,贻害数世,岂不大可惧哉?"(《重刻唐律疏议序》)为培养法学人材,他还奏请设立法律学堂,开中国大学法学教育之先河。他的种种努力,奠定了中国现代法学发展的基础。

其次,《寄簃文存》记录了沈家本对于变法修律的基本主张和宝贵经验。沈家本从中国国情出发,提出了一个著名的制律原则,即确定了"折衷各国大同之良规,兼采近世最新学说,而仍不戾乎我国历世相沿之礼教民情"的修律方针,这便是在不动摇名教纲常的前提下,主张会通中西、东西互补。他指出:"我法之不善者当去之,当去不去,是之为悖;彼法之善者当取之,当取不取,是之谓愚。"(《裁判访问录序》)如果继续墨守成规,泥古而不化,那么,"以一中国而与环球之国抗,其伏绌之数不待智者而知之矣"(《重刻明律序》)。只有通过修律,改变中国固有的传统法系,才能"与各国无大悬绝"。沈家本主张对我国固有法律文化,特别是各项制度要深入细致的研究,否则不能与西方法律接轨。他认为:"不深究夫中律之本源,而考其得失,而遽以西法杂糅之,正如枘凿之不相入。"(《大清律例讲义序》)这一观点,对于今天的法律改革,无疑具有重要的参考价值。

再次,《寄簃文存》也反映了沈家本对于融合我国固有法律文化与西方法律文化的科学态度。对于传统法学,沈家本认为:"孔子言道政、齐刑而必进之以德、礼,不偏重乎法,然亦不能废法而不用。虞廷尚有皋陶,周室尚有苏公,此古之法家,并是专门之学,故法学重焉。"我国法学始于三代,盛于战国,至秦而衰,汉代复兴,其后历代,虽盛衰不一,但作为法学的法律学术却始终存在;元代是分界线,元代以前除了秦王朝外,可谓是中国传统法律学术从起始进而至兴盛的时期,元代及元以后诸王朝是传统法律学术的衰落时期(《法学盛衰说》)。对于中国传统法律文化与西方法律文化,沈家本在《裁判访问录序》一文中明确表达了"会通中西"的立场:"方今世之崇尚西法者,未必皆能深明其法之原,本不过藉以为炫世之具,几欲步亦步,趋亦趋。而墨守先型者,又鄙薄西人,以为事事不足取。抑知西法之中,固有与古法相同者乎。……我法之不善者当去之,当去而不去,是为之悖;彼法之善者当取之,当取而不取,是为之愚。夫必熟审乎政教风俗之故,而又能通乎法理之原,虚其心,达其聪,损益而会通焉,庶几不为悖且愚乎。……古今中外之见,何必存焉?"这一重要主张,正是沈家本主持修律的指导思想。

最后,《寄簃文存》提出了一系列切中时弊的重要主张。司法独立是当时的一个基本法治原则,也是清末修律的重要指导原则。对此,沈家本指出,"西国司法独立,无论何人皆不能干涉裁判之事,虽以君主之命,总统之权,但有赦免,而无改正。中国则由州县而道府,而司,而督抚,而部,层层辖制,不能自由。从前刑部权力颇有独立之势,而大理稽察,言官纠劾,每为所牵制,而不免掣肘",明确主张实行司法独立(《裁判访问录序》)。沈家本从"法律面前人人平等"的法治原则出发,针对旗人犯罪享有换刑、减罪等法律特权问题,提出汉人旗人"一体同科"的主张。他认为"法不一,则民志疑,……法一,则民志自清"(《旗人遣军流徒各罪照民人实行发配折》)。他还力主废除买卖人口奴婢制度,提议:"无论满汉官员及军民人等,永禁买卖人口。如违,买者、卖者,均照违制律治罪。"(《禁革买卖人口变通旧例议》)他还主张限制乃至废除死刑。在考核了当代西方死刑问题之后,沈家本指出:"方今环球各国刑法,日趋于轻,废除死刑者,已若干国。其死刑未除之国,科目亦无多。此其故出于讲学家之论说者,出于刑官之经验者半,亦时为之也。今刑重者,独中国耳。以一中国而与环球之国抗,不待智者而知之矣。"(《重刻明律序》)这一观点,是其人道主义思想的重要体现,对我国当前的刑罚制度改革,同样具有重要启发意义。

三、律学、中学和西学:沈家本的学术理路

沈家本出身于书香门第、官宦家庭,家学渊源深厚,对我国传统律学尤为重视,受到家庭的影响,沈家本的中学和律学的功底都极为深厚。

在沈家本的家族中:始祖为明代秀才;高祖曾做了四十多年的幕客;曾祖也是秀才,曾向南巡江浙的乾隆献诗并受皇帝的嘉奖,为当地名流;祖父中嘉庆年间举人,曾为知县。而沈家本的父亲沈丙莹则是道光年间的举人,后中进士,入仕刑部;历任山西道监察御史、广东司主事、广西司员外郎、江苏司郎中、贵州安顺府知府、贵州铜仁府知府、贵阳知府。《沈丙莹本传》誉之"熟于律例"。沈

家本之父为官近二十年,在刑部为吏十二年,家本五岁就随父进京,并一直随父辗转任所,对刑部事务及官场深浅耳濡目染、别有优势;于律学入门较早,秉承父业,学有精深。沈家本出身官宦之家,五岁起就跟随其父奔波于任所,二十四岁即被补入刑部,从此与律例之务和律例之学结下了不解之缘。十多年的刑曹经历,已将他锻炼成一名十分干练的司员,加之家学渊源,沈家本于司法事务十分精湛,为此得到当时刑部尚书潘文勤的赏识,为日后"专心法律之学"奠定了良好的基础。1883年,他考取进士,功名有成,不再为八股所累,并且以进士身份留任刑部作司员,也有了继续晋迁的希望,从此,沈家本才真正开始把精力都用在律务与律学上。从1883年到1893年他出任天津知府的十年间是沈家本"专心法律之学","以律鸣于时"的律学家生涯的宝贵时光。1886年,沈家本第一部公开印行的律学著作《刺字集》刊行,当时的刑部侍郎,也是我国清代的著名律学家薛允升为之作序,该书对于研究我国古代刑罚制度很有价值。自此,沈家本专于律学,成果频出,一发而不可收,先后撰成《压线编》、《律例偶笺》、《律例杂说》、《刑法杂考》、《秦谳汇存》、《驳移汇存》、《学断录》、《刑案汇览》、《读律校勘记》等书,为中国古代律学研究的深入做出了极大的贡献,从而也确立了沈家本作为清代律学大家的地位。与此同时,他还全面参与了清代著名律学家薛允升(1820—1901)的律学著述的商讨、参订与编辑工作,也因此受到薛允升的器重。后来,正是由于刑部尚书薛允升的推荐,沈家本才结束几十年的刑部司员生涯,升为天津知府。在律学方面,沈家本精熟于中国律例沿革,尤其精于考证,其学术严谨、确当,不失为清代律学的集大成者之一。沈家本不是清末唯一的法学家,晚晴时期长期主持刑部、参与司法工作的薛允升、赵舒翘(1847—1901)都是闻名一时的法学家,沈家本对他们保持了超乎同行的敬重。然能将西学融入中学,明乎法理,阐新古律,定鼎革新,创立一种法学研究新风气的清末法学家,沈家本无疑是独树一帜的。

《寄簃文存》是沈家本对我国传统中学和律学的重要研究成果,随处可见沈家本中学知识之深厚。该书的奏议部分,议论较集中、较详细的是废除酷刑、禁卖人口、删除同姓为婚等内容,以经义作为议论的重要依据,文中随处可见,信手拈来,运用自如。以《删除同姓为婚律议》为例,文中举《礼记》、《尚书》、《左传》、《春秋》、《尔雅》、《诗经》、《国语》等儒经不下十几处,既考同姓不通婚之见于经传者,又辩各朝律文中"同姓"意义之别,再叙古代姓氏之演变,指出:由于有同姓不同祖、有氏同姓不同、氏同祖不同,加之北方游牧民族姓氏之并字、复姓之去字、避讳、赐姓等原因,造成姓氏混淆。"其本非同出一祖者,而亦以同姓论,于法于理,实难允协。而同姓为婚之律,徒存此虚文,而无当于实事者也。"清朝保留了明朝禁同姓为婚的律文,沈家本用发生在乾隆朝的案例证明该律实际上已"存而不论"。既不合古义,又形同虚设,自然没有保存的必要了。沈家本的议论,可谓有理有节,显示了他的经学功底,也可见对律例的熟稔,穿插期间,游刃有余。同样的文例不胜枚举。

近代中国,"西学东渐",特别是"西法东渐"已经是不可逆转的历史潮流。沈家本对于西方法学也十分重视,力主积极借鉴,为我国法律变革所用。沈家本对待西学的态度也很明朗,他说:"泰西各国,……十九世纪以来,科学大明,而研精政法者复朋兴辈作,乃能有今日之强盛。岂偶然哉?方今中国屡经变故,直事艰难,有志之士,当讨究治道之原,旁考各国制度,观其会通,庶几采撷精华,稍有补于当世。"沈家本认为,"西法之中,固有与古法相同者"。但他同样认为:西学自有比中学优越的地方,强国是凭借这些学说走在世界前列的。譬如他说:"近日日本明治维新,亦以改律为基础,新律未颁,即将磔罪、枭首、籍没、墨刑先后废止,卒至民风丕变,国势骎骎日盛,今且为亚东之强国矣。"沈家本希望中国的法律学者打破中西界限,学习西方法学家精研政法的精神,兴盛中国法学。然而,沈家本又反对不问国情,全盘西化,照搬照抄西方的东西,他认为,"旧有旧之是,新有新之是,究其真是,何旧何新",才是正确的。关键在于融会贯通,"旧不俱废,新亦当参",剔除门户之见和新、旧倾轧。从《寄簃文存》看,沈先生引用西方学说的地方就很多:如言废除治外法权,引西方法权理论;言废除酷刑,引西国之刑罚;言禁蓄奴,引欧洲国家的刑法。他过西方国家的监狱制度、法学理论、政治制度、西方法学家及其著作、研究机构,甚至法学词汇,都知晓到一定程度,并能与他更熟悉的经史一起用做理论依据,交相运用,得心应手。

在中国国情的基础上会通中西,废除不合时宜的旧制度,创造出适合本国国情的新的法律制度,是沈家本的基本法律改革立场。沈家本认为:"吾国旧学自成体系,精微之处仁至义尽,新学要旨已在包涵之内,乌可弁髦等视,不复研求。新学往往从旧学推演而出,事变愈多,法理愈密。然大要总不外情理二字。无论旧学新学不能舍情理而别为法也。所贵融会而贯通之,保守经常,革除弊俗,旧不俱废,新亦当参,但期推行尽利,正未可持门户之见也。"沈家本在向朝廷所上的《删除律例内重法折》中,力主废除凌迟、枭首、戮尸、缘坐和刺字等重刑,他叙述的理由中提道:"外人訾议中法之不仁者,亦惟此数端为最甚。"此外,不人道的刑讯制度、监狱制度、奴婢制度,都应该在革除之列。这些文件详细记述了中国在法律变革中遭遇的阻力和取得历史性推进的伟大思想动力,也正是沈家本《寄簃文存》的精华所在。

四、国情、传统、创新与中国现代法学的复兴

《寄簃文存》是与沈家本担任清末修律工作相仿佛的一项学术成就。沈家本之所以能够创作出这本学术精华,与其所经历的特殊历史境遇和个人非凡的学术创造力密不可分。

正如近代其他有志之士一样,沈家本身处中国最具灾难与动荡的十九世纪末叶和二十世纪初叶,中国近代史的重大世变他都亲身经历,从第一次鸦片战争、太平天国运动,到第二次鸦片战争、甲午海战、戊戌变法、八国联军入侵、义和团运动,乃至清末新政、辛亥革命、清帝退位、民国成立,狼烟频起,兵荒马乱。正是在这多事之秋,沈家本在结束近三十年的刑部司员生涯后,先后被升任天津知府(1893)和保定知府(1897)。光绪二十四年(1898),即沈家本任保定知府的第二年,发生了教案。保定府的外国教堂,被过境的军士毁坏,沈家本与清苑知县和外国教士进行谈判。外国教士见朝廷卑躬屈膝,气焰嚣张,竟要求赔偿重金、划清河道旧署归教堂。沈家本按照法律据理力争,使他们的无理要求没有得逞。沈家本由此想到了国家民族的生死存亡。国家的每况愈下,官场的糜烂堕落,外强的步步紧逼,沈家本心急如焚,痛心疾首。1900年,沈家本被任命山西按察使,而正当他准备离开保定,前往山西赴任时,恰逢八国联军进驻保定,受当地一传教士诬陷,沈家本以附和

义和团的罪名被联军拘留,突遭牢狱之灾。在被拘押的九个月中,沈家本写了许多诗,表达他的悲愤心情和忧国忧民的思想,如他在"九月初一日口占"一诗中写道:"楚囚相对集新亭,行酒三觞涕泪零。满目山河今更异,不堪说与晋人听";在"漫题三首"中也发出"烟尘到处都成劫,尊俎何人可折冲"的悲叹。面对山河破碎,遍地劫灰,自己身陷囹圄,生死未卜,其悲愤之情可想而知。置身于"日处阽危,忧患近切"的清末,沈家本亲眼目睹了国破家亡的惨状,又亲身经受了侵略者的囚禁和侮辱,半个世纪的爱国思想的积淀促使他迫切地寻求着匡世救国之路。此次劫难对他日后受命主持修律变法,坚持以法救国,变法图强的主张有重要影响。1900年12月26日,牢狱之灾结束后,他几经辗转,赶到当时慈禧的避难所——西安,先被以三四品京堂候补,后被任命为光禄寺卿,先行返京,为慈禧太后、光绪皇帝返京打前站;回京后被升为刑部右侍郎,后又升刑部左侍郎,终在花甲之年,名列朝班,从此开始了他一生中最辉煌的时代,正可谓"时势造英雄"。而其间,由于八国联军在议和后开列名单,要求追究"祸首"。沈家本的同僚、原刑部尚书赵舒翘被列为"祸首"之一;慈禧太后为迎合八国联军,先将赵氏革职,定为监斩候,后又迫于八国联军的压力,改为"赐令自尽"。此事在沈家本看来,赵舒翘是无罪的,不过是替罪羊,此事对沈家本刺激很大,他曾亲到赵的墓上祭奠,写下"大元村哭天水尚书"的诗,对赵舒翘之死表示出"万恨何时平,千龄终已矣"的愤慨。

　　沈家本这些特殊的际遇和经历,使他能够与危机重重的祖国同呼吸、共患难,也使得沈家本最终成为伟大的爱国主义法律改革家。同时,这也是沈家本在学术上能够深刻地认识国情,领略时代潮流,站在历史的前沿,使其学术能够与实践结合,立足国情,按照时代发展的需要,创造出一个崭新的近代化的法律体系来,为我国现代法学的建立和发展,产生了深远的影响。

清末修律,最基本的动因在于收回治外法权。沈家本认为当时中国"积贫积弱",受到列强欺凌,就是因为法律制度落后和不完善;通过修律,参照世界通行规则,加强权利保障机制,就能收回治外法权,摆脱列强的控制。"积贫积弱"、法制落后,这就是当时最严峻的国情。沈家本力主以法救国,以法强国,通过变法修律,最终实现国家的强盛。这是他立足国情,分析国情,关心国家命运的基本立场得出的必然结论。由于沈家本自己经历被外国列强关押的屈辱,他对治外法权的存在痛恨之至,竭力主张学习西方,实行法治。他指出"近今泰西政事,纯以法治",日本明治维新以后,实行法治,国势日强;所以,中国要维新图强,就要实行法治主义。在给清帝的奏折中,他提出应把修律当成是"变法自强的枢纽",应求"默收长驾远驭之效"并认为"日本明治维新亦以改律为基础",因而"国势日盛",今且为亚东之强国,"西国刑法改而从轻,政治日臻美善"。(《新译法规大全序》)在变法自强的口号下,他提出了"参订古今,博缉中外"的修律方针,提出法律取舍存废的标准应看它善还是不善,而不应看它是否合乎"纲常名教"。他说:"我法之不善者当去之,当去而不去是之为悖。"这就为他引进西方先进法律制度,大刀阔斧地改革传统封建法制打开了方便之门。

收回治外法权的目标,决定了清末修律必须走国际化与本土化相结合的路线;在法律变革的参照系中,必须融合中西两种法律文化资源。然而,中西法律文化源流不同,且中西政教、风俗各异。如果墨守先型,完全承袭封建法律文化,则法律改革将成为空话;如果照搬西人之学,又必然与中国政教、风俗、习惯大相抵触,"多至窒碍"。这就是摆在沈家本面前的严峻现实。因此只有"会而通之","古今中外,归于一致,不必为左右袒",方可行之无弊。怎样才能融会贯通呢？沈家本提出了一整套的研究方法。他把中国传统的"经验"的方法论同西人"学理"的方法论结合起来。他说,"大抵中说多出于经验；西学多出于学理。不明学理,则经验有无以会其通；不习经验,则学理亦无以证其是"；"经验与学理正两相需也"(《王穆伯佑新注无冤录序》)。沈家本坚决反对重形式而轻内容、见律文不见社会的主观主义的研究方法,极力主张用纵横考证的方法对古今中外的法律文献"剖析毫芒"、"晰奇阐微"、"通其义例"、"明其精神"。所谓"纵"的考证就是"考其沿革穷原竟委","深究其本",也就是对法律本身进行系统的考察；所谓"横"的考证,就是"查其原因"、"究其反响"、"观其得失",也就是从法律同社会的关系上来考察某一法律规范存在的原因、条件、反响的后果。在"纵横互证"的基础上,沈家本坚持传统法律伦理原则(仁、义)和国情(政治、风俗、习惯)相结合的方针对各国法律文化进行通盘合算,"撷其精华","弃其糟粕","取长补短"。为了避免"狃于时习",他强调"推之于仁,裁之以义"；为了避免拘泥于法理,他又强调"变通趣时"。这种实事求是的研究态度和严格的治学精神不能不令人叹服。正是这种严格的治学精神和实事求是的科学态度,使沈家本得以比较正确地把握古今中外法律文化中富于时代精神的精华成分,并机智地将它们融会贯通。他通过总结中国古代立法司法的经验、历代法制的得失,尤其是对以唐律为代表的盛世法律的研究,得出"治国之道以仁政为先"的结论,认为"舍仁义而专用刑罚"不能称为"善治"；反之,"行仁政而王,沛然莫之能御也。"沈家本在《删除律例内重法折》一文中说："臣等窃维治国之道,以仁政为先,自来议刑法者,亦莫不谓裁之以义而推之以仁,然则刑法之当改重为轻,固今日仁政之要务,而即修订之宗旨也。"他认为中华民族法律文化的"精意"在于"德主刑辅"的刑法思想,"以仁政为先"的立法精神以及"以仁恕为心"的司法原则。他同样认为西法"酌理准情、区划周至,而宗旨一以感化为归宿,考其政治,成效昭然"。这就把我国固有法律文化中的精华"仁政",与西方法治精神有机结合起来了。立足国情分析问题,在坚持传统中大胆改造,立足现实积极创新——这正是沈家本担当近代法律改革并取得历史成就的基本学术理路。

毫不夸张的说,上述具有深远历史影响的法学研究的立场、观点和方法,使得《寄簃文存》成为我国现代法学的开山之作,是我们复兴现代法学不可逾越的里程碑。笔者以为,这些就是《寄簃文存》和沈家本先生留给我们最好的启示。